ख़ुफ़ियागीरी युगे-युगे

ऐतिहासिक जासूसी कहानियाँ

ख़ुफ़ियागीरी युगे-युगे

ऐतिहासिक जासूसी कहानियाँ

त्रिलोक नाथ पाण्डेय

वाणी प्रकाशन

वाणी प्रकाशन

4695, 21-ए, दरियागंज, नयी दिल्ली 110 002

फ़ोन : +91 11 23273167 फ़ैक्स : +91 11 23275710

शाखाएँ

अशोक राजपथ, पटना 800 004, बिहार

कॉफ़ी हाउस कैम्पस, महात्मा गाँधी मार्ग, इलाहाबाद 211 001, उत्तर प्रदेश

महात्मा गाँधी अन्तरराष्ट्रीय हिन्दी विश्वविद्यालय, वर्धा 442 001, महाराष्ट्र

सुल्तानिया रोड, मोतिया पार्क, भोपाल 462 001, मध्य प्रदेश

www.vaniprakashan.com
marketing@vaniprakashan.in
sales@vaniprakashan.in

Khufiyagiri Yuge-Yuge
by Trilok Nath Pandey

ISBN : 978-93-5518-088-9
Collection of Stories

प्रथम संस्करण 2022

मूल्य : ₹ 495

आर. टेक ऑफ़सेट प्रिंटर्स, दिल्ली-110032 में मुद्रित

वाणी प्रकाशन का लोगो मक़बूल फ़िदा हुसेन की कूची से

गीता को

जिनके संग–साथ ने

कहानियों के ताने–बाने बुनना सिखाया।

भूमिका

कई बार सच कहना मुश्किल हो जाता है और कई बार यह ख़तरनाक भी होता है। ऐसे में सच को कहानी की चाशनी में लपेट कर पेश करना पड़ता है। इस तरह सच सुस्वादु और अधिक प्रभावी हो जाता है। यही तो साहित्य है, जिसे 'कान्ता–सम्मित उपदेश' कहा गया है।

इतिहास में जगह–जगह रिक्त स्थान छूटे रहते हैं, जिन्हें इतिहासकार अक्सर नज़रअन्दाज कर देते हैं, लेकिन, साहित्यकार उन ख़ाली जगहों को अपनी अन्तर्दृष्टि से देख लेता है और उनमें अपनी कल्पना का मोम भर कर नयी कहानियाँ गढ़ देता है। ऐसे में वे बातें जो समसामयिक होते हुए भी साम्प्रतिक सन्दर्भ में नहीं कही जा सकतीं, इतिहास का संस्पर्श पाकर चमक उठती हैं। यही उपयोगिता है साहित्य के लिए इतिहास की।

ऐसी ही ऐतिहासिक और पौराणिक घटनाओं की ख़ाली जगहों को खोज कर उनमें नयी तरह की कहानियाँ फिट करने का प्रयास किया गया है। विविध कालखण्डों का प्रतिनिधित्व करती ये कहानियाँ गुप्तचरी के विभिन्न पहलुओं को उजागर करती हुई तत्कालीन समाज की प्रमुख प्रवृत्तियों की पड़ताल भी करती चलती हैं।

इस संग्रह की सारी कहानियाँ एक नये तर्ज, एक अलहदा मिज़ाज की कहानियाँ हैं। ये जासूसी कहानियाँ हैं। इनमें जासूसी अन्तःसलिला की तरह चुपचाप बहती रहती है। ये कहानियाँ गुप्तचरी

के ठोस धरातल पर निरन्तर कर्मशील गुप्तचर के अनुभवों के आलोक की उपज हैं। यही वजह है कि फंतासी के अँधेरे में गुम होने के बजाय ये कहानियाँ यथार्थ की चमक से जगमगाती चलती हैं।

इस संग्रह की हर कहानी अपने कथावस्तु में एक–एक उपन्यास का विस्तार समेटे हुए है। जीवन के सान्ध्यकाल में शुरू की गयी साहित्य–साधना में मैं आश्वस्त नहीं हूँ कि मेरे जीवन–दीप का तेल कब तक चलेगा। यदि यह लम्बा चलता तो मैं ख़ुद इन कहानियों में से हर एक को एक–एक उपन्यास के फलक पर ख़ूबसूरती से चित्रित कर देता। यह कार्य अब मैं अगली पीढ़ी को सौंपता हूँ।

अनुक्रम

मैं महादेवी हूँ

दण्डकारण्य के सघन वन में प्रस्तर प्राचीरों से घिरी एक विस्तृत समतल भूमि पर बने एक मुक्ताकाशी प्रांगण के केन्द्र में बैठी थीं महादेवी – उकड़ूँ घुटनों के बीच सिर छुपाये हुए, केश बिखरे हुए। उनकी निजी सुरक्षा के आन्तरिक घेरे में सदैव तत्पर रहने के कारण उनकी अन्तरंग मानी जाने वाली सातों देवियों[1] – जिन्हें वह प्यार से बहन कह कर पुकारती थी – को भी उन्होंने अपने से दूर कर दिया था। सातों कुछ दूरी पर घेरा डाले भौंचक्की खड़ी थीं। दस महाविद्यायें[2] – जो अपने वैदुष्य और बुद्धिमत्ता के लिए जगजाहिर थीं और इसी कारण महादेवी के मार्गदर्शन मण्डल की सदस्याएँ थीं – कुछ दूरी पर एक प्रस्तर–खण्ड पर मुँह लटकाए बैठी थीं। चौसठ योगिनियाँ[3], जो हमेशा अपनी सामरिक साज–सज्जा से लैस होकर आक्रमण के लिए तैयार रहती थीं, दूर खड़ी थीं – घेरा डाले, अपनी–अपनी आठों मातृकाओं के नियन्त्रण में। शिरस्त्राण से ढँके चेहरों के कारण उनके मनोभावों का पता नहीं लग रहा था। अपने–अपने वाहनों पर तनी हुई बैठी होने के कारण दूर से देखने पर उनकी कोई अन्य गतिविधि भी नहीं दिख रही थी।

घुटनों के बीच छुपा हुआ महादेवी का चेहरा आँसुओं से तर–बतर था, यद्यपि उनकी किसी सहकर्मिणी को इसका आभास न था। इतना तो सभी ने ज़रूर महसूस किया था कि कुछ अत्यन्त असामान्य घटित हो गया था, जिसने अदम्य साहस और अत्यन्त उग्र स्वभाव वाली महादेवी को बुरी तरह व्यथित कर दिया था।

लेकिन, इस बारे में उनसे पूछने की किसी की हिम्मत न हो पा रही थी – न अन्तरंगता के विशेषाधिकार वाली सातों बहनों की, न अपने ज्ञान और वैदुष्य के लिए समादृत मार्गदर्शन मण्डल की दसों महाविद्याओं की। योगिनियों को तो पूछता ही कौन है, जबकि उनकी समूह–प्रभारी आठों मातृकाओं[4] से भी किसी मुद्दे पर सलाह–मशविरा नहीं किया जाता था। बेचारी सब अपनी तुर्शी में ही तँग रहती थीं। उनसे सिर्फ़ तीव्र आक्रामकता की उम्मीद की जाती थी। यही वजह है कि वे बड़ी उग्र और कटु स्वभाव की हो गयी थीं।

इसी बीच, सरमा[5]–स्वामिनी सुमेधा न जाने कहाँ से आ प्रकट हुई। एक सरसरी निगाह पूरे माहौल पर डालते हुए पहले तो वह वहाँ पसरा सन्नाटा देख कर सहम गयी, लेकिन, दूसरे ही क्षण, जासूसों की सरदार होने की अपनी विशिष्टता का बोध होते ही वह शीघ्रता से सीधे चल कर महादेवी के समीप जा पहुँची।

"महादेवी!"

"हूँ" महादेवी ने बिना सिर उठाये क्षीण और सूक्ष्म हुँकार भरी।

"महत्वपूर्ण आसूचना[6] है," सुमेधा ने सूचित किया।

महादेवी ने एकबारगी अपना सिर ऊपर उठा लिया, परन्तु, तुरन्त ही मुँह मोड़ लिया ताकि आसुओं से तर उनके चेहरे को सुमेधा न देख सके। फिर फौरन ही नीवी के एक छोर से आँसुओं को पोंछ कर वह सुमेधा से मुखातिब हुई।

सुमेधा की बातें सुनते हुए भी महादेवी जैसे कुछ न सुन रही थी। उन्हें उनका अतीत व्यथित किये हुआ था।

••

ताम्रलिप्ति पत्तन के पास ही एक ग्राम है ताम्रलिप्ति, जो इसी नाम के राज्य की राजधानी भी है। राज्य भी कितना बड़ा! बस उस गाँव के इर्द–गिर्द के खेतों और निकटवर्ती वन तक फैला है।

ताम्रलिप्ति का राजा सुकेतु कपास और चावल की खेती करा कर और ग्रामीणों से क्रूरतापूर्वक कर वसूल कर बड़ा धनाढ्य हो गया था।

सुकेतु कपास, चावल और कुछ वन्य उत्पादों का निर्यात काशी जनपद को करता था और वहाँ से बने–बनाये वस्त्र, स्वर्णाभूषण और सुगन्धियाँ आयात करता था। उन्हें वह अपने राज्य और पड़ोस के अन्य राज्यों में बड़े ऊँचे दाम पर बेचता था। उसी वजह से उस के अधीन पड़ने वाले ताम्रलिप्ति पत्तन का विकास भी ख़ूब हो रहा था और उसको आमदनी भी ख़ूब हो रही थी।

सुकेतु आखेट का बड़ा शौक़ीन था। प्रायः वह अपने साथियों सहित घने गहरे जंगल में जा धमकता था; निरीह वन्य जीवों की व्यापक हत्या करता था। वनवासियों से ज़बरदस्ती वन्य उत्पाद कर के रूप में वसूलता था। यही नहीं, वह और उसके साथी वनकन्याओं से बलात्कार भी करते थे। निरीह वनवासी इसे राजा और राजपुरुषों का विशेषाधिकार मान चुप रहते थे।

एक बार आखेट के समय राजा सुकेतु और उसके साथी रात्रि–विश्राम हेतु वनवासियों की एक छोटी–सी बस्ती में ठहरे। सारी अक्षतयोनि कन्यायें राजअतिथियों की सेवा में प्रस्तुत की गयीं। उनमें से प्रायः सबने इसे अपना सौभाग्य माना, किन्तु उस बस्ती के मुखिया की इकलौती कन्या देई ने इस प्रथा के विरुद्ध विद्रोह कर दिया।

देई चुप बैठने वाली कन्या न थी। प्रतिशोध की भावना ने उसे अग्निज्वाल बना दिया। जल्दी ही एक दिन ताम्रलिप्ति में अपने राजमहल के शयनकक्ष में सोये राजा के पास देई चुपके से पहुँच गयी। एक हाथ से उसने सुकेतु का मुँह दबोचा और दूसरे हाथ से अपनी छोटी–सी कटार उसके सीने में उतार दी। राजा निशब्द समाप्त हो गया। देई रातों–रात ताम्रलिप्ति पत्तन पर खड़े एक जलपोत में चुपके से घुस कर एक कोने में जा बैठी।

सूर्योदय से पूर्व ही यह जलपोत काशी के लिए प्रस्थान कर गया। देई ने सुन रखा था कि काशी में काशी नाम के उसके सजातीय वनवासियों का साम्राज्य था। उसे यह भी पता चला था कि हिमालय से आया शिव नामक एक अन्य वनवासी युवक अब वहाँ का राजा था जिसे लोग मारे श्रद्धा और सम्मान के महादेव कह कर पुकारते थे।

अपने वनवासी कुटुम्ब में देई ने यह भी सुन रखा था कि अब नगरवासी होने के बावजूद शिव वनवासी बन्धुओं के हितों का भरपूर ध्यान रखते हैं। अपनी बस्ती की कन्याओं के विरुद्ध हुए अन्याय की शिकायत देई शिव से करना चाहती थी और उन्हीं के यहाँ शरण पाना चाहती थी।

पूरा एक पखवारा लगा था उस जलपोत को काशी पहुँचने में। इस दौरान देई ने बड़ी चालाकी से नाविकों की दृष्टि बचाकर, सिर्फ़ रात्रिकाल में एक मुट्ठी चावल खाकर और गंगाजल पीकर ख़ुद को जीवित रखा। अन्ततः, काशी नगर के सुप्रसिद्ध अश्व–व्यापारिक--पत्तन[7] पर पहुँच कर जलपोत ने लंगर डाला और नाविकगण भोजन और विश्राम के लिए नगर में चले गये। पोत व पत्तन पर नियुक्त सुरक्षाकर्मियों की नज़र बचा कर देई भी जलपोत से उतर कर चुपके से नगर में घुस गयी।

मन में आस, हृदय में हुलास लिए, बिखरे बालों, अस्त–व्यस्त संक्षिप्त वस्त्रों और लाल–लाल आँखों वाली पगली–सी दिखने वाली देई शिव का पता पूछते आगे बढ़ी जा रही थी। लोग उसे देख कर भयभीत और आश्चर्यचकित हो जाते थे कि जिन्हें वे महादेव और विश्वनाथ जैसे सम्मानीय विशेषणों से पुकारते हैं, उन्हें सिर्फ़ शिव कह कर पुकारने वाली यह पगली कौन है? फिर भी, 'धाम'[8] को जाने वाले रास्ते की ओर इशारा करके वे जल्दी से हट–बढ़ जाते थे।

धाम के द्वार पर सबसे पहले देई की मुलाकात नन्दी को चारा डाल रही पार्वती से हुई। शिव के बारे में पूछने पर पार्वती देई के ऊपर भड़क गयी – कौन हो, कहाँ से आयी हो, क्यों मिलना चाहती हो?

प्रश्नों की झड़ी से देई बौखला गयी। उसे न पता था कि यह औरत कौन है और शिव के बारे में पूछने पर इतना नाराज़ क्यों हो गयी। पार्वती उसे लगातार दुत्कारे जा रही थी। देई को क्रोध आ गया। उसने कमर में छुपायी अपनी कटार निकाल ली और पार्वती पर आक्रमण करने दौड़ी।

इसी बीच, काल भयरव[9] उर्फ़ भैरव एक विशाल भयानक काले कुत्ते पर बैठे हुए अचानक वहाँ आ पहुँचे। देई की आक्रामकता और पार्वती के जीवन पर संकट देख कर भैरव बड़ी जोर से दहाड़े। उनकी दहाड़ सुनकर उनका कुत्ता देई पर झपट पड़ा। शोरगुल सुनकर धाम के भीतर सोया बालक गणेश रोता हुआ बाहर निकल आया। शिव का कहीं पता न था।

विशाल कद–काठी, भारी स्थूल शरीर, कोयले से भी काला रंग, लाल–लाल आँखें, आपादकन्ठ[10] काले वस्त्र और गले में रुद्राक्ष के बड़े–बड़े मनकों की माला धारण किए हुए, हाथ में लोहे का काला डण्डा लिए हुए और भयानक काले कुत्ते की सवारी – यही पहचान थी कालभैरव की। तमस उनके आचरण में कूट–कूट कर भरा था, किन्तु स्वभाव से वह सत्यनिष्ठ और न्यायप्रिय थे। शिव ने अपने साम्राज्य की सुरक्षा की जिम्मेदारी उन्हें सौंप रखी थी। इसके लिए कालभैरव के पास दो तरह के कर्मचारी थे – गण और भैरव। गण शिवसेना के सक्रिय योद्धा थे, जबकि भैरव आन्तरिक सुरक्षा के सिपाही। काशी क्षेत्र का रक्षक होने के कारण कालभैरव को क्षेत्रपाल कहा जाता था और काशी क्षेत्र के अपकर्मियों[11] को दण्डित करने के लिए हाथ में काला मोटा डण्डा रखने के कारण इन्हें दण्डपाणी भी कहा जाने लगा था। उनके भैरवों को हाथ में हमेशा डण्डा उठाये रहने के कारण लोग अक्सर व्यंग्य में उन्हें उद्दण्ड[12] भी कहते थे।

भैरवों की संख्या असंख्य थी, जिन्हें प्रशासनिक और प्रबन्धकीय सुविधा के लिए कालभैरव ने आठ महाभैरवों के पर्यवेक्षण में रख रखा था। इन महाभैरवों को अष्ठभैरव[13] भी कहा जाता था और प्रत्येक महाभैरव के अधीन सात या सात से अधिक भैरव नियुक्त रहते थे। अष्ठभैरवों में एक थे चन्द्रभैरव जो काशी क्षेत्र की गुप्तचर व्यवस्था देखते थे और अपने सात विशिष्ट गुप्तचरों के साथ सर्वदा सतर्क रहते थे। चन्द्रभैरव के पास विशिष्ट रूप से प्रशिक्षित कुत्तों का एक झुण्ड भी था, जो अपनी सूँघने की विशिष्ट क्षमता के कारण शत्रु

पक्ष के गुप्तचरों को खोज निकालने में निपुण था। इनको गुप्तचर श्वान–दल[14] कहा जाता था।

सारे भैरव कालभैरव की प्रतिकृति[15] लगते थे। सब के सब काले, लाल आँखें और स्थूल शरीर वाले थे। वे सब काला लम्बा वस्त्र और बड़े–बड़े रुद्राक्ष की माला धारण करते और हाथों में काला लोहे का डण्डा लिए रहते। यही उनका गणवेश[16] था। सबके पास अपने–अपने भयानक काले कुत्ते होते थे, जिन पर वे चढ़ कर चलते थे।

भैरवों के गणवेश और रंग–ढंग से चन्द्रभैरव और उनके गुप्तचर बिल्कुल अलग थे। वे सब के सब सामान्य नागरिकों जैसे वस्त्र धारण करते और समय–समय पर अपने गुप्त कार्यों के लिए अपनी वेशभूषा बदलते रहते थे। वे अपने साथ कुत्ते भी न रखते थे। उनका श्वान–दल संयुक्त रूप से अलग रखा जाता था।

●●

शिव का शाम का प्रायः यह नित्य का नियम था कि वे गंगा के किनारे टहलते थे और टहलते हुए गंगा को निहारते दूर तक निकल जाते थे। उस दिन जब वे एक निर्जन क्षेत्र से गुजर रहे थे तो झाड़ियों से निकल कर एक मानव आकृति अचानक सामने आ खड़ी हुई। शिव अचकचा गये। अँधेरा घिर आने से उन्हें अनुमान न हो सका कि आगंतुक स्त्री है या पुरुष, और उसका उद्देश्य क्या है!

"शिव, मेरे महादेव!" कहते हुए आगंतुक ने शिव को आलिंगनबद्ध करना चाहा। महीन स्वर से शिव जान गये कि वह स्त्री–स्वर है। शिव एक क़दम पीछे हट गये। इससे उस स्त्री का सन्तुलन बिगड़ गया और वह ज़मीन पर गिर गयी होती यदि शिव ने अपने दोनों हाथों से उसे सँभाल न लिया होता।

"मुझे आलिंगन में ले लो, शिव। मैं तुम्हारे लिए बड़ी दूर से आयी हूँ।" शिव से वह आलिंगनबद्ध होने लगी।

"देवि, देवि! सँभालिये स्वयं को। आप शारीरिक ही नहीं मानसिक रूप से भी असन्तुलित लग रही हैं," शिव ने उस स्त्री को सम्हालते हुए कहा।

"मुझे तुमसे बहुत कुछ कहना है, शिव," उस स्त्री ने शिव को ऐसे कस के पकड़ लिया मानो पकड़ जरा भी ढीली होने पर वह हाथ से निकल जायेंगे। शिव ने उस स्त्री की पीड़ा और मनोदशा को बड़ी गहराई से महसूस किया।

"आओ, बैठ कर बात करते हैं।" शिव के प्रस्ताव पर वह उनसे चिपट कर बैठी। वह देई थी। वह अपनी बात बताने लगी। सुकेतु द्वारा काशी[17] कन्याओं पर किये गये अत्याचार तथा देई द्वारा उसकी हत्या कर देने, भाग कर काशी आ जाने और धाम में उसके साथ हुए झगड़े सहित सारी बातें उसने शिव को बतायीं। अपनी बात पूरी करते हुए उसने धीरे से फुसफुसा कर कहा, "मुझे अपना बना लो, शिव। मैं तुम्हारी शरण में हूँ।"

"तात्पर्य?!" शिव किन्चित चौंक कर पूछे।

"तुम्हारी अनुगामिनी"

"तुमने बताया कि तुम पार्वती से मिली। फिर, इसका क्या अर्थ?"

"मैं पार्वती का स्थान नहीं लेना चाहती। फिर भी तुम्हारी होकर रहना चाहती हूँ।"

"क्या! क्या यह सम्भव है! शायद नहीं।"

"मैं तुम्हें पहचानती हूँ, शिव। तुम्हारे लिए कुछ भी असम्भव नहीं है। तुम महादेव कहलाते हो।" देई के स्वर में क्षोभ और आक्रोश अचानक उभर आया। वह शिव का अस्वीकार स्वीकार करने को तैयार न थी।

एक झटके में वह क्रुद्ध होकर उठी और चीखने लगी, "तुम महादेव हो, शिव, तो मैं महादेवी हूँ।"

अगले ही क्षण देई शान्त हो गयी। उसने अपना आक्रोश दबा लिया और एक दृढ़ निश्चय उसकी बड़ी–बड़ी लाल आँखों में चमक उठा। झमक कर वह उठी और पैर पटकते हुए दक्षिण की ओर चल पड़ी। शिव उसे ताकते रह गये।

देई[18] अब महादेवी कहलाने लगी थीं। शिव द्वारा ठुकरा दिये जाने की चोट को एक बार वह भूल भी सकती थी, किन्तु शिव के सहायक – कालभैरव – की तिरस्कारपूर्ण हँसी को वह कभी न भूल सकती थी। कालभैरव को मसल देने का उसने निश्चय कर रखा था। कालभैरव का विनाश होने से शिव की अकड़ अपने–आप धूल में मिल जायेगी – यह बात महादेवी ने मन में बैठा ली थी।

वैसे, शिव का नाम आते ही महादेवी भीतर–ही–भीतर कमज़ोर होने लगती हैं, पिघलने लगती हैं शिव को वह चाहती हैं, प्यार करती हैं। इसके लिए वह पार्वती की अनुचरी भी होने को तैयार हैं। पार्वती चाहे तो महादेवी उप–पत्नी की तरह रह सकती है, नहीं तो दासी रूप भी स्वीकार है। बस शर्त यही है कि शिव उसे स्वीकार करें। अपना लें। अपना बना लें। लोकमर्यादा की दुहायी देकर शिव ने उसके प्रणय–निवेदन को ठुकराया यह उसे कतई स्वीकार नहीं है। वह मानिनी है, स्वाभिमानिनी है, किन्तु एक बार शिव उसके मन को छू कर तो देखते। वह यूँ ही नहीं इतनी दूर से उनके लिए भागी चली आयी थी। कुछ तो था जो उसको शिव की ओर खींच लाया था, और जो आज भी खींचता है उसे।

काश! शिव ने अपनी अस्वीकृति को अभिव्यक्ति न दी होती। मौन रह गये होते, तो महादेवी उस मौन को अपने ढंग से व्याख्यायित कर लेती। वह मन ही मन शिव के स्नेह को अपनी छाती में संजो कर रख लेती, लेकिन, शिव ने महादेवी को खुली शत्रुता के लिए विवश कर दिया। शायद इसी कठकरेजेपन के लिए कोई–कोई शिव को योगी और अड़भंगी कहता है। किस–किस की कहें कोई कोई तो उन्हें करुणा का अवतार भी कहता है।

शिव के बारे में अपनी सरमाओं द्वारा गुप्त रूप से जुटायी गयी आसूचनाओं को सरमा–स्वामिनी सुमेधा चुपके–चुपके महादेवी के पास पहुँचाती रहती थी। सुमेधा के आने से पूर्व महादेवी उन्हीं

घटनाओं और आसूचनाओं को याद कर और उन पर अपने संवेगों से आहत होकर रो रही थीं।

महादेवी के दुःख का एक बड़ा कारण यह भी था कि कालभैरव को अपहृत कर स्वयं दण्डित करने के लिए जो 'अभियान अपहरण' उन्होंने चलाया था उसमें वह बुरी तरह असफल रही थीं। इस अभियान की अग्रिम पंक्ति में तैनात सरमाओं को चन्द्रभैरव के जासूसी कुत्तों ने सूँघ लिया था। ये सरमायें अष्ठभैरवों को अपनी कामुकता के मोहपाश।[19] फँसाती इसके पहले ही चन्द्रभैरव के गुप्तचरों ने उन्हें पकड़ लिया था। वे सरमायें भैरवों की पाशविक प्रताड़ना को अभी भी भोग रहीं हैं। उनका अतिशीघ्र उद्धार आवश्यक है।

महादेवी को उस अभियान की विफलता का दंश सालता रहता है। उनके मन में अभी भी वह विभीषिका ताज़ी है। अपनी स्फूर्ति और आक्रामकता के लिए विख्यात योगिनियाँ सरमाओं की शारीरिक सुरक्षा हेतु बाह्य रक्षापंक्ति में सन्नद्ध की गयीं थीं। उन्हें आवश्यकता पड़ने पर त्वरित कार्रवाई करके सरमाओं को सुरक्षित निकाल ले आना था, किन्तु, अफ़सोस! चन्द्रभैरव के गुप्तचरों ने अग्रिम चेतावनी देकर योद्धा भैरवों को सतर्क कर दिया था। पहले से तैयार बैठे योद्धा भैरवों ने भीषण रक्तपात मचा दिया। बहुत थोड़ी संख्या में होने के कारण योगिनियाँ योद्धा भैरवों के सामने टिक न सकीं और किसी तरह भाग कर जान बचा पायीं। सरमायें भैरवों के कब्जे में रह गयीं।

योगिनियों को भी कोई क्या दोष क्या दे? वह कोई रणभूमि तो थी नहीं, जहाँ वे जम कर लड़तीं। वह तो महादेवी के 'अभियान अपहरण' को विफल कर देने के लिए भैरवों के गुप्तचर प्रमुख चन्द्रभैरव द्वारा रचित प्रतिरक्षात्मक अभियान[20] था। उस अभियान की योजना चन्द्रभैरव ने अपने गुप्तचर भैरवों द्वारा गुप्त रूप से जुटायी गयी आसूचनाओं के आधार पर किया था। गुप्तचर भैरवों ने चुपके से पहले ही पता लगा लिया था कि महादेवी कालभैरव के अपहरण के लिए 'अभियान अपहरण' चलाने वाली हैं। चन्द्रभैरव ने प्रतिरक्षात्मक अभियान चलाने की प्रक्रिया में सभी भैरवों को विशेष रूप से सतर्क

कर दिया था तथा कालभैरव की निजी सुरक्षा बहुत अधिक बढ़ा दी गयी थी।

महादेवी के इस अभियान में कालभैरव तो बच निकले, लेकिन शिवपुत्र गणेश हाथ लग गये। भागम–भाग में भागते–भागते कुछ योगिनियों ने बालक गणेश को उठा लिया, जो धाम के निकट हो रहे कोलाहल को जानने के कौतूहल में घर से बाहर निकल आया था और योगिनियों के हाथ लग गया था। अब उस भोले और खब्बू बालक को सम्भालने का एक अतिरिक्त उत्तरदायित्व भी महादेवी पर आ गया। लम्बोतरे चेहरे और थुलथुले बदन वाला वह बालक अब महादेवी के पीछे ही पड़ गया था। रात–दिन 'मौसी, मौसी' की रट लगाये रहता था। महादेवी का दिल भी उस नन्हें भोले बालक पर आ गया था। हृदय में दबी सारी ममता बालक पर न्यौछावर होने लगी। मिष्ठान खा–खा कर बालक इस कम उम्र में ही मधुमेह–ग्रस्त हो गया था। उसकी चिकित्सा के लिए महादेवी योगिनियों को भेज कर जंगल से जम्बूफल मँगाती थीं और गणेश को बड़े स्नेह से खिलाती थीं। गणेश का मन लगा रहे और वह तंग न करे इसके लिए महादेवी ने एक 'दूरदर्शनचित्रपट्टिका'[21] का उपार्जन कर बालक को थमा दिया था ताकि बीच–बीच में वह अपनी माँ पार्वती और पिता महादेव को देख सके और बोल–बतिया सके। वैसे, महादेवी इस बात का ध्यान रखती थीं कि जब गणेश पट्टिका पर अपने माँ–बाप से सम्पर्क में रहे तो महादेवी वहाँ न रहें क्योंकि पार्वती को देख कर उनके मन में ईर्ष्या जाग उठेगी और शिव को देख कर हृदय में संघनित स्नेह बाहर छलक पड़ेगा।

अब एक बार फिर महादेवी सुमेधा के साथ मंत्रणा में लग गयीं। एक और आसूचना अभियान चलाने की योजना बनी। इस बार पूर्ण गोपनीयता सुनिश्चित करने की आवश्यकता थी। पिछली बार भेद खुल जाने से भारी हानि और विफलता का मुँह देखना पड़ा था। इस बार मंत्रणा में न दस महाविद्याओं को सम्मिलित किया गया और न सातो बहनों को। सुमेधा और स्वयं महादेवी के अलावा किसी अन्य

को इस अभियान की योजना की भनक न लगने दी गयी। दूसरों को सिर्फ़ कार्यान्वयन के स्तर पर जुड़ना था। वह भी सिर्फ़ अपने हिस्से के कार्यान्वयन में। सामान्य सरमाओं को इस बार अभियान में नहीं शामिल करना था। पिछली बार का अनुभव अत्यन्त कटु रहा। बहुत सारी सरमायें अभी भी भैरव के चँगुल में फँसी पड़ी हैं। इस बार, विशिष्ट रूप से चयनित और प्रशिक्षित सरमाओं के एक कार्यबल[22] को ही इस अभियान में नियोजित करना था। अभियान का नाम रखा गया 'अभियान अपहरण–2'।

इस बार निशाने पर फिर कालभैरव थे। उन्हें हर हाल में पकड़ कर लाना था और महादेवी के समक्ष प्रस्तुत करना था ताकि महादेवी स्वयं उन्हें अच्छा सबक सिखा सकें। साथ ही, बालक गणेश को सुरक्षित उसके माता–पिता के पास लौटाना था, यद्यपि महादेवी गणेश को लौटाना नहीं चाहती थीं। उन्हें गणेश से बहुत वात्सल्यपूर्ण लगाव हो गया था।

अभियान के प्रथम चरण को पूर्णतः गुप्त और अहिंसक रखने की योजना थी। इस चरण को पूर्णतः आसूचना के आधार पर गुप्त रूप से संचालित करना था। आसूचना–संकलन का कार्य सामान्य सरमाओं के जिम्मे था। उनके द्वारा जुटायी गयी खुफ़िया ख़बरों के आधार पर प्रथम चरण के कार्यान्वयन की जिम्मेदारी विशिष्ट रूप से प्रशिक्षित सरमाओं के एक कार्यबल पर थी। अभियान के प्रथम चरण का सम्पूर्ण पर्यवेक्षण सरमा–स्वामिनी सुमेधा के जिम्मे था। सुमेधा के जिम्मे एक यह भी कार्य था कि अभियान के दौरान वह बालक गणेश को भी अपने साथ लिए रहेगी और अनुकूल अवसर देख कर बालक को शिव–धाम में ले जाकर छोड़ देगी।

प्रथम चरण की विफलता की स्थिति में द्वितीय चरण प्रारम्भ होना था। इस चरण में योजना यह थी कि ज्यों ही प्रथम चरण की पर्यवेक्षक सुमेधा असफलता का गुप्त संकेत देंगी, सारी की सारी चौंसठ योगिनियाँ अपनी–अपनी आठों मातृकाओं के नेतृत्व में आठ–आठ की वाहिनी बना कर एक साथ शत्रु पर टूट पड़ेंगी।

उन आठों वाहिनियों में से एक वाहिनी ऐसी थी जिसकी आठों योगिनियाँ हवा में उड़–उड़ कर आक्रमण करने में दक्ष मानी जाती थीं। इस वाहिनी की नायिका डाकिनी नामक मातृका थी, जिन्हें निर्देश दिया गया था कि अपनी वाहिनी की योगिनियों की उड़ान–आक्रमण की क्षमता को और मारक और सटीक बनाने के लिए उन्हें अल्पकालिक गहन प्रशिक्षण दिया जाये और अभ्यास की आवृत्ति बढाई जाये।

सातों देवियाँ, जिन्हें महादेवी बहनें मानती थीं और जो उनकी निजी सुरक्षा में सर्वदा सन्नद्ध रहती थीं, को निर्देश हुआ कि वे आक्रमण के संक्रान्ति क्षण में महादेवी की निजी सुरक्षा से हट जायेंगी और स्वयं को समवेत रूप से सम्पूर्णतः लग जायेंगी कालभैरव को अपहरण करने के कार्य में। जैसे भी हो – चाहे चकमा देकर चाहे बल–प्रयोग करके – भैरव का अपहरण करना है, पर ध्यान रहे बल–प्रयोग प्राणान्तक न हो और कालभैरव को हर हाल में जीवित पकड़ कर लाना है।

'अभियान अपहरण–2' के द्वितीय चरण की प्रकृति यद्यपि मायावी अर्थात् आकस्मिक आक्रमण और विलुप्ति (छापामार) प्रकार की होगी, किन्तु किसी आकस्मिकता वश यदि यह अभियान नियमित युद्ध में बदल जाता है तो दशो महाविद्यायें दुर्ग में ही रह कर सामान्य प्रशासन और भोज्य पदार्थों व अन्य आवश्यक सामग्रियों की युद्धभूमि में सम्यक आपूर्ति सुनिश्चित करेंगी।

महादेवी को सम्पूर्ण 'अभियान अपहरण–2' का स्वयं पर्यवेक्षण करना था। महादेवी को विश्वास था कि अभियान का प्रथम चरण पूर्णतः सफल रहेगा और द्वितीय चरण की नौबत ही न आयेगी। इस चरण का नेतृत्व करने वाली सुमेधा ने पहले भी कई अवसरों पर गुप्तचर्या की विशिष्टता और गुप्त अभियानों के कुशलतापूर्वक पूरा करने की अपनी दक्षता का भरपूर परिचय दिया था। अपनी सरमाओं द्वारा ज़मीनी स्तर से जुटायी गयी खुफ़िया ख़बरों का सूक्ष्म विश्लेषण करके सुमेधा ने जिन–जिन गुप्तचर अभियानों को चलाया था

उनसे असंख्य असुरों के संहार और दानवों के दलन में महादेवी को अद्भुत सफलतायें मिली थीं। यही कारण है कि महादेवी सुमेधा की आसूचना–आधारित रणनीति और व्यूहन की मुक्त कण्ठ से प्रशंसा करती रहती थीं।

अभियान प्रारम्भ होने से काफी पहले ही सुमेधा ने अपनी सामान्य सरमाओं[23] को कार्यक्षेत्र में तैनात कर दिया था। वे वेश बदल कर काशी नगर के चप्पे–चप्पे पर नज़र रख रही थीं। वे भिक्षुणी, संन्यासिनी, ब्रह्मवादिनी, साध्वी, सेविका, शृंगारिका, नर्तकी, गायिका और गणिका का रूप धारण कर गुप्तचर्या के कार्य में लग गयीं। कालभैरव के निवास–स्थान 'भैरव भवन' और शिव के आवास 'धाम' के अलावा शिवसेना के प्रमुख सेनानियों तथा अष्ठ महाभैरवों के निवास स्थानों पर सरमा गुप्तचरियों ने निरन्तर निगरानी रखना शुरू किया। भवनों के बाहर तो वे भिक्षुणी, संन्यासिनी, गायिका और नर्तकी का रूप धर कर बारी–बारी से निगरानी करती थीं, जबकि कुछ गुप्तचरियाँ सेविका और शृंगारिका का रूप धर कर घरों में घुस गयीं। गणिकाओं के रूप में कुछ गुप्तचरियाँ कामपिपासु भैरवों को अपने मधुछन्द[24] में फँसा कर सूचना अवशोषित करने के कार्य में लग गयीं। साध्वी और ब्रह्मवादिनी के वेश में कुछ गुप्तचरियाँ ज्ञानपिपासु या ज्ञानी का आडम्बर रचने वाले लोगों के यहाँ शास्त्रार्थों एवं अन्य धार्मिक गतिविधियों में लिप्त होकर गुप्त सूचनाएँ जुटाने लगीं।

सुमेधा ने काशी नगर में ही एक सुरक्षित गृह[25] तलाश कर एक 'नियन्त्रण कक्ष'[26] बना लिया था जहाँ से वह सारी सरमाओं के कार्यकलापों को नियन्त्रित और निर्देशित करती थी। सरमाओं द्वारा इकट्ठी की गयी सारी गुप्त सूचनाएँ भी सुमेधा के पास उसी सुरक्षित गृह में ही पहुँचती थीं, जिनका विश्लेषण करके सुमेधा प्रतिदिन एक प्रतिवेदन[27] एक विशेष दूतिका के हाथों विन्ध्याटवी के दुर्ग में महादेवी के पास भेजती थी।

इस बीच, आठों मातृकाओं, जो मूलतः सेनानायिकायें थीं, को भी विशेष कार्यक्रम चला कर गुप्तचर्या के कार्य में प्रशिक्षित कर दिया गया था।

ये मातृकाएँ अपनी–अपनी योगिनी वाहिनियों के साथ काशी नगर के इर्द–गिर्द के ग्रामों में तैनात कर दी गयी थीं। प्रत्येक मातृका को एक–एक गाँव का प्रभार दिया गया था। उन्हें दायित्व दिया गया था कि इन गाँवों में अपना लोकलुभावन रूप प्रस्तुत करके वे ग्रामीणों, विशेषकर महिलाओं, को महादेवी के पक्ष में करें; उन लोगों के मन में महादेवी के प्रति सम्मान और सहानुभूति का भाव जगायें। साथ ही, प्रवाद[28] के माध्यम से कालभैरव के तथाकथित दुष्कर्मों के बारे में लोगों को भड़कायें और भैरव के प्रति लोगों में रोष और घृणा पैदा करें। कुछ चुनिन्दा स्त्री–पुरुषों को गुप्तचरी के कार्य में भी लगायें ताकि युद्ध की स्थिति में उनसे भरपूर सहयोग मिल सके। सभी आठों मातृकाओं को निर्देश दिया गया था कि वे अपना प्रगति–प्रतिवेदन प्रतिदिन सुमेधा के यहाँ प्रस्तुत करें और सुमेधा के ही नियन्त्रण और निर्देशन में काम करें।

अभियान के वास्तविक रूप से शुरू होने से पहले ही सुमेधा ने विशेष रूप से प्रशिक्षित सरमाओं के कार्यबल को छोटी–छोटी टोलियों में ला कर सुरक्षित गृह में छुपा दिया था। समय आने पर उन्हें भैरव भवन एवं अन्य संवेदनशील स्थलों पर नियुक्त कर दिया गया।

अभियान के दौरान ही सुमेधा को गणेश को भी शिव–धाम में छोड़ना था। स्थूलकाय गणेश को गोद में लिए–लिए सुमेधा तंग आ गयी थी। बच्चे की चपलता, ज़िद वगैरह कई कारणों से अभियान के कार्यान्वयन में बाधा आ रही थी। अतः अर्धरात्रि के करीब अपनी सरमाओं के विशिष्ट कार्यबल को भैरव–भवन के चतुर्दिक तैनात करके सुमेधा शिव के धाम पहुँच गयी ताकि बालक गणेश को वहाँ चुपके से छोड़ा जा सके और उसके बाद ख़ुद को पूरी तरह अभियान में नियोजित किया जा सके।

बालक को लेकर ज्यों ही सुमेधा चोरी से धाम में घुसने लगी, बालक गणेश जोर–जोर से चिल्लाने लगा। पता नहीं घर आने की ख़ुशी में या महादेवी/सुमेधा से बिछुड़ने की रंजिश में गणेश चिल्लाये जा रहा था और उसे चुप कराने के सुमेधा के सारे प्रयास विफल हो रहे थे।

गणेश की आवाज़ सुनकर धाम में जागरण हो गया। पार्वती दौड़ी आयीं, यद्यपि इन बातों से निश्चिन्त शिव अपनी समाधि में डूबे रहे।

देखते–देखते धाम पर तैनात सभी शिव सैनिक वहाँ इकट्ठे हो गये। यद्यपि सुमेधा वहाँ से सुरक्षित ढंग से खिसक ली, किन्तु शिव–धाम में उठ रहे कोलाहल को सुनकर निकट ही स्थित भैरव–भवन पर तैनात भैरवगण भी जग गये और अपना अस्त्र–शस्त्र लेकर सावधान हो गये। चन्द्रभैरव के कुत्तों का झुण्ड भी जोर–जोर से भौंकने लगा। उन कुत्तों को आस–पास अजनबी स्त्रियों की उपस्थिति की गंध मिल रही थी और ये बड़ी तेज़ी से इधर–उधर सूँघते हुए उन गंधों के स्रोत को खोजने का प्रयास कर रहे थे।

इस आकस्मिक परिवर्तन से विशिष्ट कार्यबल की सरमायें एकदम हक्की–बक्की रह गयीं। उन्हें पूरा अभियान विफल होता नज़र आ रहा था। उनकी नायिका सुमेधा का कहीं अता–पता नहीं था। इस आपातकाल में उन्हें क्या करना है – उन्हें न सूझ रहा था। – उन्हें खुद के पकड़ लिए जाने का भय सता रहा था। गनीमत है कि इस बीच सुमेधा गिरते–पड़ते भागकर किसी तरह अपनी सरमाओं के दल में आ पहुँची। सुमेधा ने स्थिति को सम्भालने और सरमाओं का हौसला बढ़ाते हुए दल को फिर से पुनर्गठित करने का प्रयास किया–किन्तु, अब तक कुत्तों को इन स्त्रियों की स्पष्ट गंध मिल गयी थी और उनका झुण्ड उन्हीं की ओर झपटा आ रहा था। उनके पीछे योद्धा भैरवों का एक सशस्त्र दल भी दौड़ा आ रहा था।

अब सरमाओं के पकड़ लिए जाने का भय एकदम सामने था। बचने का उन्हें कोई उपाय सूझ ना रहा था। भागकर भी अब वे अपनी जान नहीं बचा सकतीं थीं। सुमेधा विवश और कर्तव्यविमूढ़ होकर थर–थर काँप रही थी।

अभियान का प्रथम चरण बुरी तरह विफल हो चुका। अचानक, सुमेधा के मुँह से सियार के रोने जैसी एक तीक्ष्ण और कर्कश ध्वनि निकलने लगी। यह संकेत था अभियान के पहले चरण के विफल होने और योगिनियों द्वारा आक्रमण करके दूसरा चरण शुरू करने का।

योगिनियों के उड़न दस्ते की संचालिका डाकिनी ने इस संकेत का सही विश्लेषण करके यह निष्कर्ष निकाला कि कार्यबल की सरमाओं का जीवन खतरे में है और उनका तुरन्त उद्धार किया जाना है।

उड़ाकू योगिनियाँ वायुमार्ग से सीधे भैरव–भवन के पिछवाड़े पहुँचीं जहाँ योद्धा भैरवों और कुत्तों से घिरी योगिनियाँ भयभीत खड़ी थीं। वहाँ पहुँच कर डाकिनी ने ऊपर ही ऊपर से सुमेधा को अपनी बाहों में खींच लिया। अन्य योगिनियों ने अपनी दोनों भुजाओं में एक–एक सरमा को समेट लिया और उन्हें सुरक्षित ले उड़ीं। क्षण में ही वे शिव सैनिकों और योद्धा भैरवों द्वारा चलाये गये तीरों–त्रिशूलों की मारक परिधि से बाहर होकर वे सुरक्षित अपने स्कंधावार में वापस आ गयीं।

अब युद्ध का बिगुल बज चुका था। शिव सैनिकों और योद्धा भैरवों की विपुल सेना के समक्ष आठ वाहिनियों में विभक्त योगिनी सेना का सामर्थ्य नगण्य था, किन्तु मायावी अर्थात् आकस्मिक आक्रमण और विलुप्ति (छापामार) युद्ध–पद्धति अपना कर योगिनियाँ भी ज़बरदस्त टक्कर दे रही थीं। भारी खून–खराबा मचा हुआ था। अधिक नुक़सान शिवसेना का हो रहा था, लेकिन अत्यन्त सीमित संख्या में होने के कारण योगिनी सेना भारी दबाव में थी।

योगिनी सेना की हार किसी भी क्षण हो सकती थी। इस स्थिति का पता लगते ही महादेवी व्याकुल हो उठीं। उनका मन अत्यन्त उद्विग्न हो गया कि अब एक बार फिर पराजय का मुँह देखना पड़ेगा। एक बार फिर कालभैरव को दण्डित करने का अवसर हाथ से निकला जा रहा है। मारे क्षोभ व क्रोध के वह स्वयं दौड़ पड़ीं कालभैरव को दण्डित करने। स्त्रियों और कमज़ोरों पर अत्याचार करने वाले असंख्य असुरों का अब तक उन्होंने संहार किया था। इसे स्मरण करते ही वह ऊर्जा और शक्ति से ओत–प्रोत हो उठीं।

महादेवी की सेना में हाहाकार मच गया जब उन्होंने अपने साथ किसी सैनिक, सेनानी या नायिका को साथ लेने से मना कर दिया। उनका निश्चय दृढ़ था कि वह अकेले स्वयं कालभैरव को दण्डित करेंगी।

उनकी निजी सुरक्षा में सर्वदा नियुक्त रहने वाली सातों बहनें भी भौचक्क हो कर खड़ी रह गयीं।

यह सूचना शिव के पास भी पहुँच गयी गुप्तचरों के माध्यम से। वस्तुस्थिति से अवगत होते ही शिव बहुत चिन्तित हो गये। उन्हें बहुत अफ़सोस था कि कालभैरव की मूढ़ता और महादेवी की जिद के चलते पहले ही बहुत रक्तपात और नुक़सान हो चुका है। उन्हें पता था कि महादेवी शक्ति की अपार पुंज हैं और विनाश की विकट लीला करने में समर्थ हैं। अगर उन्हें रोका न गया तो क्रोध में वह सब सत्यानाश कर देंगी।

इसी बीच, शिवदूत गुप्तचरों की ओर से नयी सूचना आ पहुँची कि महादेवी क्रोध में दौड़ी आ रही हैं। यह भी ज्ञात हुआ कि दक्षिण दिशा से गंगा के किनारे–किनारे वह काशी नगर की ओर बड़ी तेज़ी से बढ़ रही हैं।

शिव के मन में अफरा–तफरी मच गयी। अब एक पल की भी देरी किये बिना वह दौड़ पड़े हर हाल में महादेवी को राह में ही रोक लेने के लिए।

शिव जानते थे क्रुद्ध स्त्री को मनाना अत्यन्त दुष्कर होता है। पुरुष का सम्पूर्ण समर्पण ही बस सक्षम होता है स्त्री के क्रोध को शान्त करने के लिए। शान्ति की स्थापना के लिए शिव ने शक्ति के समक्ष स्वयं समर्पण करने का तत्क्षण निर्णय लिया और राह में एक संकरे और निर्जन स्थान में जाकर लेट गये।

वेग से दौड़ती आ रही महादेवी क्रोध से अन्धी हो रही थीं। उनके पैर उबड़–खावड़ कठोर रास्ते में जहाँ–तहाँ अटपटे पड़ रहे थे, लेकिन जब उनका पैर एक नरम और गुदगुदे स्थल पर पडा तो वह चौंक गयीं। सहम कर नीचे देखा तो मारे आश्चर्य के उनका मुँह खुला रह गया। लज्जा तथा क्षोभ से उनकी जिह्वा बाहर निकल आयी। सकपकायी महादेवी के मुँह से हठात् आवाज़ फूट पड़ी – 'मेरे महादेव!'

मणि की चोरी

महाराज उग्रसेन की राजसभा में एक बहुत सनसनीखेज मुक़दमा पेश हुआ था। यदुवंश के एक शक्तिशाली सामन्त सत्रजित यादव ने यह मुक़दमा दायर किया था यादवकुल–शिरोमणि स्वयं श्रीकृष्ण के विरुद्ध।

सत्रजित एक विख्यात शिल्पी और वास्तुविद था। जब श्रीकृष्ण जरासन्ध के डर से मथुरा छोड़ कर भागे थे और सुदूर पश्चिम के सौराष्ट्र में यदुवंशियों का साम्राज्य स्थापित किये और इसकी राजधानी के रूप में समुद्र तट पर एक नगर का निर्माण कराना चाहा तो सत्रजित ने अपने वास्तु ज्ञान से द्वारिकावती[29] नामक नगर की स्थापना में सर्वाधिक महत्वपूर्ण योगदान किया था।

बाद में, जब शाकम्भरी के सूर्यवंशीय शासक सूर्यसेन ने अपने राज्य में एक सूर्य मन्दिर का निर्माण कराना चाहा तो उसने सत्रजित की सेवायें लीं। सत्रजित ने एक अलौकिक सूर्य मन्दिर की संरचना की। कहा जाता है कि सत्रजित के कौशल से प्रसन्न होकर स्वयं भगवान सूर्य ने उसे स्यमन्तक नामक एक अत्यन्त प्रकाशमान मणि पुरस्कार–स्वरूप दिया।

स्यमन्तक मणि धारण कर सत्रजित द्वारिकावती में जब विचरण करने लगा तो लोग उसे बहुत आदर और आश्चर्य से देखते थे। उसका छोटा भाई प्रसेनजित, जो यादव साम्राज्य का एक राज्याधिकारी था, वह भी उस मणि को धारण कर कभी–कभी राजसभा में पधारने लगा। जिस दिन वह मणि धारण करके आता

उस दिन वह पूरी राजसभा के आकर्षण का केन्द्र बन जाता। यह कुछ लोगों को नागवार गुजरता। उनका मानना था कि इस कारण यादव सम्राट महाराज उग्रसेन की संप्रभुता और ऐश्वर्य को ठेस पहुँचती है।

ऐसी स्थिति में एक दिन श्रीकृष्ण सत्रजित के घर पधारे। उन्होंने सत्रजित को चुपके से समझाते हुए सलाह दी कि वह स्यमन्तक मणि महाराज उग्रसेन को उपहार में दे दें। इससे एक ओर जहाँ यादव सम्राट की शोभा में वृद्धि होगी, वहीं दूसरी ओर वह सम्राट की विशेष कृपा का पात्र बन जायेगा। श्रीकृष्ण की यह सलाह अकड़ू और अभिमानी सत्रजित को बहुत बुरी लगी और उसने मणि देने से साफ़ इनकार कर दिया।

इसके कुछ ही दिनों बाद एक दिन प्रसेनजित सज–धज कर, मणि धारण कर और अश्व पर बैठ कर गिरिवन[30] में आखेट करने गया। कई दिन बीत जाने पर भी जब प्रसेनजित घर वापस नहीं लौटा तो सत्रजित को आशंका हुई कि कहीं किसी ने उसकी हत्या कर मणि छीन तो न ली। जब उसे श्रीकृष्ण की सलाह का ध्यान आया तो उसे यकीन हो गया कि यह हत्या श्रीकृष्ण ने ही की या करायी होगी और मणि चुपके से छीन लिया होगा।

इसी आधार पर सत्रजित ने श्रीकृष्ण के विरुद्ध वाद[31] दायर किया था और यादव सम्राट उग्रसेन से न्याय की माँग की। उग्रसेन पशोपेश में पड़ गये। आरोपित न केवल उनका अपना दौहित्र[32] था, बल्कि वह यदुवंश का सर्वाधिक सम्मानित और विशिष्ट व्यक्ति था। तथापि, न्यायासन पर बैठे सम्राट ने एक क्षण में अपने मन को दृढ़ किया और श्रीकृष्ण की ओर प्रश्नवाचक दृष्टि से देखा। पूरी विनम्रता के साथ खड़े होकर श्रीकृष्ण ने सम्राट की संप्रभुता और न्याय की प्रक्रिया के प्रति सम्मान प्रकट किया और स्पष्टीकरण दिया कि वे निर्दोष हैं। अपने निर्दोष होने का प्रमाण प्रस्तुत करने के लिए उन्होंने एक माह का समय माँगा, जो सम्राट द्वारा स्वीकार कर लिया गया।

●●

श्रीकृष्ण के पास यादव साम्राज्य की विधि–व्यवस्था के प्रमुख का प्रभार था। इस नाते साम्राज्य का गुप्तचर विभाग भी उन्हीं के अन्तर्गत आता था। कृष्ण के ऊपर अब दोहरी जिम्मेदारी थी – विधि–व्यवस्था प्रमुख होने के नाते गायब हुए प्रसेनजित और स्यमन्तक मणि का पता लगाना और एक आरोपित के रूप में अपनी निर्दोषिता के साक्ष्य जुटाना।

इस बीच, गुप्तचर–प्रमुख दक्षनेत्र ने आकर श्रीकृष्ण को सूचना दी कि सत्रजित उनके विरुद्ध लोगों में तरह–तरह के प्रवाद[33] फैला रहा है। द्वारकावती नगर के कोने–कोने में फैले स्थानीय गुप्तचरों ने अपने–अपने क्षेत्र से इस सम्बन्ध में सूचनाएँ एकत्र करके दक्षनेत्र के पास भेजी थीं।

एक गुप्तचर की सूचना के अनुसार सत्रजित लोगों में कहता फिर रहा है कि कृष्ण शातिर हत्यारा है। उसने बचपन में ही कई यादव योद्धाओं का संहार कर दिया था और अपने मामा तक को मार डाला। एक दूसरे गुप्तचर की सूचना के अनुसार कृष्ण पर आरोप लग रहे हैं कि वह बचपन से ही चोरी में माहिर है और बचपन में वह नन्द अहीर के घर और पड़ोस से मक्खन चुराता था। एक तीसरे गुप्तचर ने बताया कि सत्रजित लोगों में कहता फिर रहा है कि कृष्ण लम्पट और व्यभिचारी है और जहाँ भी सुन्दर युवती देखता है डोरे डालने लगता है। एक अन्य गुप्तचर ने दक्षनेत्र के कान में फुसफुसा कर बताया कि सत्रजित ने अपने कुछ विश्वस्त लोगों से अपना दुखड़ा रोया है कि कृष्ण उसकी युवा पुत्री सत्यभामा को अपने प्रेमज़ाल में फँसाये हुए है।

इन सारी ख़बरों को सुन कर भी श्रीकृष्ण निश्चिन्त और अविचलित रहे। उनकी चिन्ता का मुख्य विषय रहा प्रसेनजित और स्यमन्तक मणि की खोज और वह भी एक माह के भीतर। इसके लिए उन्होंने अपने अन्तर्गत आने वाले तीनों विभागों के प्रभारियों – सुरक्षा–प्रभारी[34] सेनानायक शत्रुघ्न यादव, आरक्षी–प्रमुख[36] प्रभंजन

यादव और आसूचना–प्रमुख[36] दक्षनेत्र यादव – के संग एक बैठक की। बैठक में शत्रुघ्न और प्रभंजन ने प्रमुख रूप से अपनी बातें कहीं, जिन्हें सुनकर भी श्रीकृष्ण ने अनसुना कर दिया। श्रीकृष्ण को लगा कि ये दोनों अधिकारी समस्या को गहराई से न समझ पा रहे थे। दोष उन अधिकारियों का भी न था। वे अपने–अपने विभागीय दृष्टिकोण से समस्या का विश्लेषण कर रहे थे। शत्रुघ्न को इस समस्या के पीछे किसी शत्रु राज्य का हाथ दिख रहा था जिसने यादव साम्राज्य में फूट डालने और बदनाम करने की रणनीतिक चाल चली थी। प्रभंजन को लग रहा था कि इस समस्या के पीछे अपनी राजधानी के ही किसी धूर्त और शरारती तत्व का हाथ था। आसूचना–प्रमुख दक्षनेत्र ने समस्या के सम्बन्ध में कुछ ज़्यादा बोलना उचित न समझा। बिना किसी निर्णय पर पहुँचे बैठक भंग हो गयी और श्रीकृष्ण ने तीनों अधिकारियों को आभार सहित विदा कर दिया।

बाद में, श्रीकृष्ण ने दक्षनेत्र को चुपके से बुला भेजा और देर तक उससे विचार–विमर्श करते रहे। अन्ततः, दोनों ने मिलकर तय किया कि समस्या के समाधान के लिए एक खुफ़िया अभियान चलाया जाये। अभियान को चलाने की जिम्मेदारी पूरी तरह दक्षनेत्र को दी गयी और उसे यह भी निर्देश दिया गया कि अभियान की प्रगति की पूरी सूचना नियमित रूप से श्रीकृष्ण को देते रहें।

●●

गुप्तचरों के एक छोटे–से दल ने सत्रजित और प्रसेनजित के मित्रों और रिश्तेदारों से चुपके से बात करके उनके बारे में बहुत सारी जानकारियाँ इकट्ठी कीं। इन जानकारियों के आधार पर गुप्तचरों का एक दूसरा दल गिरिवन में प्रसेनजित को खोजने निकला।

गिरिवन में पश्चिम दिशा से प्रवेश कर सीधे रास्ते दो दिनों तक पैदल चलने पर एक छोटी–सी झील मिलती थी। द्रुतगामी अश्व[37] पर चलने से एक प्रहर के भीतर ही द्वारिकावती से इस झील तक

पहुँचा जा सकता था। खोजी दस्ते को इस झील के किनारे एक नंग–धड़ंग, सिर कटी लाश मिली। लाश काफी सड़–गल चुकी थी। खोजी दस्ते को लगा कि यह प्रसेनजित की लाश होगी, किन्तु, प्रश्न अब यह था कि प्रसेनजित को किसने मारा होगा? उसका घोड़ा और स्यमन्तक मणि अब कहाँ है?

गुप्तचरों का यह दल देर तक इस विषय पर विचार–विमर्श और विश्लेषण करता रहा, किन्तु किसी निष्कर्ष पर पहुँचने में असफल रहा। अन्ततः यह दल द्वारिकावती–स्थित मुख्यालय वापस लौट आया।

मुख्यालय में आसूचना–विश्लेषकों का एक विशिष्ट दल खोजी दस्ते द्वारा लायी गयी सूचनाओं के विश्लेषण में जुट गया। परिकल्पना, प्रस्थापना और खण्डन–मण्डन की प्रकिया द्वारा सारी सूचनाओं, हत्या के तरीकों तथा घटना–स्थल से प्राप्त संकेतों का विश्लेषण करके दल इस निष्कर्ष पर पहुँचा कि यह हत्या सिंहनक जनजाति के किसी व्यक्ति ने की होगी।

गिरिवन की उस छोटी–सी झील के उत्तरी तट से दो रास्ते दोनों कोनों की ओर गये थे। जो रास्ता उत्तर–पश्चिम के कोने की ओर गया है उसे छोड़ कर उत्तर–पूर्व के कोन की ओर जाने वाले रास्ते पर एक पूरा दिन पैदल चलने पर वन का अत्यन्त सघन क्षेत्र प्रारम्भ होता था। यहीं से शुरू होता था सिंहनक समुदाय के प्रभुत्व की सीमा।

सिंहनक समुदाय के बारे में आसूचना–विश्लेषकों के अभिलेखों में पहले से ही कुछ सूचनाएँ उपलब्ध थीं। इनके अनुसार सिंहनक जनजातीय समुदाय अपनी उत्पत्ति सिंह से मानता था। सिंह–सी बलिष्ठता और आक्रामकता वाला यह समुदाय सभ्य समाज से सर्वथा विलग गिरिवन के आन्तरिक भाग में रहता था। आपसी बातचीत में इस समुदाय के लोग केसू नामक बोली बोलते थे जिसे इस समुदाय से बाहर के लोग बिल्कुल नहीं समझ पाते थे। केसू बोली की दूसरी विशेषता उसकी विशिष्ट उच्चारण शैली बतायी जाती थी।

कहा जाता था कि इसके उच्चारण में सिंह की तरह की एक ख़ास गुर्राहट होती है।

पाँच विशिष्ट गुप्तचरों की एक टोली का गठन किया गया। सिंहनक समुदाय के बारे में उपलब्ध सूचनाओं के आधार पर सभी पाँचों गुप्तचरों को अनुकूलित और प्रशिक्षित किया गया। उनमें से दो गुप्तचरों को सिंहनक लोगों की केसू बोली को उसके विशिष्ट उच्चारण के साथ बोलने का प्रशिक्षण दिया गया।

विशेष रूप से प्रशिक्षित होकर गुप्तचरों का दल जंगल में पहुँचा। इस दल को झील तक पहुँचने में कोई कठिनाई नहीं हुई। योजना के अनुसार तीन गुप्तचरों को झील के पास ही रुक जाना था, जबकि दो गुप्तचरों को पूर्व और उत्तर के कोने की ओर जाने वाले रास्ते पर आगे बढ़ना था। इस रास्ते पर पूरे एक दिन चलने पर दो लोगों का वह दल एक ऐसे स्थान पर पहुँचा जहाँ सात ताड़ के पेड़ एक पंक्ति में खड़े थे। ये पेड़ ही इस बात के संकेत थे कि इसके आगे सिंहनक समुदाय का साम्राज्य है। इस साम्राज्य में प्रवेश प्राणघातक माना जाता था।

चतुर गुप्तचर राजित ने सातों ताड़ के पेड़ों के पास अपने सामान्य वस्त्र उतार कर अपने साथी अपराजित को सौंप दिये और सिंहनक लोगों जैसी जनजातीय वेशभूषा बना ली। गुप्तचर–प्रमुख दक्षनेत्र के निर्देशानुसार राजित को ही सिंहनक लोगों की बस्ती में जाना था और अपराजित को सीमा पर रुक कर उसकी प्रतीक्षा करनी थी। सिंहनक लोगों में जाकर घुलमिल जाने के लिए राजित को विशेष रूप से प्रशिक्षित किया गया था। उसे सिंहनकों की बोली केसू का विशेष अभ्यास कराया गया था। साथ ही, सिंहनकों के रीति–रिवाज़ के बारे में भी उसे अच्छी तरह समझा दिया गया था।

चौथे दिन राजित भागता हुआ अपराजित के पास पहुँचा। दोनों झील के पास छुपे अपने तीन अन्य साथियों से मिलने तुरन्त चल पड़े। वहाँ से पाँचों द्वारिकावती–स्थित अपने मुख्यालय लौट आये।

मुख्यालय में राजित ने दक्षनेत्र के समक्ष सारा विवरण प्रस्तुत किया :

"सातों ताड़ वृक्षों से आगे दिन भर लगातार चल कर मैं शाम को एक घने जंगल में जा पहुँचा। जैसा कि हमें पहले ही बताया गया था कि इस जंगल के ठीक बाद सिंहनकों की बस्ती है, मैं जल्दी से वह जंगल पार कर रात के अँधेरे में बस्ती में चुपके से घुस जाना चाहता था, लेकिन, अँधेरा बढ़ता ही जा रहा था और मैं जंगल में रास्ता भटक गया।

जंगली जानवरों के डर से रात किसी पेड़ पर बैठ कर बिताने के विचार से मैं एक बड़े से पेड़ के नीचे पड़ी एक चट्टान पर चढ़ कर पेड़ पर जा बैठा। दिन भर की थकान के कारण मैं पेड़ की दो जुड़ी हुई शाखाओं पर लेट गया और मुझे नींद आ गयी।

भयंकर शोरगुल सुन कर मेरी नींद खुली तो मैंने देखा कि कुछ लोगों का एक झुण्ड हाथों में मशाल लिए चला आ रहा है। उस झुण्ड के आगे–आगे एक बुढ़िया चल रही थी। उसके ठीक पीछे दो लोग एक किशोर को पकड़े चल रहे थे। लगता था वह किशोर नशे में था या वह ज़बरदस्ती घसीट कर लाया जा रहा था। उसके पीछे दो पंक्तियों में कुछ लोग चल रहे थे – दहाड़ते हुए, शेरों–जैसी गर्जना करते हुए। उनके अगल–बगल मशाल लिए हुए कुछ लोग चल रहे थे। उन सबके पीछे लोगों का झुण्ड शोर मचाते हुए चल रहा था। उनमें भी कुछ लोग मशाल लिए हुए थे।

वह पूरा जुलूस उसी पेड़ के नीचे आकर रुका जिस पर मैं बैठा था। सिंह की तरह गर्जना करने वाले लोगों में से एक ने उछल कर उस घसीट कर लाये जा रहे लड़के की गर्दन को अपने दाँतों से दबोच लिया। दर्द से बिलबिलाता वह लड़का भयानक आर्तनाद करने लगा। जब उसकी गर्दन से रक्त की तेज़ धार निकलने लगी तो उसको पकड़े हुए लोगों ने उसकी गर्दन को उस पत्थर के एक सिरे पर ज़बरदस्ती सटा दिया। लड़का तड़पता रहा। दो मशालधारी अपनी मशालें लिए तेज़ी से उस पत्थर के पास पहुँच गये।

बुढ़िया उदास स्वरों में कुछ गीत गाने लगी। उसके गीत से मुझे लगा कि वह किसी सिंहदेव की अभ्यर्थना के गीत गा रही थी और अपने मुखिया शार्दूल की सकुशल वापसी के लिए विनती कर रही थी।

मशाल की रौशनी में मैंने गौर किया कि जिस पत्थर पर पैर रख कर मैं पेड़ पर चढ़ा था वह अनगढ़ पत्थर सिंह की आकृति का था और शायद वही सिंहनक जनजाति का देवता सिंहदेव था। मेरे देखते–देखते सिंह की गर्जना करने वाले व्यक्तियों में से एक ने सहसा उस बालक के पेट पर अपने दोनों पंजों से आघात किया और पेट फाड़ डाला।

यह भयावह दृश्य देख कर मैं बुरी तरह डर गया और मारे डर के काँपने लगा। इस वजह से मेरा सन्तुलन बिगड़ गया और मैं धम्म से नीचे आ गिरा। मेरे गिरते ही वहाँ इकट्ठे सारे लोग भाग खड़े हुए। मैं मारे डर के चुपचाप पड़ा रहा।

थोड़ी ही देर में बुढ़िया औरत, जो उस जनजाति की पुजारिन लग रही थी, सहमते हुए मेरे निकट आ पहुँची। सिंहनकों जैसी मेरी वेशभूषा देख कर वह जोर से चिल्लाई, "हमारा नया राजा आया है। सिंहदेव हम पर प्रसन्न हैं। हमारे पुराने राजा शार्दूल को सिंहदेव ने वापस बुला लिया और उनके स्थान पर यह नया राजा भेजा है।"

इतना सुनते ही सब लोग मेरे नजदीक आ गये और लगे नाचने–गाने। नाचते–गाते वे लोग मुझे अपने कन्धों पर उठा कर अपनी बस्ती में ले गये।

राजा के रूप में मेरा अभिषेक किये जाने की तैयारियाँ अगले दिन से ही शुरू हो गयीं। उन लोगों की बातचीत और अपनी संक्षिप्त पूछताछ से मुझे मालूम हुआ कि सिंहनक समुदाय का पुराना वैर भल्लुक समुदाय के लोगों से था। उनका अपना मुखिया शार्दूल पहले कई बार भल्लुक मुखिया जामवन्त से भिड़ चुका था। वह लड़का जो पिछली रात सिंहदेव के सामने मारा गया था वह पड़ोसी भल्लुक जनजाति का था और भटकते हुए सिंहनकों के साम्राज्य में आ गया था और पकड़ लिया गया था। इसके आगे राजित को कुछ मालूम नहीं था।

दक्षनेत्र ने तुरन्त अपने आसूचना–विश्लेषकों को बुलाया और राजित द्वारा बताये गये विवरण से अवगत कराया। राजित के प्रतिवेदन[38] में अधिकतर बेकार सूचनाये थीं और विश्लेषकों के दल को सिंहनकों और भल्लुकों की वैमनस्यता के बारे में पहले से ही पता था। राजित द्वारा लायी गयी ताज़ी ख़बर के आधार पर इस दल ने निष्कर्ष निकाला कि शार्दूल और जामवन्त के बीच द्वंद्व–युद्ध हुआ होगा और उस युद्ध के दौरान ही शार्दूल मारा गया होगा। लेकिन, प्रसेनजित की मौत और स्यमन्तक मणि के गायब होने की गुत्थी नहीं सुलझ रही थी। आसूचना विश्लेषकों को लग रहा था कि शार्दूल और जामवन्त की लड़ाई में ही मणि के गायब होने का रहस्य छुपा हुआ है, लेकिन उन्हें कोई ऐसा सूत्र न मिल रहा था जिससे दोनों घटनाओं के बीच कोई तार्किक सम्बन्ध स्थापित किया जा सके। कई दिनों तक वे सूचनाओं व सम्भावनाओं पर तर्क–वितर्क, खण्डन–मण्डन और संश्लेषण–विश्लेषण करते रहे। अन्ततः उन्होंने हाथ खड़े कर दिये और हताश होकर अपने प्रमुख दक्षनेत्र के पास पहुँचे।

दक्षनेत्र ने भी आसूचना–विश्लेषकों के दल के साथ मिलकर पुनः उसी प्रक्रिया पर जोर लगाया, लेकिन सफलता हाथ न लगी। परेशान होकर दक्षनेत्र श्रीकृष्ण के पास पहुँचा। श्रीकृष्ण ने उसकी बातें धीरज से सुनीं। उन्हें चिन्ता तब हुई जब दक्षनेत्र ने गुप्तचर्या की सीमाओं का उल्लेख करते हुए एकदम हथियार डाल दिया। अब तक के किये गये प्रयासों में दक्षनेत्र ने पन्द्रह दिन गँवा दिये थे, जो कि मिले कुल एक माह के समय का आधा था।

कुछ देर चुपचाप सोचते रहने के बाद, श्रीकृष्ण ने दक्षनेत्र की पीठ थपथपाते हुए कहा, "मेरा मन कहता है कि प्रसेनजित की मृत्यु का भल्लुक जनजाति से कुछ सम्बन्ध है। ऐसा क्यों नहीं करते कि भल्लूकों के यहाँ चुपके से पता करो, ख़ासकर उनके मुखिया जामवन्त पर निगाह रखते हुए! मैं जानता हूँ जामवन्त बहुत शक्तिशाली व्यक्ति है। ऐसा ही व्यक्ति शार्दूल जैसे शेर इन्सान को मार सकता है और, हाँ, गोपनीयता और शीघ्रता का विशेष ध्यान रखना।

हम आधा समय पहले ही गँवा चुके हैं और, अगर तुम्हारे आदमी गोपनीयता का ख़ास ध्यान नहीं रखेंगे तो ज़रूर जान से हाथ धो बैठेंगे।"

••

गुप्तचर मुख्यालय में भल्लुकों के विरुद्ध एक खुफ़िया अभियान छेड़ने की योजना बनायी जाने लगी। पाँच कुशल और कर्मठ गुप्तचरों को चुनकर एक विशेष दल बनाया गया। दल के सभी सदस्यों को भल्लुक जनजाति के इतिहास, भूगोल के साथ–साथ उनके बारे में जननांकीय[35] जानकारियाँ दी गयीं। भाल्लुकों की संस्कृति और उनके रीति–रिवाजों के बारे में ख़ूब सिखाने–पढ़ाने के साथ ही उस समुदाय द्वारा बोली जाने वाली 'भूमा' नामक बोली को समझने और बोलने का अभ्यास कराया गया।

पिछले दल के अनुभवों से लाभ उठाते हुए इस बार के दल के लोग भी उस झील तक पहुँचे। पाँच लोगों के दल में से तीन तो पिछली रक्षा–पंक्ति के रूप में झील के किनारे एक गुप्त स्थान पर छुप गये। यह जानते हुए कि पूर्व और उत्तर के कोने की ओर जाने वाला रास्ता सिंहनक क्षेत्र में जाता है और पश्चिम–उत्तर के कोने में जाने वाला रास्ता भल्लुक प्रदेश का है, दो विशेष रूप से प्रशिक्षित गुप्तचर – मित्रसेन और चन्द्रसेन – भल्लुक प्रदेश की ओर बढ़े।

काफी देर तक जंगली रास्तों से चलते रहने के बाद मित्रसेन की दृष्टि अचानक आसमान की ओर गयी तो आश्चर्य और कौतुहल से उसने अपने बगल में चल रहे चन्द्रसेन को कोहनी मारते हुए आसमान में देखने का इशारा किया। आसमान की ओर देख कर नाराज़ होते हुए चन्द्रसेन ने कहा, "क्या ख़ास है जो तुम इतना हैरत से मुझे दिखा रहे हो? आसमान में उड़ते गिद्धों को कभी नहीं देखा है!"

"देखा है, पर यह कुछ ख़ास लग रहा है।"

"कैसे?"

"समझ तो मैं भी नहीं पा रहा हूँ, लेकिन वहाँ ज़मीन पर लगता है कुछ ख़ास होगा तभी आसमान में गिद्ध चक्कर काट रहे हैं।"

पता लगाने के चक्कर में दोनों गुप्तचर एक विस्तृत घास के मैदान में पहुँच गये। देखा वहाँ एक जगह कुछ गिद्ध ज़मीन पर कुछ नोच–नोच कर खा रहे हैं। शीघ्रता से नज़दीक पहुँचने पर वहाँ तीन लाशें दिखीं जो अब बस कंकाल मात्र रह गयीं थीं। उनमें से एक लाश किसी घोड़े जैसे जानवर की थी। दो लाशें इन्सानों कीं थीं। उनके वस्त्रों से लग रहा था कि एक कोई संभ्रांत नागरिक रहा होगा और दूसरा कोई जनजातीय व्यक्ति। जनजातीय लगने वाले व्यक्ति के गले में कौड़ियों की माला थी, जो प्रायः सिंहनक जनजाति के लोग पहनते थे।

इन लाशों के वहाँ मिलने की गुत्थी वे दोनों सुलझा नहीं पा रहे थे। अचानक मित्रसेन की दृष्टि उस लाश पर गयी जिसके वस्त्र संभ्रांत नागरिकों जैसे थे। देखा उस लाश की बाँह में एक सुन्दर केयूर[40] बँधा था। नजदीक जाकर गौर से निरीक्षण किया तो मित्रसेन आश्चर्य से चीख पड़ा, "अरे, इस पर तो यादव साम्राज्य का राजचिह्न अंकित है।"

मित्रसेन और चन्द्रसेन कुछ दूरी पर हट कर बैठ गये और वहाँ की स्थिति का विश्लेषण करने लगे। अब तक के तथ्यों और सूचनाओं के विश्लेषण से उन्हें लगा कि संभ्रांत वस्त्रों वाली लाश गायब हुए प्रसेनजित की होगी और जानवर की लाश उसके घोड़े की होगी। दूसरी लाश गायब हुए सिंहनक मुखिया शार्दूल की होगी, लेकिन इस विश्लेषण ने उन्हें कई अनसुलझे सवालों में उलझा दिया – क्या वे दोनों आपस में लड़ मरे थे या किसी और ने उन्हें मारा होगा? कौन ऐसा बलशाली रहा होगा जिसने उन दोनों को मार डाला होगा? और, अब वहाँ स्यमन्तक मणि नहीं है तो कहाँ है? क्या वह बलशाली व्यक्ति स्यमन्तक मणि उठा ले गया? साथ ही, उन्हें यह प्रश्न भी परेशान कर रहा था कि यदि यहाँ प्रसेनजित की मृत्यु हुई तो झील के तट पर मिली सिर–कटी लाश किसकी थी?

इस विचार–विमर्श के बीच चन्द्रसेन की दृष्टि सामने वाले एक बीहड़ सूखे नाले के पार डोलते एक क्षीण छाया पर पड़ी।

लगा जैसे वहाँ कोई घूम रहा है। उन दोनों ने तय किया कि वहाँ जाकर पता करना चाहिए। तय यह भी हुआ कि एक वहाँ जाकर पूछताछ करे और दूसरा नाले के इस पार इन्तज़ार करे। दोनों में से कौन वहाँ जायेगा इसका निर्णय उन्होंने एक निष्क[11] मुद्रा उछाल कर किया। मित्रसेन का जाना तय हुआ।

मित्रसेन ने उस कृशकाय बुढ़िया के पैर पकड़ लिए जब उसने मिनमिनाते हुए पूछा, "कौन हो तुम? कैसे तुम भल्लुकों के क्षेत्र में आ गये? भल्लुकराज महाराज जामवन्त तुम्हें देख लेंगे तो तुम्हारी जान ले लेंगे।" यह वही बुढ़िया थी जो नाले के उस पार से एक क्षीण छाया जैसी दिख रही थी। वह नाला भल्लुक क्षेत्र की सीमा थी।

मित्रसेन के अनुनय–विनय से बुढ़िया पिघल गयी। "मैं महाराज जामवन्त की गृहसेविका हूँ। यहाँ से थोड़ी दूर पर महाराज का दुर्ग है। मैं तुम्हें वहाँ छुपा कर रखूँगी, अगर तुम घरेलू कामों में मेरी मदद करते रहोगे तो।"

मित्रसेन सहर्ष तैयार हो गया।

जामवन्त का दुर्ग क्या था – बस एक गुफ़ा के भीतर बसाया हुआ घर था। उस गुफ़ा में बुढ़िया ले जाने लगी तो एक भल्लुक द्वारपाल ने टोका, किन्तु, एक मृगछाल से बुढ़िया ने मित्रसेन का मुख पहले से ही ढँक रखा था। अतः अधिक स्पष्टीकरण दिये बिना प्रवेश मिल गया।

गुफ़ा के भीतर बुढ़िया बहुत देर तक चलती रही। इस दौरान मित्रसेन के मुँह पर से मृगछाल हटा दी थी। गुफ़ा के भीतर प्रकृति की कारीगरी देख कर मित्रसेन बहुत हैरान था। जामवन्त के आवास के द्वार पर ही बुढ़िया का आवास था, जहाँ उसने मित्रसेन को ठहरा दिया।

बुढ़िया से बातचीत के दौरान मित्रसेन को मालूम हुआ कि एक पखवारे पहले जामवन्त एक अद्‌भुत चमकदार मणि लाये हैं जिसे उन्होंने अपनी बेटी जामवन्ती को उपहार में दिया है। मित्रसेन ने बुढ़िया से और आगे पूछताछ की तो पता लगा कि जामवन्त नाले

के पार शिकार खेलने गये थे। वहीं उनकी भिड़न्त सिंहनक के राजा शार्दूल से हो गयी। शार्दूल ने कुछ ही देर पहले एक अजनबी घुड़सवार को मार कर एक चमकदार मणि छीनी थी। उस मणि को हथियाने के चक्कर में ही शार्दूल और जामवन्त की लड़ाई हुई थी, जिसमें शार्दूल मारा गया और जामवन्त वह मणि घर ले आये।

इस जानकारी पर मित्रसेन मन ही मन बहुत खुश हुआ। वह समझ गया कि वह मणि स्यमन्तक मणि ही है और मारा जाने वाला घुड़सवार प्रसेनजित ही था। मित्रसेन ने मन–ही–मन योजना बनायी कि वह स्यमन्तक मणि को जामवन्त के यहाँ से चुरा ले जायेगा।

मित्रसेन लगातार चक्कर में रहा कि वह स्यमन्तक मणि किसी तरह चुरा ले। चूँकि वह मणि जामवन्त की बेटी जामवन्ती हमेशा – सोते–जागते – अपने गले में पहने रहती थी, इसलिए उसे चुराना असंभव लग रहा था। ज़्यादा दुस्साहस करने पर जान जाने का ख़तरा था। फिर, मित्रसेन गुप्तचर था। वह कोई योद्धा तो था नहीं कि जामवन्त से टकरा जाये। अतः वह यह ख़बर लेकर रात में चोरी–चुपके वहाँ से भाग खड़ा हुआ।

रात के अँधेरे में ही नाला पार कर मित्रसेन चन्द्रसेन से मिला और दोनों फुर्ती से भाग कर झील के पास अपने दल में आ मिले।

आगे, गुप्तचरों का वह दल द्वारिकावती–स्थित अपने मुख्यालय वापस लौट आया। मित्रसेन द्वारा बताया गया विवरण सुन कर दक्षनेत्र बहुत प्रसन्न हुआ और श्रीकृष्ण को सूचित करने दौड़ पड़ा।

सूचना पाकर श्रीकृष्ण बड़े प्रसन्न हुए। बिना देर किये तुरन्त उन्होंने एक अभियान की योजना बनाई जिसमें स्वयं उनके अलावा सिर्फ़ मित्रसेन को भाग लेना था। इस बीच, दक्षनेत्र ने झील के किनारे मिली लाश की बात उठायी और इस रहस्य को भी लगे हाथ सुलझा लिए जाने की आवश्यकता पर जोर दिया। श्रीकृष्ण ने उसे झिड़कते हुए कहा, "स्यमन्तक मणि को प्राप्त करना हमारी पहली प्राथमिकता है। हम अभी उसी पर केन्द्रित रहेंगे। तुम बाद में सिर–कटी लाश का रहस्य स्वयं सुलझाना।"

श्रीकृष्ण और मित्रसेन जामवन्त के गुफ़ानुमा दुर्ग में प्रवेश कर सीधे जामवन्त के सामने जा खड़े हुए। श्रीकृष्ण ने बड़ी विनम्रता से निवेदन किया, "भाई, वह स्यमन्तक मणि मुझे दे दो। उसकी चोरी का आरोप मुझ पर लगा है। मणि के स्वामी को मणि लौटा कर मैं आरोपमुक्त हो जाऊँगा। मणि के बदले जो भी धन–दौलत तुम्हें चाहिए मैं देने को तैयार हूँ।"

श्रीकृष्ण को अपने आवास में इस तरह घुसा देख कर जामवन्त बहुत क्रुद्ध हुआ। मणि माँगने की उनकी याचना को उसने उनका दुस्साहस माना और गरजते हुए कहा, "तुम्हारी इतनी हिम्मत जो मेरे घर में घुस कर मुझसे मणि लौटाने को कह रहे हो।" साथ ही, उसने एक ज़बरदस्त घूसा श्रीकृष्ण पर मारा। श्रीकृष्ण फुर्ती से उछल कर एक तरफ खड़े गये। जामवन्त का प्रहार बेकार गया। यही नहीं, प्रहार के आवेग में जामवन्त ज़मीन पर मुँह के बल धम्म से गिरा। कुछ ही दूरी पर खड़ी जामवन्ती कृष्ण की स्फूर्ति और साहस देख कर उन पर लट्टू हो गयी।

जामवन्त ने जल्दी से उठ कर फिर से प्रहार किया। अपनी फुर्तीबाजी से ख़ुद को एक बार पुनः बचाते हुए श्रीकृष्ण अब समझ गये कि बिना लड़े जामवन्त मानने वाला नहीं है। उन्होंने जामवन्त पर एक जोरदार मुष्टिप्रहार किया। दोनों में बड़ी देर तक मल्लयुद्ध चलता रहा।

जामवन्त बड़े हैरत में था कि उससे इतनी देर और इतनी कुशलता से लड़ने वाला कोई सामान्य व्यक्ति नहीं हो सकता। स्वयं भगवान विष्णु के अलावा कोई अन्य मल्लयुद्ध में उसे नीचा नहीं दिखा सकता। तो, क्या यह श्रीकृष्ण भगवान विष्णु का ही अवतार है? यह बोध गहराते ही जामवन्त दोनों हाथ जोड़ कर श्रीकृष्ण के चरणों में झुक गया।

सत्रजित को स्यमन्तक मणि वापस मिल गयी। श्रीकृष्ण को सत्रजित–पुत्री सत्यभामा और जामवन्त–पुत्री जामवन्ती पत्नियों के रूप में प्राप्त हुईं। गुप्तचर मित्रसेन को पदोन्नति और नकद पुरस्कार प्राप्त हुए। सिर–कटी लाश का रहस्य सुलझाना अभी बाकी रहा।

मन्त्र की खोज

देवलोक की राजधानी अमरावती में देवराज इन्द्र की राजसभा के पीछे बने अन्तःकक्ष में देवताओं के रणनीतिक समूह (कोर ग्रुप) की मीटिंग चल रही थी। स्वयं देवराज इन्द्र के अलावा देवगुरु बृहस्पति, सेनापति शिवपुत्र कार्तिकेय, गुप्तचर–प्रमुख वरुणदेव और चिकित्सा–प्रमुख दोनों अश्विनी कुमार इस बैठक में भाग ले रहे थे। ब्रह्मा, विष्णु, महेश देवताओं के हाई कमान माने जाते थे और अमूमन वे इस तरह की बैठकों में भाग नहीं लेते थे।

बैठक की कार्यसूची (एजेंडा) में एक ही विषय था। विषय अत्यन्त गम्भीर था। अतः बैठक में विचित्र बैचैनी और हताशा छायी हुई थी। असुरों से लगातार पराजित होते जाने की विभीषिका की छाया समूह के सभी सदस्यों के चेहरे पर साफ़ दिख रही थी। चिन्तित इन्द्र कार्तिकेय की ओर अभिमस्त होकर बोले, "बताइये, अब क्या उपाय है?"

कार्तिकेय में किन्चित हिचकिचाते हुए कहा, "जब तक असुरों के पास मृत–संजीवनी मन्त्र की शक्ति है हम उन्हें पराजित नहीं कर सकते। रणक्षेत्र में वे मरते हैं और फिर उस मन्त्र की शक्ति से जीवित हो जाते हैं।"

देवराज इन्द्र का ध्यान चुपचाप बैठे चिकित्सक बन्धुओं अश्विनी कुमारों की ओर गया और वे पूछ बैठे, "महोदयो, आप लोगों के पास कौन–सी शक्ति है अपने मृत सैनिकों को जीवित करने की। ''कोई औषधि, ध्वनि–चिकित्सा या मन्त्र–चिकित्सा?"

उदास अश्विनी कुमारों ने एक स्वर में धीमे से कहा, "महाराज देवराज, हम लोगों के पास ऐसी कोई औषधि या चिकित्सा–प्रणाली नहीं है अब तक जिससे हम मृत को जीवित कर सकें।"

किसी को बिना लक्ष्य किये इन्द्र स्वगत बड़बडाने लगे, "वह मृत–संजीवनी मन्त्र हम लोग नहीं प्राप्त कर सकते?"

देवराज अचानक गुप्तचर–प्रमुख वरुणदेव की ओर देख कर बोले, "वरुणदेव! आपको मृत–संजीवनी मन्त्र के रहस्य का अब तक कुछ पता नहीं लगा? आप तो स्वयं आकाश में बैठे–बैठे चुपके से सबके ऊपर नज़र रखते हैं। आपके गुप्तचर 'सरमा' गण भी बहुत तेज़ हैं। पिछली बार जब पणियों[12] ने हमारी गायें चुरा कर गुफ़ाओं में छुपा दी थीं तो आपके सरमा गुप्तचरों ने ही तो श्वानों का रूप धर कर उनका पता लगाया था और गुप्त अभियान चला कर उन्हें छुड़ा लाया था। तो फिर, इस मृत–संजीवनी का पता क्यों नहीं वे लगा पा रहे हैं?"

इन्द्र के इस प्रश्न से वरुणदेव सहम गये। उन्हें स्पष्ट नहीं हो पा रहा था कि देवराज उनके ऊपर व्यंग्य कर रहे हैं या उनकी प्रशंसा कर रहे हैं। साहस बटोर कर उन्होंने प्रगति–विवरण प्रस्तुत करते हुए कहा, "हमारे गुप्तचर असुरों के क्षेत्र में चुपके से घुस कर अपना कार्य कर रहे हैं। असुराधिराज वृत्रासुर के राजप्रासाद में हमारे गुप्तचर निरन्तर अपनी अदृश्य उपस्थिति बनाये हुए हैं और समय–समय पर अपना गोपनीय प्रतिवेदन हमारे पास भेजते रहते हैं। उनके प्रतिवेदनों से पता चला है कि मृत–संजीवनी मन्त्र असुरों के गुरु शुक्राचार्य के पास उनकी निजी अभिरक्षा में संरक्षित है। किसी को वह परम गुप्त मन्त्र नहीं बताते हैं। शुक्राचार्य की कुटी में प्रवेश करने में हमारे किसी गुप्तचर को अभी तक सफलता नहीं मिली है। शुक्राचार्य बहुत एकाकी जीवन बिताते हैं और उनकी कुटी में उनकी इकलौती बेटी देवयानी के अलावा अन्य किसी की उपस्थिति वर्जित है। हमारे गुप्तचरों में से किसी को भी अब तक ऐसा कोई बहाना नहीं मिला है या ऐसा कोई आवरण नहीं सूझा है जिसकी आड़ में वे शुक्राचार्य की सन्निकटता प्राप्त कर सकें।"

"आपके गुप्तचर पता नहीं कब सफल होंगे? तब तक तो हमारे बहुत से लोग मारे जायेंगे और हमारी पराजय निश्चित हो जायेगी।" इन्द्र ने नैराश्य में डूबे वचन जब वरुणदेव को सुनाये तो उन्होंने व्याकुल होकर कहा, "मेरे पास एक परम गुप्त गुप्तचर अभियान है, किन्तु वह पूर्णतः देवगुरु बृहस्पति की कृपा पर निर्भर है।"

इन्द्र ने होठों पर अँगुली रखते हुए वरुणदेव को चुप हो जाने का इशारा किया और चिल्ला कर सेवकों को आवाज़ लगायी कि मेरा परम प्रिय पेय सोमरस सभी सदस्यों को पीने के लिए परोसा जाये।

सुगन्धित सोमरस स्वर्णिम पात्रों में सबको परोस दिया गया। इन्द्र का इशारा पाकर दो सुन्दर अप्सराएँ भी आ गयीं नृत्य और गायन द्वारा मनोरंजन के लिए।

कुछ देर चला यह कार्यक्रम। फिर कार्यक्रम की समाप्ति को इंगित करते हुए इन्द्र ने देवगुरु बृहस्पति और वरुणदेव के अलावा अन्य सभी को वहाँ से प्रस्थान कर जाने का इशारा किया।

जब वहाँ केवल तीन बचे, तो इन्द्र ने वरुणदेव को अपना गुप्त प्रस्ताव प्रस्तुत करने का संकेत दिया। वरुणदेव ने अपने प्रस्ताव को विस्तार से बताना शुरू किया, "मृत–संजीवनी मन्त्र के संरक्षक शुक्राचार्य तक पहुँचने का हमारे पास कोई बहाना नहीं है। हम में से किसी के पास है तो वह हैं गुरुदेव बृहस्पति जी महाराज।"

बृहस्पति ने कुछ उत्सुकता और कुछ आक्रोश से वरुणदेव को घूर कर देखा, तो वरुणदेव की सिट्टी–पिट्टी गुम हो गयी। इन्द्र की ओर से आश्वस्ति का संकेत पाकर वरुणदेव फिर बोलने को उद्यत हुए।

इसी बीच, इन्द्र ने तीनों को एकदम नजदीक आ जाने का इशारा किया। अब तीनों – इन्द्र, वृहस्पति और वरुणदेव – ने गुप्त मन्त्रणा के तौर पर अपने सिर आपस में जोड़ कर फुसफुसाहट में बातचीत शुरू किया ताकि किसी अन्य के कान में उनकी बातों के पड़ने की गुंजाइश न रहे।

वरुणदेव ने बात शुरू की, "कौन नहीं जानता कि सर्वज्ञानी सप्तर्षियों में श्रेष्ठ महर्षि अंगिरस बृहस्पति जी के पिताश्री हैं और दूसरे श्रेष्ठ महर्षि भृगु शुक्राचार्य जी के पिताश्री हैं! यह भी हमें ज्ञात है ब्रहस्पति जी और शुक्राचार्य जी आपस में गुरुभाई हैं क्योंकि दोनों के गुरु महर्षि अंगिरस ही रहे। अपने पिताश्री से विद्या प्राप्त कर बृहस्पति जी देवों के गुरु बन गये और उन्हीं से विद्या प्राप्त कर शुक्राचार्य जी असुरों के गुरु बने।"

बृहस्पति को यह सब विवरण निरर्थक व्याख्यान लगा और उन्होंने झुँझला कर कहा, "आख़िर, आप कहना क्या चाहते हैं?"

वरुण ने बड़ी विनम्रता और धीरता से कहा, "कहना यह चाहता हूँ कि आपका सम्बन्ध शुक्राचार्य जी से स्पष्ट रूप से स्थापति है। अतः आप गुप्त अभियान के लिए शुक्राचार्य जी से सम्पर्क कर सकते हैं। कहने का अर्थ है कि उनसे सम्पर्क करने का आपके पास बहाना है।"

"क्या मतलब? मैं शुक्र से सम्पर्क करने जाऊँ और वह भी असुरों के हृदयस्थल में!" बृहस्पति ने हुँकार भरी।

वरुण ने अपनी विनम्रता बरकरार रखते हुए निवेदन किया, "नहीं, गुरुदेव, मैं यह नहीं कह रहा हूँ। मैं एक सम्भावना बता रहा हूँ। एक गुप्तचर होने के नाते मैं सभी सम्भावनाओं पर विचार करता हूँ। देव जाति के अस्तित्व और अस्मिता की रक्षा के लिए जो भी सम्भावनाएँ हैं मैं उन सब पर विचार करने और उनमें से सर्वश्रेष्ठ को कार्यान्वित करने का आग्रह करता हूँ। यदि आपको स्वयं सम्पर्क करना, आपको अपनी मर्यादा के प्रतिकूल लगता है, तो...।"

"तो क्या?" बृहस्पति ने उत्तेजना से पूछा।

"मैं दूसरी योजना का प्रस्ताव रख रहा हूँ। आपके सुपुत्र कुमार कच शुक्राचार्य जी के पास विद्यार्जन के लिए जा सकते हैं।"

"कच ने सम्पूर्ण विद्याएँ पहले ही अर्जित कर ली हैं।"

"फिर भी, कुछ–न–कुछ सीखने को बचा ही रह जाता है। सुना है विद्यार्जन कभी पूर्ण नहीं होती।"

वरुण से इस प्रकार ज्ञान की उपदेशात्मक बातें सुनना देवगुरु को उसकी धृष्टता लगी। साथ ही, विद्यार्जन की आड़ में कच द्वारा अपने गुरु से छल करके मृत–संजीवनी विद्या चुराने का प्रच्छन्न प्रस्ताव बृहस्पति को घोर अनैतिक और पापमय कार्य लगा। वे एकदम नाराज़ हो उठे, "मैं इस पाप कार्य में सहभागी न बनूँगा। मैं कच को गुरुद्रोह के इस घृणित कार्य में नहीं लगने दूँगा। विद्या और सदाचार को समर्पित है उसका जीवन। मैं उसके जीवन को कलंकित न होने दूँगा।"

बृहस्पति के इस तेवर से वरुणदेव सहम गये। अब तक चुप बैठे इन्द्र ने इस मौके पर दखल देना ज़रूरी समझा। वे वरुण के प्रस्ताव की मन ही मन प्रशंसा कर रहे थे। उन्होंने बहुत विनम्र भाव से बृहस्पति को सम्बोधित किया, "गुरुदेव, जब देव जाति का जीवन बचेगा, तभी न किसी के व्यक्तिगत जीवन, विद्या–अविद्या, पाप–पुण्य, नैतिक–अनैतिक का प्रश्न उठेगा। आज असुरों से देवों को प्राणघातक ख़तरा है। हम लगातार हारते जा रहे हैं। हमारा अस्तित्व संकट में है। ऐसे में नैतिक–अनैतिक का विचार कहाँ तक उचित है? गुप्तचरी भी एक विद्या है जिससे अपना हित साधने का प्रयास किया जाता है। और, अपना हित साधना हर व्यक्ति, हर जाति का प्रथम कर्तव्य है।"

बृहस्पति सहमत न दिखे, किन्तु, इन्द्र ने तर्क–वितर्क, अनुनय–विनय और अस्तित्व के संकट का वास्ता देकर अन्ततः उन्हें राजी कर लिया।

तय हुआ कि कच कुमार वरुणदेव के निर्देशन में पहले कुछ दिनों तक गुप्तचर विद्या गुप्त रूप से सीखेंगे। तत्पश्चात, उपयुक्त अवसर पर अपने गुप्तचरी अभियान के लिए प्रस्थान करेंगे।

●●

देवलोक की सीमा पार कर कच ने ज्यों ही असुरलोक में प्रवेश किया असुरलोक के सीमा–प्रहरियों ने उसे घेर लिया और उसकी

तलाशी लेनी शुरू कर दी। ब्रह्मचारी युवक, जो विद्यार्जन के लिए गुरु के पास जा रहा हो, उसके पास से आख़िर आपत्तिजनक या सन्देहास्पद क्या मिलता मात्र! उसके वल्कल वस्त्र की एक छोर पर बँधा एक पत्र मिला, जिसे देवगुरु बृहस्पति ने असुर–गुरू शुक्राचार्य को लिखा था।

असुर गण अपने गुरु शुक्राचार्य का बहुत आदर करते थे। उनके लिए यह भी कम गौरव की बात न थी कि देवताओं के गुरु ने स्वयं अपने पुत्र को असुरों के गुरु के पास शिक्षा ग्रहण करने के लिए भेजा है। यही कारण है कि असुरलोक में अनाधिकृत प्रवेश करने वालों के पकड़े जाने पर होने वाली प्रताड़ना–युक्त पूछताछ की प्रक्रिया से गुजरने से कच बच गया। यही नहीं, उसे दो दिशा–निर्देशकों की देख–रेख में ससम्मान असुरलोक की राजधानी मायावती के दक्षिणी छोर पर बने शुक्राचार्य के आश्रम तक पहुँचाया गया।

अपने गुरुभाई बृहस्पति का पत्र पाकर शुक्राचार्य बहुत प्रसन्न हुए। विद्यार्थी–काल में बृहस्पति के साथ अपनी कटु प्रतिद्वन्द्विता और बाद की दुर्भाग्यपूर्ण घटनाओं, जिनके कारण शुक्र को भाग कर असुरों के यहाँ शरण लेनी पड़ी, को शुक्राचार्य थोड़ी देर के लिए भूल गये। शुक्राचार्य इस बात से विशेष रूप से प्रसन्न हुए कि अन्ततः बृहस्पति ने आन्वीक्षिकी[43] में उन (शुक्र) की विशेषज्ञता स्वीकार कर ली और स्वयं अपने पुत्र को वह विशेषज्ञता अर्जित करने के लिए उनके पास भेजा।

अपने पत्र में बृहस्पति ने लिखा था – "प्रिय शुक्र, मेरा बेटा कच, जिसने समस्त विद्याओं और कलाओं में विशेषज्ञता अर्जित कर रखी है, तुम्हारे पास आन्वीक्षिकी सीखने गया है। आन्वीक्षिकी जैसे नूतन और गूढ़ विषय पर तुम्हारे जैसा विद्वान अन्य कोई नहीं है। कच्च को अपना ही बेटा समझ कर सिखाना। देखना गुरु और शिष्य के बीच दो मित्रों की कटु प्रतिद्वन्द्विता और वैमनस्यता न आने पाये।"

शुक्राचार्य ने कच की एक प्रारम्भिक परीक्षा ली और पाया कि वह साहित्य, विज्ञान और ललित कला की सभी शाखाओं में अत्यन्त प्रवीण है।

इस बात का उन्होंने विशेष रूप से संज्ञान लिया कि कच को नृत्य–कला में अद्‌भुत कुशलता प्राप्त है।

कच की परीक्षा के दौरान शुक्राचार्य की कन्या देवयानी लगातार वहाँ उपस्थित रही। देवयानी शुक्राचार्य की एकमात्र सन्तान थी। उसे उन्होंने अपनी पत्नी के गुजर जाने के बाद बाल्यावस्था से ही पाला था। उस मातृविहीना से वह अत्यधिक स्नेह करते थे उसकी हर बात मानते थे। उन्होंने उसे साहित्य, विज्ञान और ललित कलाओं में सम्यक शिक्षा देकर अत्यन्त प्रवीण बना दिया था। यौवनावस्था में पहुँच कर देवयानी अब सुन्दरता की देवी बन गयी थी।

देवयानी को नृत्य की शिक्षा भी प्राप्त हुई थी, किन्तु उसे लगता था कि अपने पिता से उसे जो नृत्य की शिक्षा प्राप्त हुई है, वह अपर्याप्त है। वह शिक्षा सैद्धान्तिक अधिक रही, प्रायोगिक कम। उसे लगता था कि उसे नृत्य के अभ्यास का पर्याप्त अवसर नहीं मिला था, यद्यपि नृत्य में उसका मन ख़ूब रमता था। कई असुर–कुमारों ने, जिन्होंने प्रख्यात असुर नृत्य–गुरुओं से शिक्षा पायी थी, देवयानी को नृत्य का अभ्यास कराने का प्रस्ताव रखा था, किन्तु उसने उन सबको ठुकरा दिया था। असुर–कुमारों के रूप–रंग, आचार–व्यवहार और उसके सौन्दर्य के प्रति उनकी कामुक लोलुपता से बिदक कर वह उनसे दूर भाग जाती थी।

असुरों के गुप्तचर–प्रमुख वक्रनेत्र के पुत्र चण्डक की नृत्य–कला में बहुत ख्याति थी। उसने शुक्राचार्य के समक्ष स्पष्ट प्रस्ताव रखा था कि वह देवयानी को नृत्य–कला का अभ्यास अच्छी तरह करा देगा, किन्तु देवयानी ने उसके प्रस्ताव को एकदम ठुकरा दिया था। उसके पिता शुक्राचार्य को तो आभास नहीं हो पाता था, किन्तु देवयानी का स्त्री–मन तुरन्त भाँप लेता था कि असुर–कुमारों के मन में कितनी कामुकता भरी है।

कच की परीक्षा के दौरान उसकी नृत्य–कला देख कर देवयानी आश्चर्यचकित हो गयी। उसने अपने पिता शुक्राचार्य के कान में फुसफुसा कर कुछ कहा और उन्होंने सहमति में सहर्ष सिर हिला दिया।

इस प्रकार तय हुआ कि शुक्राचार्य कच को आन्वीक्षिकी की शिक्षा देंगे। कच देवयानी को नृत्य का अभ्यास करायेगा। इसके अतिरिक्त कच को जंगल जाने, वहाँ गायें चराने, लकड़ी और फल–फूल इकट्ठा करने का काम भी दिया गया। देवयानी के जिम्मे भोजन–पानी, आश्रम सम्भालने और गायों की देखभाल का कार्य नियत किया गया।

कच अपने मूल उद्देश्य के प्रति सर्वदा सजग था। वह लगातार इस कोशिश में रहता था कि मृत–संजीवनी मन्त्र का कोई सूत्र हाथ लगे। पढ़ाई के दौरान वह शुक्राचार्य के शब्दों और हाव–भावों पर गहन ध्यान देता ताकि वांछित मन्त्र का कोई संकेत उसे मिल जाये।

ख़ाली समय में और अधिक गहन अध्ययन करने के बहाने उसने आश्रम में रखे गये सारे ग्रन्थों को उलट–पुलट डाला। ताड़–पत्रों के एक किनारे को छेद कर उसमें रस्सी से गाँठें (ग्रन्थि) लगाकर उन ग्रन्थों को तैयार किया गया था। शुक्राचार्य द्वारा लिखित ग्रन्थ 'आन्वीक्षिका प्रदीप' के अलावा अन्य बहुत से अद्भुत ग्रन्थ वहाँ रखे हुए थे। कच ने सभी ग्रन्थों को एक–एक कर पलट डाला, लेकिन मृत–संजीवनी मन्त्र का कहीं कुछ अता–पता न लगा।

शुक्राचार्य जब त्रिकाल संध्या में बैठते थे तो कच ख़ासतौर से चौकन्ना हो जाता था कि गायत्री मन्त्र के जाप के बाद गुरुदेव अपने मृत–संजीवनी मन्त्र का भी अभ्यास करते होंगे, लेकिन, कच को घोर निराशा मिली। या तो शुक्राचार्य मृत–संजीवनी मन्त्र का दैनिक जप न करते थे या फिर करते थे तो मानसिक जप करते थे ताकि मन्त्र का किसी को पता न लगे।

कई बार रातों को जग कर कच गौर करता था कि मन्त्र की सिद्धि के लिए समय–समय पर की जाने वाली रात्रिकालीन अनुष्ठानिक साधना गुरुदेव शुक्राचार्य कर तो नहीं रहे हैं ताकि उस दौरान वह चुपके से मन्त्र की जानकारी प्राप्त कर ले, लेकिन, अफ़सोस, उस मन्त्र–विशेष के लिए गुरुदेव ने इस प्रकार का कोई अनुष्ठान किया ही नहीं।

कच ने गौर किया कि उसे देखते ही देवयानी की आँखें रतनारी होने लगती हैं। नृत्य–अभ्यास के दौरान देवयानी की हरकतों से उसे पक्का विश्वास हो गया था कि नृत्य तो बहाना मात्र है, उसका असली मकसद तो कच का संसर्ग पाना है। यही कारण है कि प्रत्येक भाव–भँगिमा, यति–गति इत्यादि में देवयानी कच के प्रति अपने अनुराग को प्रकट करती थी। कभी–कभी तो अपनी देह–यष्टि और अंगों का संचालन इस प्रकार करती थी कि वह कच की छाती से आ लगती थी या उसके अधरों पर अपने अधर धर देती थी।

देवयानी की इन हरकतों से कच बहुत हिचकता था। देवयानी गुरु–पुत्री है इस मर्यादा को वह कभी न भूलता था। किन्तु, वह ज्यों–ज्यों संकोच करता, त्यों–त्यों देवयानी उसकी ओर अपनी चाहत बढ़ाती जाती थी। कच को छेड़ने का वह कोई मौका न छोड़ती थी – चाहे गायों को दूहने का वक़्त हो, चाहे पूजा के फूल चुनने का अवसर हो। नृत्याभ्यास के अवसर पर तो वह कच से विशेष रूप से चिपक जाती थी।

मृत–संजीवनी मन्त्र को खोज निकलने के हर प्रयास में असफल रहने के पश्चात् कच ने अन्ततः विचार किया कि क्यों न वह देवयानी के प्रेम को इसके लिए प्रयुक्त करे। शुक्राचार्य देवयानी को बहुत चाहते हैं और देवयानी उसे (कच को) बहुत चाहती है तो देवयानी के साथ प्रेम का नाटक करते हुए क्यों न उसे प्रेरित किया जाये कि वह अपने पिता शुक्राचार्य से मृत–संजीवनी मन्त्र का रहस्य पता करे। अपनी पुत्री के मोह में ग्रस्त शुक्राचार्य उसे मन्त्र का रहस्य बताने से मना न करेंगे।

यही सोच कर कच ने भी देवयानी के प्रेम का प्रतिदान देना प्रारम्भ किया। एक दिन नृत्याभ्यास के समय जब देवयानी मुग्धा बनी कच के वक्षस्थल से चिपकी हुई थी, तो उसके कान में प्रेमरस उड़ेलते हुए कच ने फुसफुसा कर पूछा, "प्रिये! यह मृत–संजीवनी मन्त्र क्या है?" प्रेमोन्माद में डूबी देवयानी ने जब इस प्रश्न को अनसुना कर दिया तो कच ने अपना प्रश्न पुनः दुहराया – इस बार स्पष्ट शब्दों में।

देवयानी ने अपनी दोनों बाँहें कच के गले में डाल कर झूलते हुए कहा, "प्रिय, यह विषय बीच में कहाँ से लाये? इसके बारे में तो मात्र पिताश्री को पता है।"

"तुम्हें इस बारे में पता करने की कभी जिज्ञासा न हुई, प्रिये!"

"हुई थी न," इठलाते हुए देवयानी ने कहा।

"तब?" कच ने जानना चाहा।

"पिताश्री से एक बार मैंने पूछा था, पर उन्होंने मौन साध लिया और कोई जवाब न दिया। पिताश्री मेरी किसी बात को नहीं टालते हैं। मुझे बहुत दुःख और आश्चर्य हुआ कि मृत–संजीवनी मन्त्र इतना महत्वपूर्ण क्यों है कि पिताश्री ने मुझसे भी उसे छुपा रखा है, किन्तु, उस मन्त्र के बारे में तुम क्यों जानना चाहते हो?"

"बस, यूँ ही, जिज्ञासावश," कच ने झूठ बोला। उसे बड़ी निराशा हुई कि आख़िर यह प्रयास भी निष्फल गया।

कच–देवयानी के प्रेम–प्रसंग का आभास कुछ असुर–कुमारों को हो गया। वे देवयानी की सुन्दरता और जवानी के घोर प्रशंसक थे। ख़ासकर, गुप्तचर–प्रमुख वक्रनेत्र का पुत्र चण्डक देवयानी को पाने के लिए कुछ भी करने को तैयार था। देवयानी कच में अनुरक्त है यह जान कर उसे घोर निराशा हुई। उसे इस बात पर अतिशय क्रोध आ रहा था कि सारे असुर–कुमारों की अवहेलना करके देवयानी ने अन्ततः एक देवकुमार पर अपना प्रेमरस बरसाया।

चण्डक के कष्ट का आभास उसके पिता वक्रनेत्र को हुआ। उन्होंने असुराधिराज वृत्रासुर महाराज के समक्ष अपनी खुफ़िया रिपोर्ट प्रस्तुत करते हुए यह बात जोड़ दी कि देवलोक से आया हुआ एक कुमार गुरु शुक्राचार्य के आश्रम में निवास कर रहा है। खुफिया ख़बरों के विश्लेषण का ब्यौरा देते हुए वक्रनेत्र ने संकेत दिया कि शत्रुपक्ष से आया हुआ वह आगन्तुक असुर लोक की सुरक्षा के प्रति गम्भीर ख़तरा हो सकता है।

अपने गुरु शुक्राचार्य के प्रति अनन्त आस्थावान वृत्र ने वक्रनेत्र की आशँका को निर्मूल मानते हुए कहा कि गुरु के आश्रम में आये

हुए अतिथि पर किसी प्रकार का सन्देह करना उचित नहीं है। तथापि, असुरलोक की सुरक्षा चिन्ताओं का हवाला देते हुए वक्रनेत्र ने कुछ रक्षात्मक उपाय किये जाने की आवश्यकता पर बल दिया, जिसे वृत्रासुर ने स्वीकार कर लिया।

चण्डक आसुर सेना में एक उच्च पदाधिकारी था। कच के विरुद्ध कुछ रक्षात्मक उपाय किये जाने के नाम पर उसने एक कुटिल षड्यन्त्र की रचना की, जिसमें कच को जान से मार डालने की गुप्त योजना थी। चण्डक का एकमात्र उद्देश्य यह था कि कच को रास्ते से हटाकर स्वयं के लिए देवयानी को हस्तगत करना।

जल्दी ही एक दिन आश्रम में ख़बर पहुँची कि जंगल में गायें चराते समय कच दुर्घटनावश एक पहाड़ी की चोटी से गिर पड़ा है और उसकी मृत्यु हो गयी है। यह सुनकर देवयानी हाहाकार कर उठी। अपनी प्यारी पुत्री का रुदन सुनकर शुक्राचार्य का हृदय विदीर्ण होने लगा। शुक्राचार्य इस कारण भी बहुत व्यथित हो गये कि कच उनके मित्र का पुत्र था और मित्र ने बहुत भरोसा करके उसे उनके पास भेजा था।

शुक्राचार्य ने अपने मृत–संजीवनी मन्त्र की शक्ति से कच को जीवित करने का निश्चय कर लिया। यह पहली बार था कि असुरलोक से इतर किसी अन्य लोक के प्राणी को वह जीवित करने वाले थे। इससे पूरे असुरलोक में हडकंप मच गया। असुरों में गहरा असन्तोष उत्पन्न हो गया कि उनके विशेषाधिकार का हनन हो रहा है, किन्तु, शुक्राचार्य ने किसी की न सुनी। वे अपने निर्णय पर अडिग रहे।

शुक्राचार्य ने कच का शव अपने सामने मँगवाया। शव का परीक्षण करके वह जान गये कि कच की मृत्यु दुर्घटनावश नहीं हुई है, बल्कि किसी के द्वारा पहाड़ी की चोटी से धकेले जाने के कारण हुई है। शुक्राचार्य समझ गये कि असुर समाज के कुछ शरारती तत्वों ने इस घटना को अन्ज़ाम दिया है, लेकिन, वह चुप रहे और शव को लेकर एकान्त में चले गये, जहाँ मृत–संजीवनी मन्त्र की शक्ति से उन्होंने कच को पुनर्जीवित कर दिया।

इसके कुछ ही दिनों बाद ऐसी ही घटना फिर घट गयी। इस बार कच की मृत्यु जंगल में एक झील में डूबने से हुई। इस बार भी मृत्यु का कारण दुर्घटना दिखाई दे रही थी, किन्तु शुक्राचार्य समझ गये कि यह कुछ असुर कुमारों की कारस्तानी है। अपनी गुप्त पूछताछ में उन्हें चण्डक की दुष्टता का पता लगा। किन्तु, पहले की ही भाँति उन्होंने इस बात को तूल देने के बजाय शान्ति से कच को जीवित कर देने का निर्णय लिया।

उनके इस निर्णय से असुरलोक में विशेषाधिकार के हनन का मामला फिर उठा। मामला इस बार कुछ ज़्यादा ही जोरों से उठा। असुरों का मानना था कि मृत–संजीवनी मन्त्र से पुनर्जीवित किये जाने का विशेषाधिकार सिर्फ़ उनका है। इस माँग की अगुवाई चण्डक कर रहा था और इससे पूरे असुरलोक में अशान्ति फैलने की आशंका बन गयी थी। गुरु शुक्राचार्य के विरुद्ध ज़बरदस्त माहौल बन रहा था, किन्तु, वे असुर–युवकों की कुटिलता और दुष्टता के समक्ष झुकने के बजाय अपने निर्णय पर अडिग रहे और एक बार फिर मृत–संजीवनी मन्त्र की शक्ति से कच को जीवित कर दिया।

कुछ दिनों तक सब कुछ शान्त रहा। कच पढ़ने में लग गया और शुक्राचार्य उसे पढ़ाने में। देवयानी कच के प्यार में सारी सीमाएँ पार करने को उतावली होने लगी थी। उसे अपने काम का न पाकर कच उसके प्रति रूखा होने लगा था। उसे रात–दिन अपने उद्देश्य को पूरा करने की चिन्ता सताती रहती थी। उसे मृत–संजीवनी मन्त्र को जानने का काम जल्दी करना था। उसे देवयानी से मालूम हो गया था कि उसकी दो बार मृत्यु हो चुकी थी और दोनों ही बार शुक्राचार्य ने मृत–संजीवनी मन्त्र से ही उसे पुनर्जीवित कर दिया था। इससे उस मन्त्र को जल्दी से जल्दी जान लेने की उसकी व्यग्रता अब चरम पर पहुँच रही थी।

इस बीच, असुर युवक शान्त थे। शायद वे ऊपर–ऊपर शान्त थे। अपने सूत्रों से शुक्राचार्य को पता लगा कि वे भीतर–ही–भीतर कच को समाप्त कर देने की फिर योजना बना रहे हैं।

एक दिन शाम ढले जंगल से गायें बिना कच के ही वापस आ गयीं। पहले तो यह अनुमान हुआ कि कच किसी काम से कहीं रुक गया होगा और एक ही रास्ते से रोज आने–जाने से गायें स्वतः मार्ग पकड़ कर वापस आ गयीं। काफ़ी देर तक देवयानी और शुक्राचार्य ने उसकी प्रतीक्षा की। उसकी प्रतीक्षा में देवयानी बावली हुई जा रही थी। वह एक ऊँचे स्थान से एकटक उसी राह की ओर ताक रही थी जिस राह से कच रोज आता था।

प्रतीक्षा करते–करते रात गहराने लगी, पर कच का पता न लगा। अन्ततः बाप–बेटी एक दीपक हाथ में लेकर कच को खोजने जंगल में घुस गये। उनसे जितना खोजते बना उन्होंने खोजा, लेकिन असफलता हाथ लगी। कच का कहीं पता न था।

कई दिन हो गये कच न लौटा। बाप–बेटी लगातार उसे ढूँढ़ते रहे। कच के विरह में देवयानी विक्षिप्त–सी हो गयी। बेटी का दुःख देख कर बाप का हृदय विदीर्ण हुआ जाता था। वे इस बात से भी गहरे सदमे में थे कि कच को पुनर्जीवित करने के लिए वे मृत–संजीवनी मन्त्र का भी प्रयोग न कर पा रहे हैं। मन्त्र का प्रयोग करने के लिए मृतक का शव होना ज़रूरी था। कच का जब कुछ पता ही नहीं तो मन्त्र का प्रयोग आख़िर हो कैसे?

शोक में डूबे शुक्राचार्य राजसभा में भी कई दिनों नहीं गये। आख़िर में, असुराधिराज का एक विशेष दूत आश्रम में पहुँचा और बड़ी विनम्रता तथा सम्मान के साथ उन्हें राजसभा में लिवा ले गया।

असुरगुरू के सम्मान में राजभवन में सुरापान का आयोजन किया गया। सुरा के आसवन और संरक्षण का दायित्व चण्डक के ही पास था। एक स्वर्णपात्र में सुगन्धित सुरा केन्द्र में रखी हुई थी और उसके चारों ओर गोल घेरा बना कर महाराज और अन्य राजपुरुष बैठे हुए थे। गुरुदेव के सम्मान में पहला चषक शुक्राचार्य को ही दिया गया और पहला ही घूँट लगाते हुए उन्हें आभास हो गया कि सुरा में किसी व्यक्ति की अस्थियों का चूर्ण मिला हुआ है। उन्हें शंका हुई कि कहीं यह चूर्ण कच के शव का तो नहीं!

यह विचार आते ही शुक्राचार्य फुर्ती से उठे और दौड़ कर स्वर्णिम सुरापात्र को दोनों हाथों से उठा लिया। पूरी सुरा स्वयं वे गट–गट कर पी गये। पूरा असुर राज–समाज उन्हें आश्चर्य से देखता रहा। अपने असाधारण आचरण के सम्बन्ध में कोई स्पष्टीकरण दिए बिना वे तुरन्त वहाँ से निकल पड़े और सीधे अपने आश्रम पहुँचे।

आश्रम के एक एकांत स्थान पर उन्होंने एक अद्‌भुत साधना शुरू की। सुरा के साथ पेट में पहुँच गये कच से उन्होंने अपने योगबल से सम्पर्क साधा।

"मेरी आवाज़ सुन पा रहे हो कच?"

"हाँ, गुरुदेव!"

"तो सुनो।"

"तुम मेरा पेट फाड़ कर बाहर निकल आओ।"

"इसके पहले मैं तुम्हें मृत–संजीवनी मन्त्र बता दूँगा।"

"बाहर आकर तुम मन्त्र से मुझे जीवित कर देना।"

"समझे? तुम सुन और समझ पा रहे हो मेरी बात?"

"हाँ, गुरुदेव!"

"तो सुनो ध्यान से। यह रहा मन्त्र...।"

परमगुप्त अतिसंरक्षणीय मृत–संजीवनी मन्त्र का ज्ञान शुक्राचार्य ने एक विशेष स्वर से जप करते हुए कच को प्रदान किया। कच शुक्राचार्य का पेट फाड़ कर बाहर आ गया। कच बहुत हर्षित हुआ बाहर आकर। मृत–संजीवनी मन्त्र प्राप्त करने के अपने गुप्त अभियान में आखिर आज उसे सफलता मिल ही गयी।

सामने पड़े शुक्राचार्य के शव पर कच ने मृत–संजीवनी मन्त्र का पहला परीक्षण किया और चमत्कार हो गया। शुक्राचार्य जी उठे। सफल परीक्षण से कच बहुत हर्षित हुआ। शुक्राचार्य और देवयानी दोनों को अनुमान लग गया कि कच मन्त्र चुराने ही विद्यार्थी का रूप धारण करके आया था।

अपना उद्देश्य पूरा हो जाने पर कच अब शीघ्र देवलोक वापस लौट जाना चाहता था। शुक्राचार्य भी चाहते थे कि वह शीघ्र सुरक्षित

देवलोक पहुँच जाये इससे पहले कि असुरों को पता चले कि उसे मृत–संजीवनी मन्त्र ज्ञात हो गया है।

इसके विपरीत, देवयानी चाहती थी कि कच उससे शादी करके आश्रम में ही रह जाये। कच ने असुरों के बीच अपनी असुरक्षा का हवाला दिया तो उसने कहा कि तब तुम मुझे ले चलो अपने साथ अपने देवलोक। विवाह करके वहीं रहेंगे।

कच देवयानी से जान छुड़ाना चाहता था। उसकी गुप्तचरी का उद्देश्य पूरा हो गया था। अब वह शीघ्र निकल लेना चाहता था। उसने देवयानी को समझाया कि यह विवाह नहीं हो सकता। वह उसके गुरु की पुत्री है और इस नाते वह उसकी बहन हुई। देवयानी कच के इस तर्क को मानने को तैयार न थी। उसने उससे बहुत तर्क–वितर्क किया। धर्मशास्त्रों का हवाला दिया। अपने एकनिष्ठ प्रेम की दुहाई दी। लेकिन, कच टस–से–मस न हुआ।

अन्ततः कच चल पड़ा देवलोक वापस लौट जाने के लिए। देवयानी भी उसके पीछे–पीछे चली। देवयानी रोती–बिलखती, बार–बार अपने प्यार का वास्ता देकर कच को मनाना चाह रही थी। कच बार–बार उसे झिड़क दे रहा था।

आख़िर एक बार ऐसी स्थिति आ गयी कि देवयानी को दूर हटाने के लिए कच ने उसे अपने हाथों से धकेल दिया। देवयानी अपना सन्तुलन स्थिर न रख पायी। वह ज़मीन पर धम्म से गिर पड़ी। ज़मीन पर गिरी हुई देवयानी को वहीं छोड़ कर कच आगे बढ़ गया। आँखों से गिरती जलधारा के बीच से वह उसे जाते देखती रही।

मारे क्षोभ और क्रोध के बिलबिला कर देवयानी ने शाप दिया, "कच, जिस मन्त्र के लिए तुमने मुझसे प्रेम का नाटक रचा था, वह तुम्हें असिद्ध हो जाये और आवश्यकता पड़ने पर वह निष्प्रभावी हो जाये।"

देवयानी के प्रेम में एकनिष्ठ समर्पण था। उसकी पवित्रता मन्त्र की पवित्रता पर भारी पड़ी। उसके प्रेम की शक्ति ने मन्त्र की शक्ति को परास्त कर दिया। देवयानी का शाप सफल हुआ, मन्त्र असफल हुआ।

सम्राट कभी गुप्तचर भी था

मगध के महाबलाधिकृत[44] अभिरथ प्रातः अपने शयनकक्ष में मृत पाये गये। सारे सुरक्षा प्रहरी अचेत मिले। भवन से कुछ चोरी नहीं हुआ था। गायब थी सिर्फ़ उनकी सोलह–वर्षीया, मातृविहीना कन्या – कमलिनी।

पूरे पाटलिपुत्र में हड़कंप मचा हुआ था। यह पहली बार था कि प्रबल प्रतापी गुप्त साम्राज्य के महाबलाधिकृत की हत्या उनके आवास पर ही हो गयी। शोकसंतप्त एवं स्तम्भित प्रजाजन में विभिन्न प्रकार का प्रवाद[45] फैल रहा था। ज़्यादातर लोग सम्राट रामगुप्त को कोस रहे थे। सबको दिवंगत सम्राट समुद्रगुप्त याद आ रहे थे जिनके शौर्य की दुन्दुभी न केवल सम्पूर्ण आर्यावर्त में बजती थी, बल्कि सौराष्ट्र[46] और सुकृती[47] जैसे राष्ट्रों के राजा भी 'उपरिक महाराज'[48] के रूप में सम्राट समुद्र गुप्त के समक्ष अपना शीश नवाते थे।

प्रजाजन में से कई तो स्वर्गीय सम्राट समुद्र गुप्त के बड़े बेटे राम को शुरू से ही सम्राट के महान और महत्वपूर्ण पद के लिए अनुपयुक्त मानते थे। वे मानते थे कि राम भीरु, कदर्य[48] और प्रवंचक[50] हैं। कइयों का तो तर्क था कि मात्र ज्येष्ठ पुत्र होने के नाते राम का सम्राट पद पर आसीन होना व्यावहारिक रूप से अनुचित है। कुछ तो कहते थे कि स्वर्गीय सम्राट समुद्र गुप्त की हार्दिक इच्छा थी कि उनका कनिष्ठ पुत्र चन्द्र ही उनका उत्तराधिकारी बनें। वे हमेशा चन्द्र को राम की अपेक्षा ज़्यादा सक्षम और समर्थ मानते थे और जानते थे कि चन्द्र ही सम्राट के रूप में विशाल गुप्त साम्राज्य का संरक्षण कर

सकेगा और शकहूणादि विदेशी आक्रान्ताओं से मुठभेड़ ले सकेगा। दबी ज़ुबान में लोगों में बात चलती थी कि राम ने मृत्युशैय्या पर पड़े सम्राट समुद्र गुप्त की इच्छा के विरुद्ध षड्यन्त्रपूर्वक, महामात्य[51] और विनयस्थिति–स्थापक[52] की सहायता से स्वयं को सम्राट समुद्र गुप्त का उत्तराधिकारी घोषित करा लिया था। कई लोग तो चन्द्र को इस स्थिति के लिए जिम्मेदार मानते थे और उसके ऊपर आरोप लगाते थे कि मरणासन्न पिता समुद्र गुप्त के अन्तिम संकेतों को न समझ कर विनय और शील के चलते चन्द्र ने अपने बड़े भाई राम का सम्राट होना स्वीकार कर लिया था। लोग तो यहाँ तक कहते थे कि सम्राट समुद्र गुप्त स्वयं जीते–जी चन्द्र का राज्याभिषेक करके प्रणिपात[53]–पूर्वक भगवान वासुदेव के चरणों में स्वयं को समर्पित कर जीवन की संध्या में अपना परलोक सुधारना चाहते थे, किन्तु, अदृष्ट[54] की वक्रगति और चन्द्र की उदासीनता ने पूरी परिस्थिति को एकदम बदल दिया। लोग स्वीकार करते थे कि चन्द्र में अपार प्रशासनिक क्षमता एवं रणभूमि में अद्भुत वीरता के बावजूद राम ने चन्द्र के विनय, शील आदि सद्गुणों को पाश[55] बना कर उसी के विरुद्ध प्रयोग किया और सम्राट के रूप में अपनी स्थिति छलपूर्वक मजबूत की।

कमलिनी के गायब होने को लेकर भी लोग तरह–तरह का अनुमान लगा रहे थे। कोई कहता कमलिनी अपने पिता की इच्छा के विरुद्ध निम्न वर्ण के किसी पुरुष से प्रेम करती थी और वही पिता की हत्या कर भाग गयी होगी। कई इसका प्रतिवाद कर रहे थे और तर्क दे रहे थे कि अभिरथ ने अपनी पत्नी की मृत्यु के बाद दूसरी शादी नहीं की और अपनी बेटी को ख़ुद बड़े लाड़–प्यार से पाला था।

महामात्य शिखरस्वामी की पत्नी शुभा विशेष रूप से दुखी और चिन्तित थी। कमलिनी उनकी छोटी बहन विभा की बेटी थी। पहले बहन विभा रहस्यमय परिस्थितियों में मरी पायी गयी थी; फिर बहनोई अभिरथ की हत्या हो गयी और अब कमलिनी गायब हो गयी। "कमलिनी पर पता नहीं क्या बीत रही होगी!" कहते हुए शुभा विलाप कर रही थी। शुभा का करुणा–विगलित विलाप शीघ्र ही आक्रोश में

बदल गया और वह अपने पति शिखरस्वामी को धिक्कारने लगी कि जिस साम्राज्य में महाबलाधिकृत सुरक्षित न हों तो साधारण प्रजाजन का क्या हाल होगा? कैसा निर्वीर्य[56] सम्राट है? प्रतापी गुप्त साम्राज्य को किसकी नज़र लग गयी?

सम्राट राम गुप्त बुरी तरह डरे हुए थे। उन्होंने तुरन्त अपने अमात्यों[57] की एक आपात बैठक बुलायी और नाराज़गी जताते हुए सबको झिड़का कि यह सब सारा प्रपंच उस षड्यन्त्र का अंग है जिसके अन्तर्गत स्वयं उन्हें अपदस्थ करने की योजना थी। उन्होंने महामात्य पर अप्रसन्नता व्यक्त की, "सारा अधिकार और पूरी गुप्तचर व्यवस्था आपके अधीन है। अभिरथ साम्राज्य के महाबलाधिकृत थे। साथ ही, वे आपके श्यालीवोढ[58] भी थे। जब आपकी गुप्तचर प्रणाली और सुरक्षा व्यवस्था ऐसे शक्तिशाली और अति महत्वपूर्ण व्यक्ति को नहीं बचा सकी तो किसे दोष दें! जो सिंह की भाँति रण में गर्जन करता था वह निरीह बकरे की तरह ख़ुद अपने घर में मारा गया इससे बड़ा कलंक महान गुप्त वंश के लिए और क्या हो सकता है? महाराजाधिराज स्वर्गीय सम्राट समुद्रगुप्त की आत्मा मुझे कोस रही होगी। जब अपना भाई ही अपने विरुद्ध हो जाये तो औरों को क्या कहना!!" इतना कह कर सम्राट सिसकने लगे।

उपस्थित सभी विशिष्ट जन आश्चर्य में पड़ गये कि इस आपातस्थिति में साम्राज्य की बागडोर सख़्ती से सम्भालने की बजाय सम्राट बच्चों जैसा सिसक रहे हैं और कायरों की तरह अपने वीर भाई चन्द्र पर षड्यन्त्र का आरोप मढ़ रहे हैं।

महामात्य शिखरस्वामी ने सम्राट रामगुप्त के सन्निकट जाकर उन्हें चुप कराया और आश्वासन दिया कि दोषियों को जल्द ही पकड़ कर दण्डित किया जायेगा और कमलिनी को शीघ्र खोज निकाला जायेगा। मौके की नजाकत को देखते हुए महामात्य ने अमात्यों की उस सभा को तत्क्षण विसर्जित कर दिया और तुरन्त गुप्तपरिषद्[59] की बैठक बुलायी।

महाबलाधिकृत, महादण्डनायक,[60] महाप्रतिहार,[61] महा–सान्धिविग्रहिक[62] और आसूचनामहानिदेशक[63] इस गोपनीय परिषद् के सदस्य थे। महामात्य सचिव सदस्य और सम्राट पदेन अध्यक्ष थे। वधित[64] महाबलाधिकृत के अतिरिक्त अन्य सभी उपस्थित थे। गहन मन्त्रणा चली। वध की परिस्थितियों, दोषियों, कारणों और षड्यन्त्र के विभिन्न पहलुओं पर विचार हुआ और सारी सम्भावनाओं का विश्लेषण हुआ। किसी निश्चित निष्कर्ष पर न पहुँचने के कारण महामात्य ने महादण्डनायक को अन्वेषण[65] और आसूचनामहानिदेशक को आसूचना[66] संगृहीत करने की जिम्मेदारी सौंपी। साथ ही, उन्होंने उन्हें निर्देश दिया कि इस प्रकरण पर प्रगति प्रतिवेदन[67] से उन्हें प्रतिदिन अवगत कराया जाये।

तत्पश्चात महामात्य शिखरस्वामी दूसरे कार्यों में व्यस्त हो गये। पदेन महासेनाधिपति[68] का कार्यभार भी सम्राट रामगुप्त ने महामात्य शिखरस्वामी को ही सौंप दिया था। महाबलाधिकृत के न रहने पर प्रच्छन्न शत्रुओं द्वारा आसन्न आघात से राष्ट्र की रक्षा करना अब महामात्य के जिम्मे था। साथ ही, मृत महाबलाधिकृत अभिरथ की पूरे राजकीय सम्मान के साथ अन्त्येष्टि सुनिश्चित करना भी तुरन्त आवश्यक था। विभिन्न राजाओं और क्षत्रपों के राजनयिक और दूत पहुँचने लगे थे। श्वेत वस्त्र धारण करके ये राजनयिक और दूत अपने–अपने स्वामी की ओर से शोक–संवेदना प्रकट करने आ रहे थे। उनसे शोक–सन्देश स्वीकार करना और उनके लिए राज्योचित गरिमा के अनुरूप रहने और भोजन इत्यादि की व्यवस्था सुनिश्चित करने की जिम्मेदारी भी महामात्य के ऊपर ही आ पड़ी थी। ऊपर से कई प्रतिद्वन्द्वी राजाओं के दूत लगातार स्पष्टीकरण दे रहे थे कि इस निर्मम हत्या में उनके राज्य या राष्ट्र का कोई हाथ नहीं है। यह सब धैर्यपूर्वक सुनना महामात्य का ही काम था। ये ऐसे कार्य थे जिसके लिए वे किसी अन्य अमात्य या अधीनस्थ को प्रतिनियुक्त नहीं कर सकते थे।

इस बीच, सम्राट राम गुप्त ने चुपके से एक अत्यन्त गोपनीय परामर्श बैठक की, जिसमें सिर्फ़ वे और उनके गुरु महाकापालिक

त्र्यम्बकनाथ उपस्थित थे। सम्राट अपने गुरु से बार–बार निवेदन कर रहे थे कि अभी हाल में षड्यन्त्रकारियों की सक्रियता बहुत बढ़ी है। वह बार–बार अनुनय कर रहे थे कि सम्राट की सुरक्षा और शत्रुओं के नाश के लिए विशेष तान्त्रिक साधना का आयोजन शीघ्र सम्पन्न किया जाये। त्र्यम्बकनाथ चुपचाप सुनते रहे। सम्राट के अनुनय–विनय का जैसे उनके ऊपर कोई असर ही नहीं पड़ रहा था। काफी देर बाद अन्ततः उन्होंने अपना मुँह खोला और लगभग फुसफुसाते हुए बोला, "जिस शक्ति से मैं तुम्हारा कार्य सम्पन्न कर सकता हूँ उसे अर्जित करने के लिए मुझे एक विकट तान्त्रिक अनुष्ठान करने की आवश्यकता है।" "तो इसे शीघ्र सम्पन्न करें, गुरुदेव!" गिडगिडाते हुए राम गुप्त त्र्यम्बकनाथ के चरणों में गिर पड़ा। त्र्यम्बकनाथ ने उसे अपने पैरों से परे हटाते हुए कहा, "इसमें कई कठिनाइयाँ और भारी व्यय है।"

कठिनाइयाँ दूर कर लेने का दायित्व त्र्यम्बकनाथ ने स्वयं अपने ऊपर ले लिया। सम्राट ने व्यय का दायित्व लिया और उनके आदेश से आवश्यक धन राजकोष से गुप्त रूप से तुरन्त त्र्यम्बकनाथ को मुहैया कराया गया।

सम्राट राम गुप्त अपने छोटे भाई चन्द्र, जिसका पूरा नाम चन्द्र गुप्त था, ऐसी किसी बैठक में नहीं बुलाते थे – चाहे वह अमात्यों की खुली बैठक हो या गुप्तपरिषद् की गोपनीय बैठक। राम गुप्त और त्र्यम्बकनाथ की बैठक की तो किसी को कानों–कान ख़बर नहीं होती थी। किन्तु, षड्यन्त्र के आरोप की ख़बर चन्द्र तक पहुँच गयी। अमात्यों के परिषद् और गुप्तपरिषद् में चन्द्र ने अपने गुप्त सूत्र[69] रख छोड़े थे, जिनसे उसे सारी बातों का पता लग जाता था। यद्यपि उसे राम गुप्त और त्र्यम्बकनाथ के बीच के विमर्श का पता नहीं लग पाता था। वह बस इतना जानता था कि विकृत कामुकता और तान्त्रिक आध्यात्मिकता ही उन दोनों के बीच सम्बन्धों के सेतु हैं।

सम्राट राम गुप्त ने अपने शासन के आरम्भिक दिनों में चन्द्र को तुष्ट करने के लिए उसे तीरभुक्ति[70] प्रान्त का गोष्ठा[71] नियुक्त किया था,

किन्तु, अपनी स्थिति मजबूत होते ही उसने किसी बहाने से उसे अपदस्थ कर पाटलिपुत्र वापस बुला लिया था। फिर, उसने जानबूझ कर चन्द्र को न कोई राजकीय पद सौंपा और न किसी उत्तरदायित्व के कार्य में लगाया। अपनी स्थिति के प्रति उदासीन चन्द्र ने अपना पूरा ध्यान विद्याध्ययन और सैन्य–कौशल बढ़ाने में लगा लिया। लेकिन, उसे गहरा आघात तब लगा जब अपने ही भाई ने उस पर षड्यन्त्र का सन्देह करके उस पर चुपके से नज़र रखने के लिए गुप्तचरों को लगा दिया। मजबूरन, चन्द्र गुप्तचर्या[72] और अन्वीक्षण[73] विद्या में स्वयं को प्रवीण करना प्रारम्भ किया।

चन्द्र महाबलाधिकृत अभिरथ का बहुत सम्मान करता था। अभिरथ के वीरतापूर्ण सौम्य स्वभाव और उनके सैन्य–कौशल का वह सर्वदा प्रशंसक रहा था। उनकी निर्मम हत्या से उसे गहरा दुःख हुआ। उनकी पुत्री कमलिनी को उसने एक बार एक सैनिक उत्सव में देखा था। कमलिनी को देख कर चन्द्र अनुरक्त तो नहीं, पर अभिभूत अवश्य हुआ था। उस कन्या के मुखमण्डल पर दिव्य आभा थी।

भागवत धर्म गुप्त वंश का राजकीय धर्म था और गरुणध्वज राष्ट्रध्वज। अधिकांश गुप्त नरेशों ने परम भागवत की उपाधि धारण की थी, किन्तु राम गुप्त चुपके से शैवों के कापालिक धर्म का अनुयायी हो गया था। कहने वाले तो यहाँ तक कहते थे कि भीमकाय कापालिक त्र्यम्बकनाथ से राम गुप्त का समलैंगिक सम्बन्ध था। लिच्छवि राजकुमारी ध्रुवदेवी, जो राम गुप्त की पट्टमहिषी[74] और तत्कालीन गुप्त साम्राज्य की महादेवी[75] थीं, सम्राट के इस आचरण से बहुत दुखी रहती थीं। चूँकि क्लीव,[76] निर्वीर्य और भसद्य[77] व्यक्ति उसका पति ही नहीं, बल्कि सम्राट भी था, अतः ध्रुवदेवी राजकीय गरिमा के कारण मौन रहती थी। दबी ज़ुबान में लोगों में बातें चलती थी कि ध्रुवदेवी मजबूरन अपने देवर चन्द्र से चुपके से संलग्न थीं।

●●

सप्ताह भर की गहरी छानबीन के पश्चात महादण्डनायक चन्द्रमौलि

ने अपना प्रतिवेदन प्रस्तुत करते हुए महामात्य शिखरस्वामी को सूचित किया कि घटना वाली रात कोई अभिरथ से मिलने आया था। आगन्तुक कोई उच्चाधिकारी लग रहा था और उसके रोबीले और अधिकारपूर्ण ढंग से बोलने के अन्दाज से सभी सुरक्षा प्रहरी आतंकित थे। यद्यपि आगन्तुक ने प्रसाद के रूप में सबको मोदक[78] खिलाया था। यह भी पता लगा कि उस रात उस आगन्तुक और अभिरथ के मध्य काफी देर तक बकझक होती रही। फिर, न जाने कब अभिरथ की हत्या हो गयी, कब कमलिनी भाग गयी– यह सब सुरक्षा प्रहरियों को पता न चल सका क्योंकि वे सब के सब मोदक खा कर अचेत थे। वे तो यह भी नहीं पहचान सके कि आगन्तुक वास्तव में कौन था।

इसी बीच, आसूचना महानिदेशक ने महामात्य शिखरस्वामी को सूचित किया कि उसके चरों[79] ने पता लगाया है कि कोई कमलिनी को देवी का रूप बता कर अभिरथ से माँग रहा था किसी अनुष्ठान में अभ्यर्थना[80] के लिए। वह कौन था, इसका पता तो नहीं लगा चरों को, लेकिन इतना अवश्य मालूम हुआ है कि वह साम्राज्य का कोई बहुत शक्तिशाली और प्रभावशाली व्यक्ति था क्योंकि अभिरथ के आनाकानी करने पर उसने परिणाम भुगतने को धमकाया था। वह व्यक्ति कौन था गुप्तचर गण अभी पता नहीं लगा पाये हैं।

●●

चन्द्रगुप्त राजभवन से गायब पाया गया। उसे किसी ने गायब नहीं किया था, बल्कि वह स्वयं चुपके से एक निजी सहायक संग अदृश्य हो गया था। राजभवन से दूर जब वह प्रकट हुआ तो कोई उसे पहचान नहीं पाया – मुण्डित सिर, विभूति[81] से भरा ललाट, शरीर पर काले रंग का वस्त्र और हाथ में कपाल[82]। उसका सहायक भी उसी वेशभूषा में। षड्यन्त्र सम्बन्धी सम्राट के आरोपों का खण्डन करने के लिए, महाबलाधिकृत अभिरथ के हत्यारों को धर दबोचने के लिए और कमलिनी को खोज निकालने के लिए चन्द्रगुप्त ने स्वयं अपनी ओर से एक गुप्तचर अभियान प्रारम्भ किया।

दोनों कापालिक सौम्य स्वरुप में अभिरथ के आवास पर शान्तिपाठ करते हुए पहुँचे। प्रकटतः वे दिवंगत महाबलाधिकृत की आत्मा की शान्ति की कामना कर रहे थे, किन्तु अवसर का लाभ उठा कर वे सुरक्षा प्रहरियों से बात करने लगे और जानने की कोशिश करने लगे कि हत्या वाली रात जो आगन्तुक आया था वह कैसा दिखता था। प्रहरियों ने बताया कि आगन्तुक जिसने प्रसाद के लड्डू खिलाये वह अत्यन्त सामान्य कद–काठी का सामान्य व्यक्ति था। जब एक कापालिक ने टोका कि सुना गया है कि वह बहुत रोबीला व्यक्ति था, तो प्रहरियों ने चुप्पी साध ली और यह कहते हुए कि वे सब के सब बेहोश हो गये थे कुछ भी बताने से इन्कार कर दिया।

बाद में एक प्रहरी चुपके से कापालिकों के निकट आया और फुसफुसा कर कहा कि पवित्र कापालिकों के समक्ष झूठ बोलना महापाप है। अतः वह उस रात की सच्चाई कापालिकों को बतायेगा। उसने कहा कि उस रात उसे उदरशूल[83] था अतः उसने मोदक नहीं खाया था, किन्तु जब सभी प्रहरी बेहोश हो गये थे तो वह भी बेहोश पड़े रहने का नाटक कर उनके साथ ही लेट गया था। सबको बेहोश पड़ा देख कर एक विशालकाय व्यक्ति आया जिसने अपना सिर और मुँह कपड़े से ढँका हुआ था। वह शीघ्रता से सेनापति के आवास में प्रवेश कर गया। भवन में प्रवेश करने के कुछ देर बाद ही वहाँ से विवाद के स्वर सुनायी पड़ने लगे, जिसके अन्त में सेनापति की चीख सुनायी पड़ी थी। फिर, वह भीमकाय व्यक्ति और उसके पीछे–पीछे एक अवगुन्ठनवती[84] स्त्री भवन से निकल कर शीघ्रता से चली गयी।

चन्द्रगुप्त को अनुमान लग गया कि वह कौन व्यक्ति हो सकता था। उसे अब आगे बढ़ने का सम्भावित संकेत मिल गया। उसने अपने सहायक के माध्यम से सम्राट राम गुप्त के सबसे विश्वस्त और निजी सेवक को अपना गुप्त सूत्र बनाया और उसके द्वारा राम गुप्त की अन्तरंग गतिविधियों पर दृष्टि रखना प्रारम्भ किया। सूत्र प्रचुर धन बार–बार पाकर गुप्त सूचनाओं की आपूर्ति अबाध रूप से करने करने लगा।

सूत्र की सूचनाओं से ज्ञात हुआ कि सम्राट राम गुप्त और कापालिक त्र्यम्बकनाथ के समलैंगिक सम्भोग की आवृत्ति अचानक बहुत बढ़ गयी थी। उत्तेजना की सीत्कारों के दौरान बीच–बीच में वे फुसफुसा कर कुछ बातें करते रहते थे, जिसे सूत्र ठीक से सुन नहीं पाता था। फिर भी, उन फुसफुसाहटों में से 'चक्र–साधना' जैसा एक शब्द–युग्म सुन पाने का उसने अनुमान लगाया था।

●●

काष्ठ–प्राचीर–परिवेष्टित[85] पाटलिपुत्र नगर से थोड़ी दूर गंगा नदी और शोण नदी के संगम क्षेत्र में फैले सघन वन में दो कापालिक बड़ी शीघ्रता से चले जा रहे थे। अँधेरा होने से पूर्व वे महाकापालिक त्र्यम्बकनाथ के मठ में पहुँच जाना चाहते थे। कठिनाई उन्हें यह थी कि उन्हें न मार्ग पता था, न कोई मार्गदर्शक था। अपने विश्वस्त गुप्त सूत्रों द्वारा दी गयी आसूचना ही उनका एकमात्र सम्बल था।

मठ से कोई आध कोस पहले एक विशाल वटवृक्ष के नीचे वे थोड़े विश्राम के लिए ज्यों ही रुके उनके सामने एक विकट कापालिक वटवृक्ष से टपक पड़ा, या कहिये, कूद पड़ा। धरती पर आते ही वह कापालिक दोनों आगन्तुक कापालिकों से पूछताछ करने लगा।

"कौन हो?"

"वही, जो आप हो।"

"स्पष्ट उत्तर दो।"

"धिक्कार है! अपने सहधर्मी को भी नहीं पहचानते!!"

"कहाँ से आ रहे हो?"

"काशी से।"

"कहाँ जा रहे हो?"

"कामाख्या, कामरूप।"

"इधर क्यों आये?"

"आश्रय खोजते।"

विकट कापालिक ने आगन्तुक कापालिकों को वहीं रुक कर

प्रतीक्षा करने के लिए कहा और भागता हुआ मठ में गया महाकापालिक त्र्यम्बकनाथ के पट्टशिष्य[86] कापालिक कल्पनाथ से अनुमति लेने। उसे ज़्यादा समय नहीं लगा। वह शीघ्र ही लौटा और दोनों आगन्तुकों को मठ की ओर ले चला।

मठ एक जीर्ण–शीर्ण पुराना भवन था, जो बहुत रहस्यमय और भयावह दिखता था। आगन्तुक कापालिकों ने अपना नाम कापालिक रतिनाथ और कापालिक भवनाथ बताया था। उनमें से रतिनाथ ने बहुत प्रयास किया महाकापालिक त्र्यम्बकनाथ के दर्शन करने का, या कम से कम एक बार उनके प्रतिबन्धित साधना क्षेत्र में प्रवेश करने का, लेकिन असमर्थ रहा। कापालिक कल्पनाथ, जो पट्टशिष्य होने के साथ–साथ मठ के प्रबन्धन का प्रभारी भी था, भी रतिनाथ की सहायता नहीं कर सका। हाँ, इतना ज़रूर हुआ कि रतिनाथ ने उससे गहरी दोस्ती गाँठ ली।

रतिनाथ को कल्पनाथ की दोस्ती का एक लाभ यह मिला कि उसे महाकापालिक के बारे में बहुत सारी बातें पता चल गयीं। उसी से उसे पता लगा कि महाकापालिक की 'चक्र साधना' एक त्रिपुरसुन्दरी भैरवी के अभाव में रुकी हुई थी। "आप तो जानते ही हैं कि त्रिपुरसुन्दरी भैरवी खोज पाना कितना कठिन कार्य है, किन्तु हमारे गुरु जी ने ऐसी एक भैरवी का प्रबन्ध आख़िर कर ही लिया। आगामी अमावस्या को उनकी चक्र–साधना है। उसके बाद तो गुरु जी में अद्‌भुत दैवीय शक्ति का अवतरण हो जायेगा। उस शक्ति से गुरु जी किसी भी प्रकार की सृष्टि या विनाश सहज ही कर सकेंगे।" कल्पनाथ ने रतिनाथ को अपना जान कर ये बातें फुसफुसा कर बतायीं। दोनों की दोस्ती गहराती जा रही थी।

अमावस्या की रात आख़िर आ गयी जब महाकापालिक त्र्यम्बकनाथ की 'चक्र–साधना' सम्पन्न होनी थी। शाम से ही मठ में मरघट–सा सन्नाटा छाया हुआ था। महाकापालिक के आवास के प्रतिबन्धित क्षेत्र की ओर जाना तो दूर, उधर देखने की भी मनाही थी। इस महान अवसर को महत्वपूर्ण और स्मरणीय बनाने के लिए

रतिनाथ ने काशी से लायी हुई, किन्तु छुपा कर रखी गयी, वारुणी[87] का सेवन सभी साथी कापालिकों को कराया। उसका कहना था कि ऐसी कापालिक साधना कापालिकों के इतिहास में अत्यन्त विरल घटना है। इस साधना को साध पाना अति दुष्कर है – चाहे कोई कितना भी बड़ा कापालिक क्यों न हो। रतिनाथ की बड़ी–बड़ी बातों और मदिरापान के मैत्रीपूर्ण आयोजन ने रतिनाथ और भवनाथ के अतिरिक्त अन्य सभी कापालिकों को आनन्द के गहरे गर्त में डुबो दिया।

आधी रात के लगभग दोनों अतिथि कापालिकों ने चुपके से प्रतिबन्धित क्षेत्र में प्रवेश किया। वे बहुत धीरे–धीरे और सम्भाल कर चल रहे थे ताकि उस क्षेत्र में उनकी उपस्थिति का किसी को आभास न हो। जब तक वे मुख्य पूजा–स्थल के निकट पहुँचे तब तक पञ्च मकारों में से मद्य, माँस, मत्स्य और मुद्रा का आयोजन सम्पन्न हो चुका था। वातावरण में एक विचित्र, तीक्षण गन्ध फैली हुई थी। पञ्च मकार के आख़िरी चरण 'मैथुन' में दोनों – त्र्यम्बकनाथ और कमलिनी – रत थे।

रतिनाथ को यह देख कर बड़ा आश्चर्य हुआ कि कमलिनी बड़े उत्साह से चक्रीय मैथुन में संलग्न थी। कापालिक उपासना पद्धति के अनुसार भैरव व भैरवी – साधक व साधिका – के एक साथ स्खलित होते ही मारे आनन्द के उन दोनों का ब्रह्मरन्ध्र[88] एक साथ खुल जाता है और दोनों को परम तत्व[89] की प्राप्ति एक साथ हो जाती है। इस साधना के लिए जिस आत्म–नियन्त्रण और सन्तुलन की आवश्यकता होती है उसे साधते हुए त्र्यम्बकनाथ और कमलिनी चरमोत्कर्ष पर पहुँचने ही वाले थे कि चुपके और चपलता से वहाँ पहुँच कर रतिनाथ ने पीछे से त्र्यम्बकनाथ की पीठ पर कस कर एक लात मारा।

अप्रत्याशित प्रहार से त्र्यम्बकनाथ एकदम बौखला गया। साधना भंग होते ही साधक ने सचमुच विकराल भैरव का रूप धारण कर लिया। साधक और आक्रामक दोनों में भयंकर द्वन्द्व–युद्ध प्रारम्भ हो गया। भारी–भरकम शरीर वाला त्र्यम्बकनाथ फुर्तीले, युवा रतिनाथ पर पहले तो भारी पड़ा, किन्तु जल्दी ही वह हाँफने लगा।

फिर भी, अपनी पूरी शक्ति लगा कर जब वह रतिनाथ पर प्रहार करता तो रतिनाथ भूलुण्ठित[90] हो जाता।

एक बार तो लगा कि त्र्यम्बकनाथ रतिनाथ को मार डालेगा। किन्तु, रतिनाथ ने अपने मानव–कपाल में छुपा कर रखी हुई छोटी–सी छुरी को एक झटके से निकाल लिया और त्र्यम्बकनाथ के सीने में ताबड़तोड़ प्रहार करने लगा। छोटी छुरी के प्रहार का विशाल और बलवान त्र्यम्बकनाथ की भयंकरता पर ज़्यादा प्रभाव न पड़ा, लेकिन, रतिनाथ जिस तीव्रता और सधे हाथों से लगातार प्रहार कर रहा था, त्र्यम्बकनाथ की छाती से खून फव्वारे की तरह झरने लगा। थोड़ी ही देर में पस्त हो कर वह ज़मीन पर गिर पड़ा।

साधना भंग होने पर भैरवी बनी कमलिनी का सम्मोहन टूट चुका था। सचेत होते ही वह रतिनाथ के असली रूप को पहचान गयी। वह चीखने ही वाली थी कि रतिनाथ के साथी भवनाथ ने दौड़कर उसका मुँह बन्द कर दिया और उसे जकड़ कर पकड़े रहा।

कमलिनी का मुँह और हाथ कपड़े से बाँध कर रतिनाथ ने उसे अपने कन्धे पर लाद लिया और भवनाथ के साथ तेज़ी से वहाँ से भागा। वह समझ रहा था कि ज्यों ही अन्य कापालिक होश में आयेंगे, तो उनकी खोज में दौड़ पड़ेंगे। और फिर पकड़े जाने पर तो भगोड़ों की जान की ख़ैर नहीं।

भागते–भागते वे एक नाले के निकट पहुँचे। रतिनाथ और भवनाथ ने अपने–अपने मानव–कपाल और काले वस्त्र नाले में फेंक कर सामान्य मनुष्यों का वेश धारण कर लिया। कमलिनी भी सारी परिस्थिति को अब तक समझ चुकी थी और अपने रक्षकों के प्रति अब वह अत्यन्त अनुगृहीत अनुभव कर रही थी। वह उनके साथ अब स्वयं सहयोग करती हुई भागने लगी।

●●

रतिनाथ कोई और नहीं चन्द्र गुप्त ही था। जब उसने अपने बड़े भाई सम्राट राम गुप्त को सारा विवरण बताया तो वह बहुत क्रुद्ध हुआ।

उसे ये सूचनाएँ भी शान्त नहीं कर पा रही थीं कि त्र्यम्बकनाथ ने ही महाबलाधिकृत अभिरथ की हत्या की थी, क्योंकि वह कमलिनी को उसे सौंपने को राजी न था। उसी ने पहले कमलिनी की माँ विभा की भी हत्या की थी। चक्र–साधना के लिए त्र्यम्बकनाथ ने पहले विभा को उपयुक्त पाया था, किन्तु विभा ने उसके प्रस्ताव को घिनौना कह कर अस्वीकार कर दिया था। बाद में, एक आदर्श भैरवी बनने के सभी गुण उसने कमलिनी में ढूँढ़ निकाले। कमलिनी को फुसला कर उसने उसे अपनी भैरवी बनने के लिए पटा भी लिया था, किन्तु उसका पिता अभिरथ उसमें बाधक हो रहा था।

बड़ी मेहनत और जोखिम उठा कर अपने गुप्त सूत्रों द्वारा जुटायी गयी सूचनाएँ सौंप कर चन्द्र गुप्त अपने ऊपर लगे षड्यन्त्र के आरोपों की सफाई देना चाह रहा था, लेकिन उसके उलट सम्राट उसके ऊपर बहुत क्रुद्ध था। उसे महाकापालिक त्र्यम्बकनाथ द्वारा चक्र–साधना से अर्जित शक्ति पर बड़ी आस्था थी। अपने शत्रुओं को परास्त करने में उसे महाकापालिक की दैवीय शक्ति की आवश्यकता थी। उसे यह भी एक बड़ा दु:ख था कि उसकी कामक्रीड़ा का साथी उससे छिन गया।

सबसे बड़ी मुश्किल कमलिनी के लिए खड़ी हो गयी। त्र्यम्बकनाथ ने उसके रूप–लावण्य की बड़ाई कर–कर के और उसको देवी का अवतार कह कर बहकाया था और उसे विश्वास दिला दिया था कि चक्र–साधना सम्पन्न होते ही वह सचमुच की देवी रूप में पूज्य और पवित्र हो जायेगी। लेकिन, चन्द्रगुप्त के हाथों महाकापालिक का दुर्दान्त अन्त होते ही कमलिनी की आँखें खुल गयीं। अब उसका मोहभंग हो चुका था, परन्तु, अब वह अनाथ थी। उसके मौसी–मौसा – शुभा और शिखरस्वामी – भी सम्राट के कोप के कारण उसे अपने यहाँ आश्रय देने से पीछे हट गये।

ऐसे में, चन्द्रगुप्त आगे आया और अपने खड्ग तले कमलिनी को छाँव देने को तैयार हो गया। उसे सम्राट के क्रोध की परवाह न थी। राजनीतिक चालबाजियों के बजाय उसे अपनी बलिष्ठ भुजाओं

का ज़्यादा भरोसा था। राजनीतिक महत्वाकांक्षा की तुलना में वह मानव–मूल्यों को अधिक महत्व देता था। कमलिनी भी उसकी वीरता और साहस पर रीझ गयी थी।

●●

सम्पूर्ण गान्धार और सप्तसिन्धु प्रदेश (पंजाब) में अपना शासन फैला लेने वाले शक क्षत्रप किदार प्रथम का युवा पुत्र पीरो शकों की राज्य–विस्तारवादी महत्वाकांक्षा के चलते गुप्त साम्राज्य के विस्तृत भूखण्ड को जीतता हुआ चरणाद्री[91] तक आ धमका था। गुप्त साम्राज्य के पराक्रमी महाबलाधिकृत अभिरथ की मृत्यु और सम्राट राम गुप्त के नेतृत्व की अकुशलता का लाभ उठाते हुए वह गुप्त सम्राट के सीने पर आ चढ़ा और चुनौती देने लगा।

सम्राट राम गुप्त पीरो से युद्ध करने को एकदम अनिच्छुक था, परन्तु गुप्तपरिषद् की सलाह पर पीरो की चुनौती का जवाब देने के लिए वह सेना लेकर आगे बढ़ा। छोटा भाई चन्द्र इस अभियान में अपना सक्रिय सहयोग व समर्थन देने के लिए तत्पर था। किसी नियमित महाबलाधिकृत के अभाव में, गुप्तपरिषद् की संस्तुति पर, चन्द्र गुप्त को कार्यकारी महाबलाधिकृत बना कर सेना के संचालन का दायित्व दिया गया। सम्राट राम गुप्त और उनके भाई चन्द्र के उत्साहवर्धन के लिए साम्राज्य की महादेवी ध्रुवदेवी भी सखियों सहित साथ चल रही थीं। गुप्तों की विशाल सेना बहुत सशक्त और सुसज्जित थी।

चरणाद्री की पहाड़ी में बसे गाँव नलिनपुर के पास दोनों सेनाओं ने अपने–अपने स्कन्धावार[92] स्थापित किये। अभी औपचारिक रूप से युद्ध की शुरुआत हो पाती इसके पूर्व ही, पहली ही रात में, शक राजकुमार पीरो ने धोखे से गुप्त सम्राट के स्कन्धावार पर आक्रमण कर दिया। अचानक हुए आक्रमण से गुप्त सेना अचकचा गयी। सेना कुछ प्रतिरोध कर पाती, इसके पूर्व ही युद्ध का परिणाम घोषित हो गया। गुप्त सेना हार चुकी थी। सम्राट बन्दी बना लिए गये।

सम्राट राम गुप्त ने सन्धि की गुहार लगायी। अपनी बाजी जीती हुई देख कर पीरो ने सन्धि के लिए कई कठोर शर्तें रखीं। उसकी शर्तें अधिकतर आर्थिक माँगों या कुछ अन्य छोटी–मोटी वस्तुओं से सम्बंधित थीं, किन्तु अन्त में उसने बन्दी सम्राट से मज़ाक–मज़ाक में 'महादेवी' को सौंप देने की माँग की। "सुना आपकी पट्टमहिषी ध्रुवदेवी अत्यन्त सुन्दर स्त्री हैं और यह भी सुना है कि आपके लिए वह किसी काम की नहीं हैं," कह कर वह बहुत अश्लील और बेहूदे ढंग से हँसा। सम्राट राम गुप्त अभी कुछ प्रतिक्रिया दे पाते इसके पूर्व ही राजकुमार चन्द्र ताव खा गये। गुप्त साम्राज्य की 'महादेवी' का अपमान युवा राजकुमार को बिल्कुल बर्दाश्त न हुआ।

चन्द्र के ताव पर पीरो बहुत गम्भीर हो गया और अपनी आख़िरी माँग पर ही अड़ गया। अपनी जान बचाने के लिए सम्राट राम गुप्त ने बिना किसी प्रतिवाद के इस माँग को स्वीकार कर लिया। तत्पश्चात, सन्धि सम्पन्न हुई, सम्राट मुक्त कर दिये गये और निश्चित हुआ कि उस रात ही पट्टमहिषी ध्रुवदेवी शक राजकुमार पीरो को सौंप दी जायेंगी।

वापस अपने स्कन्धावार आने पर दोनों भाइयों – राम (सम्राट रामगुप्त) और चन्द्र (राजकुमार चन्द्रगुप्त) – के बीच बहस छिड़ गयी।

चन्द्र – "आपने ऐसी अपमानजनक माँग मानकर सन्धि क्यों की?"

राम – "अपनी, अपनी सेना और अपने प्रजाजन के प्राणों की रक्षा के लिए एक प्राण की आहुति देने में कोई बुराई मैं नहीं समझता। और फिर, ध्रुवदेवी के कोई प्राण थोड़े जा रहे हैं! स्त्री बलिष्ठ पुरुष की छत्रछाया में ही सुखी रहती है।"

चन्द्र – "भैया, आप भूल रहे हैं। भगवती ध्रुवदेवी कोई सामन्य स्त्री नहीं हैं। प्रबल–प्रतापी गुप्त साम्राज्य की 'महादेवी' हैं वह। साम्राज्य की अस्मिता और स्वाभिमान की प्रतीक हैं वह। उन्हें सौंप देने के बाद साम्राज्य श्रीहीन हो जायेगा, राजलक्ष्मी रूठ जायेंगी।

इस दारुण दशा से तो अच्छा है हम रणभूमि में लड़ते–लड़ते अपने प्राण त्याग दें।"

अचानक राम के चेहरे पर कुटिलता और अश्लीलता के मिले–जुले भाव उभर आये। उसने चन्द्र की ओर मुस्कुरा कर देखते हुए कहा, "मैं समझ सकता हूँ कि तुम ध्रुवदेवी के लिए इतने अधीर क्यों हो रहे हो, किन्तु मैं यह नहीं समझ पा रहा हूँ कि पीरो के आकस्मिक एवं छलपूर्ण आक्रमण से हमारी सेना की हुई भारी क्षति के बाद अब अपने प्राण गंवाने के पूर्व रणभूमि में कुछ देर अड़े रहने लायक सेना भी अभी हमारे पास बची है कि नहीं।"

इस बीच चन्द्र का मस्तिष्क बड़ी तेज़ी से चल रहा था। राम की बात सुन कर वह उसके और निकट सरक गया और उसके कान में कुछ फुसफुसा कर कहा। चन्द्र की फुसफुसाहट–भरी बातें सुनकर राम के चेहरे पर तरह–तरह के भाव आते–जाते रहे। अन्ततः उन्होंने सिर हिला कर अभियान की स्वीकृति दे दी।

इस गुप्त अभियान में चन्द्र ही सर्वेसर्वा था, वह निपट अकेला था। सम्राट सिर्फ़ स्वीकृति देने तक सीमित रहे और ध्रुवदेवी को चन्द्र ने चुपके से सारी बात समझाते हुए सूचित किया कि उस रात वह स्वयं उनके स्थान पर शक राजकुमार के पास जायेगा। मात्र इन तीन प्राणियों को ही इस गुप्त अभियान का ज्ञान था।

उस रात अपने सारे वस्त्राभूषणों से स्वयं अपने हाथों सुसज्जित कर ध्रुवदेवी ने विजयकामना के साथ अपने प्रेमी चन्द्र का प्रगाढ़ चुम्बन लिया और फिर उसका एक लम्बा अवगुन्ठन[93] काढ़ते हुए विदा किया। अवगुन्ठनवती कुछ ही दूरी पर प्रतीक्षारत शिविका[94] में बैठा दी गयी, जिसे आठ कहार ले चले। साथ में दो कन्चुकी[95] भी चले।

शकों के स्कन्धावार के द्वार पर पहुँचते ही अवगुन्ठनवती ध्रुवदेवी अपनी शिविका से उतार दी गयीं। कहारों–सहित शिविका और दोनों कन्चुकी लौटा दिये गये। ध्रुवदेवी को शकों की अपनी शिविका में बैठाया गया; अपने कहारों से शिविका उठवाई गयी और

उनके अपने कन्चुकी साथ में चले। इस प्रक्रिया के दौरान ही चतुर शक कन्चुकियों ने हलके से टटोल कर जाँच कर ली कि पट्टमहिषी ने अपने वस्त्रों में कोई अस्त्र–शस्त्र तो नहीं छुपा रखा था। ये सारी सुरक्षा सावधानियाँ शक राजकुमार पीरो के आदेशानुसार हुई थीं।

अपने कक्ष में ध्रुवदेवी को अकेले उपस्थित पाकर पीरो दोनों हाथ फैला कर आलिंगन और स्वागत के लिए आगे बढ़ा, लेकिन, यह क्या! अचानक ध्रुवदेवी को यह क्या हो गया? "छल!!!" बोल पाता पीरो इसके पूर्व ही चन्द्र ने फुर्ती से अपने बाएं हाथ से पीरो का मुँह दबोच लिया और दाहिने पैर से उसके लिंगमूल में कस कर आघात किया। साथ ही, अपने दाहिने हाथ से पीरो का गला घोंटते हुए चन्द्र ने प्रतिद्वन्द्वी को अपनी प्रतिरक्षा या प्रतिघात का कोई मौका ही न दिया। पीरो ने छटपटा कर वहीं दम तोड़ दिया।

पीरो का खड्ग लेकर चन्द्र कक्ष के बाहर निकला और द्वार पर खड़े दोनों असावधान प्रहरियों को खड्ग के एक–एक प्रहार में ही समाप्त कर दिया। तत्पश्चात, वह अपने दोनों हाथों को तुरही–जैसा बनाकर उच्च स्वर से विचित्र ध्वनि निकालने लगा।

उस ध्वनि को अपने स्कन्धावार में चौकन्नी बैठी ध्रुवदेवी ने तुरन्त पहचान लिया। चन्द्र द्वारा पहले से ही बनायी गयी योजना के अन्तर्गत ध्रुवदेवी ने महाबलाधिकृत के राजकीय तूर्य में ज़बरदस्त फूँक मारी। उस स्वर को सुनकर गुप्त सेना चौकन्नी हो गयी। इस तूर्य[96] के स्वर में आक्रमण का स्पष्ट संकेत था। परिणामस्वरूप गुप्त सेना शक शत्रुओं पर एक साथ तुरन्त आक्रमण कर बैठी। भागम–भाग में चन्द्र भाग कर अपनी सेना में आ मिला। इस आकस्मिक आक्रमण से थोड़ी ही देर में शक सेना ने घुटने टेक दिये।

●●

शत्रु को खदेड़ कर सम्राट राम गुप्त अपने सैन्य–बल सहित सकुशल राजधानी पाटलिपुत्र वापस आ लौटे, किन्तु अब दोनों भाइयों में एक दूसरी तरह का युद्ध शुरू हो गया – वाक्–युद्ध।

राम – "मैं शकों की आक्रामकता का स्थायी समाधान पा गया था। ध्रुवदेवी के बदले शकों से स्थायी शान्ति की सन्धि हो गयी थी, किन्तु तुमने ध्रुवदेवी से अपनी काम–पिपासा तृप्त करते रहने के लिए उस पूरी प्रक्रिया को नष्ट कर दिया। शकराज किदार क्या अब चुप बैठेगा? क्या वह अपने पुत्र की छलपूर्वक हत्या का प्रतिशोध लेने के लिए द्विगुणित बल से हम पर आक्रमण नहीं करेगा? बोलो!"

चन्द्र – "क्या सर्वदा कायरों की भाषा बोलते रहते हो, भैया। आप सम्राट हो। आपको यह भाषा शोभा नहीं देती। साथ ही, भगवती ध्रुवदेवी गुप्त साम्राज्य की 'महादेवी' हैं। उनकी गरिमा की रक्षा करना सम्राट सहित साम्राज्य के प्रति व्यक्ति का परम कर्तव्य है। और, आप मर्यादा के विपरीत उनके विरुद्ध अश्लील बातें कर रहे हैं! यह सत्य है कि भगवती ध्रुवदेवी का मेरे प्रति स्नेह है, किन्तु यह भी सत्य है कि यह प्रेम अत्यन्त पवित्र है।"

राम – "दुराचार के पंक में डूबे तुम दोनों प्रेम के नाम पर कलंक हो। वह तो मैं उस दुराचारिणी को शकों को सौंप कर अपनी जान छुड़ा लेना चाहता था। मैं तुम्हारी गुप्त योजना में इसलिए भी सम्मिलित हो गया था कि मुझे विश्वास था कि तुम्हारी योजना सफल नहीं होगी और तुम शक राजकुमार के हाथों वीरगति को पाओगे। ध्रुवदेवी को बचाने के लिए वीरगति पाने की तुम्हारी इच्छा भी बड़ी बलवती थी। इससे मैं तुमसे और ध्रुवदेवी दोनों से छुटकारा पा गया होता, किन्तु, अब मुझे भान हो रहा है कि यह मेरी भूल थी। ध्रुवदेवी और तुम दोनों कुत्सित कामक्रीड़ा करने और मेरे विरुद्ध षड्यन्त्र करने के लिए जीवित बच गये। और ऊपर से मैं शकों से भी भारी शत्रुता मोल ले बैठा।"

चन्द्र – "कैसी बातें करते हो भैया! यदि मैं आपको षड्यन्त्रकारी दिखता हूँ तो मैं सन्यास लेकर आपके साम्राज्य से दूर चला जाऊँगा। फिर आप निश्चिन्त होकर शासन करें। रही बात भगवती ध्रुवदेवी की, तो इतना जान लीजिये स्त्री कोई निर्जीव सम्पत्ति नहीं होती कि जिसका जब मन करे लेन–देन करे।"

राम – "मूर्ख, वह मेरी भार्या है। उसे जिसे मेरा मन हो सौंपूँ। तुम टोकने वाले कौन होते हो?"

चन्द्र – "भैया, माना वह आपकी भार्या हैं, किन्तु जिसे मन हो उसे सौंपने का अधिकार आपको नहीं है।"

राम – "अरे मूर्ख, तू मुझे ज्ञान सिखायेगा?" चिल्लाते हुए रामगुप्त ने खड्ग निकाल लिया और आक्रमण की मुद्रा में चन्द्र पर तान दी।

क्षिप्रता से बगल हटते हुए चन्द्र ने अपना बचाव किया। आश्चर्य से वह चिल्लाने लगा, "अरे भैया, यह क्या कर रहे हो!" "नीच, मेरी भार्या पर तुमने अपना मोहपाश डाल रखा है। मेरे विरुद्ध तुम सर्वदा षड्यन्त्र रचते रहे। आज तुझे नहीं छोड़ूँगा," कहते हुए राम गुप्त ने चन्द्र गुप्त पर खड्ग चला ही दी।

यद्यपि एक तरफ उछल कर चन्द्र ने अपना बचाव कर लिया, किन्तु वह समझ गया कि यदि वह भी खड्ग नहीं उठा लेगा तो शीघ्र ही आहत होकर भूलुण्ठित हो जायेगा। राम गुप्त का अगला प्रहार चन्द्र की बायीं भुजा पर पड़ा जिससे उसकी भुजा में गहरी चोट आयी। बदले में चन्द्र ने दाहिने हाथ से अपनी खड्ग से राम गुप्त पर प्रहार किया। चोट लगने के कारण चन्द्र एकदम तिलमिलाया हुआ था। अतः उसका प्रहार थोड़ा प्रबल हो गया। उसका एक ही प्रहार राम गुप्त के लिए पर्याप्त था। राम गुप्त भूलुण्ठित हो छटपटाया और जब तक चन्द्र उसकी प्राणरक्षा के लिए कुछ कर पाता उसने प्राण त्याग दिये। चन्द्र अपना सिर पकड़े बैठा रह गया।

●●

गुप्त साम्राज्य के सिंहासन पर चन्द्र अर्थात् चन्द्रगुप्त विक्रमादित्य की उपाधि के साथ बैठा। अपने महान पिता समुद्रगुप्त की विस्तारवादी नीतियों का अनुसरण करते हुए उसने युद्ध पर युद्ध लड़े। इनमें सबसे पहले उसने शकों का संहार किया और 'शकारि' की उपाधि धारण की।

ध्रुवदेवी अब ध्रुवस्वामिनी थी। कमलिनी को नया नाम मिला भुवनस्वामिनी। दोनों सम्राट चन्द्रगुप्त विक्रमादित्य की खड्ग की छाँव तले बड़ी खुश थीं। दोनों अब उसकी रानियाँ थीं।

ध्रुवस्वामिनी गुप्त साम्राज्य की 'महादेवी' बनी रहीं। उन्हें सम्राट की सम्प्रभुता के अविच्छिन्न अंग के रूप में औत्सविक अवसरों पर औपचारिक रूप से सम्राट के संग राजसिंहासन पर विराजमान होने का अधिकारी माना गया, किन्तु, ध्रुवस्वामिनी इससे सन्तुष्ट न थीं।

एक दिन एकांत में चन्द्र को दबोचते हुए ध्रुवस्वामिनी ने याद दिलाया कि 'महादेवी' से पहले वह एक स्त्री हैं और चन्द्र के प्रति उसका अनुराग अविच्छिन्न है। यह तब से है जब चन्द्र को उसने पहली बार देखा था जब वे उनकी शिविका के आगे–आगे सजीले अश्व पर सवार होकर बाँके देवर के रूप में चल रहे थे। उन्होंने उन परिस्थितियों की ओर भी इंगित किया कि कैसे सम्राट समुद्र गुप्त की राज्यविस्तारवादी नीति का शिकार होकर लिच्छवी साम्राज्य के महाराज ने अधीनता स्वीकार करते हुए अपनी कन्या मुझ अभागिनी को समुद्र गुप्त के बड़े बेटे राम की बहू के रूप में उपहार–स्वरुप दी थी। आज ध्रुवस्वामिनी की आँखों से आँसुओं की धार रोके नहीं रुक रही थी कि कैसे उन्होंने राम को कभी मन से अपना पति नहीं स्वीकार किया और कैसे उस क्लीव से मन–ही–मन घृणा करते हुए भी 'महादेवी' की मर्यादा में बँध कर गुप्त परिवार और साम्राज्य के सम्मान की रक्षा करती रही। किन्तु, अब और नहीं! सम्राट चन्द्रगुप्त विक्रमादित्य की 'महादेवी' से पहले वह चन्द्र की प्रेयसी हैं – कहते हुए ध्रुवदेवी ने चन्द्र को प्रगाढ़ आलिंगन में जकड़ लिया।

छुपी पर रखी छुपी नज़र

लाल किले की मोती मस्जिद में नमाज–ए–मगरिब[97] अता कर बादशाह औरंगज़ेब आलमगीर धीरे–धीरे क़दमों से हमाम के बगल से गुजरते हुए अपनी रिहायशी 'ख़ासमहल' की ओर लौट रहे थे। चलते–चलते वे थोड़ी देर के लिए दीवान–ए–ख़ास के बीचो–बीच ठिठक गये और वहाँ की बेशक़ीमती साजो–सामान की ओर उचटती निगाह से देखते हुए कुछ सोचने लगे। अचानक उन्हें जैसे कुछ याद आ गया हो, हड़बड़ी में वे अपने 'ख़ासमहल' में घुस गये। वहाँ वह अपने ख्वाबगाह[98] या मुताला[99] के कमरे में जाने के बजाय मुसम्मन बुर्ज़ की ओर मुड़ गये। मुसम्मन बुर्ज की सीढियाँ जहाँ से शुरू होती थीं वहीं आड़ में एक छोटी–सी खुफ़िया कोठरी थी। इस कोठरी में बादशाह चुपचाप आकर बैठ गये। अपने हाथ में ली हुई हमाइल–शरीफ[100] को उन्होंने बड़े ही एहतियात और अदब से अपनी गोद में रख लिया।

किले के और हिस्सों को रौशन करने वाले मशालची को इस कोठरी को रौशन करने की मनाही थी। इस को ख़ुद महलदार[101] हमीदा बानू रौशन करती थी। इस वक़्त इस कमरे में बादशाह ख़ास–ख़ास ख़बरों से वाकिफ़ होते थे।

कोठरी के दरवाज़े पर उस वक़्त हमीदा बानू का पहरा होता था। रोज ख़बरनवीस[102], वाकयानवीस[103] और ख़ुफ़ियानवीस[104] वहाँ हाजिर होते थे। ख़बरनवीस और वाकयानवीस अपनी–अपनी तहरीरें हमीदा को सुपुर्द कर देते थे, जो उन्हें ख़ुफ़िया कोठरी में बैठे बादशाह

के पास ले जाती थी। इस बीच तीनों नवीस बाहर इन्तजार करते रहते थे। ख़बरनवीस और वाकयानवीस में से किसी की ज़रूरत पड़ने पर बादशाह हमीदा के जरिये उसे भीतर बुलवाते थे और मुफ़स्सल[105] बयान सुनने, सफाई माँगने, सवालात करने और ज़रूरी हिदायतें देने के बाद बाहर भेज देते थे।

सिर्फ़ खुफियानवीस अब्दुल बासित ही ऐसा शख़्स था जो आख़िर में हमीदा के इशारे पर बादशाह के हुज़ूर में रोज ख़ुद पेश होकर अपनी तहरीर सुनाता था। उस वक़्त वहाँ हमीदा के भी मौजूद रहने की इज़ाज़त नहीं थी। अब्दुल बासित सल्तनत का ख़ास खुफ़ियानवीस था और पूरी सल्तनत की खुफ़िया ख़बरों, खुफ़िया हरकतों और खुफ़िया कारगुजारियों का मुआविन (प्रभारी) था। अब्दुल बासित की तहरीर सुनने के बाद बादशाह अगर ज़रूरी समझते तो उससे थोड़ी देर तफ़सीर[106] सुनते थे और ज़रूरी हिदायत देते थे।

जब तीनों अपनी–अपनी तहरीरें पेश करने के बाद चले जाते तो हमीदा उस कोठरी में घुसती थी अपनी खुफ़िया तहरीर पेश करने के लिए। महलदार होने के नाते उसकी एक जिम्मेदारी यह भी थी कि महल की खवातीनों[107] और अन्य जनानियों पर खुफ़िया नज़र रखे और उनकी बेजा हरकतों की जानकारी बादशाह की नज़र में लाये। ये जानकारियाँ वह अपने मातहत दरोगाओं या कभी–कभी सीधे बाँदियों और खवासों से इकट्ठी करती थी।

दीवाने–ख़ास से गुजरते हुए जो ख़याल बादशाह के दिमाग में रेंग रहा था, अकेलापन पाकर पूरी शिद्दत से उभर आया। बादशाह को कुछ दिनों पुराना एक वाकया याद आ गया था।

●●

जोधपुर के राजा जयसिंह अफगानिस्तान में लड़ते हुए मारे गये थे। पीछे रह गयीं उनकी रानियाँ में से दो गर्भवती थीं जिनसे एक–एक बेटा पैदा हुआ। उनमें से एक तो पैदा होते ही मर गया, लेकिन दूसरा बच्चा जीवित और स्वस्थ रहा। उसका नाम रखा गया था अजित सिंह।

किन्तु, औरंगज़ेब ने अजित सिंह को जयसिंह का वारिस मानने से इन्कार कर दिया। औरंगज़ेब ने पूरे मारवाड़ पर कब्ज़ा कर लिया और जोधपुर में अपनी एक कठपुतली सरकार तैनात कर दी। ऊपर से पूरे मारवाड़ में जज़िया कर भी लगा दिया।

इस मामले में बादशाह को समझाने के लिए राठौरों का एक शिष्टमण्डल जोधपुर से दिल्ली पहुँचा। इस शिष्टमण्डल में बालक अजित सिंह, उसकी रानी माँ, उनके संरक्षक दुर्गादास राठौर वगैरह थे। औरंगज़ेब ने इन लोगों की एक भी बात न मानी और हुक्म दिया कि रानी और बालक अजित सिंह उसके हरम में ही रहेंगे और यदि अजित सिंह इस्लाम क़ुबूल कर लेगा तो उसे उसके बाप की जगह जोधपुर का राजा मान लिया जायेगा। औरंगज़ेब की यह शर्त राठौरों के शिष्टमण्डल को मन्जूर न हुई। इससे चिढ़ कर औरंगज़ेब जिद पर अड़ गया कि रानी और बालक अब हरम में ही रहेंगे।

एक दिन दुर्गादास राठौर बालक अजित सिंह, रानी माँ और शिष्टमण्डल के साथ लाल किले से खुफ़िया तरीके से भाग निकले। जब बादशाह को पता लगा तो उन्होंने पीछा करने का हुक्म दिया। पीछा करते मुग़ल सैनिकों और राठौरों के बीच रास्ते में संघर्ष हुआ। इसमें कई राठौर योद्धा मारे गये, किन्तु दुर्गादास राठौर और थोड़े से बचे हुए राठौर योद्धा रानी और बच्चे को लेकर भागते ही रहे। अन्ततः जब शाम गहरा गयी तो मुगल सैनिक थक–हार कर वापस लौट पड़े। बाद में दुर्गादास ने बालक को सुरक्षा की दृष्टि से एक अज्ञात स्थान पर छुपा दिया।

●●

बादशाह का ध्यान तब टूटा जब उस दिन तीनों नवीसों के जाने के बाद हमीदा कोठरी में घुसी और भीतर से दरवाज़ा बन्द कर लिया। उस दिन उसने जो ख़बर बादशाह को बतायी वह वाकई सँगीन थी, जिसे सुन कर बादशाह के माथे पर शिकन पड़ गयी। उन्होंने बड़े भारी मन से हमीदा को कुछ हिदायतें दीं और एहतियात[108] बरतते हुए मामले पर नज़र रखने को कहा।

अगले दिन जब अब्दुल बासित ने अपनी खुफ़िया तहरीर पेश करते हुए बादशाह को अर्ज़ किया, "हजूर, शहर में तरह–तरह की अफवाहें फ़ैल रही हैं," तो बादशाह ने चौंक कर पूछा, "कैसी अफवाहें?"

"जान की सलामती बख्शें हुज़ूर तो अर्ज करने की हिमाक़त करूँ?" बासित ने डरते और हिचकिचाते हुए कहा।

"हाँ, हाँ, तुम्हें डरने की कोई ज़रूरत नहीं। पूरी बात साफ़–साफ़ बताओ," बादशाह ने बासित को दिलासा दी।

"हुज़ूर, ख़बर बड़ी बेगम मोहतरमा ज़ेबुन्निसा बानू के बारे में है।" बासित फिर हिचकिचा कर चुप हो गया। इस बार बादशाह ने कुछ नहीं बोला, बल्कि सिर हिला कर इशारे से बात का खुलासा करने के लिए इजाज़त दी। बादशाह की बेताबी उनकी आँखों में झलकने लगी और पेशानी पर परेशानी के बल पड़ गये।

"हुज़ूर, लोगों में खुसुर–पुसुर है कि ज़ेबुन्निसा बेगम पहले मराठा शिवाजी की मोहब्बत में मुब्तिला[109] थीं, लेकिन अब वह मारवाड़ के दुर्गादास राठौर पर निसार[110] हैं। कुछ लोग तो यह भी कहते हैं कि जब शिवाजी हुज़ूर की शान में पेश हुए थे तो बेगम नंगे पाँव दीवाने–आम के पिछवाड़े तक भागी चली आयी थीं और परदे के पीछे से छुप कर उन्हें देख रहीं थीं। कुछ दूसरे लोगों का कहना है कि मारवाड़ की रानी जब हरम में ठहरी थीं तो उन्होंने दुर्गादास का ऐसा बखान किया कि ज़ेबुन्निसा बेगम उनके ऊपर फ़िदा हो गयीं।"

"इस तरह की बातों पर नज़र रखना," कहकर बादशाह ने अब्दुल बासित को दफ़ा किया।

उसके तुरन्त बाद जब हमीदा कोठरी में घुसी तो बादशाह ने उसे बहुत डाँटा कि कैसे हरम की अन्दरूनी बातें बाहर आम शहरियों[111] तक पहुँच जाती हैं।

उस दिन डाँट खाने के बाद हमीदा ने अपनी सारी दरोगाओं को तलब किया और उन्हें आगाह किया कि वे अपने मातहत सारी बाँदियों, लौंडियों, कंचनियों, खवासों वगैरह पर लगाम कसें,

ख़ास कर उन पर जो छत्ता चौक की चौहद्दी[112] से बाहर खरीद–फरोख्त के लिए बाज़ार में जाती हैं।

लेकिन, अगले ही दिन अब्दुल बासित ने बादशाह को ख़बर दिया कि "बेगम ज़ेबुन्निसा मक्फ़ी[113] तख़ल्लुस[114] से शेरो–शायरी करती हैं।" "मालूम है," बादशाह ने गुर्राती हुई आवाज़ में धीरे से कहा। बासित सिटपिटा गया जैसे उसकी चोरी पकड़ी गयी हो या कोई जुर्म करते हुए वह रंगे हाथों पकड़ा गया हो। सही भी है। किसी जासूस के पता लगाने से पहले ही अगर कोई खुफ़िया ख़बर उसके हाकिम को मालूम हो जाये तो उस जासूस का शर्मिन्दा या दहशतजदा[115] होना बख़ूबी समझा जा सकता है। लेकिन, बादशाह आलमगीर ऐसे हाकिम न थे कि अपने ही खुफ़िया नवीस को दहशतजदा रखें। वह बख़ूबी वाकिफ़ थे कि एक डरा हुआ जासूस सिर्फ़ खुश करने वाली ख़बरें बतायेगा और डर के मारे असलीयत छुपा लेगा। अगर जासूस डरा रहेगा तो मनगढ़ंत ख़बरें सुना कर अपने मालिक को खुश रखना चाहेगा और सच्चाई दफ़न होती रहेगी।

इन बातों के मद्देनज़र बादशाह ने अपना लहजा एक दम नरम कर लिया और बासित को पुचकारते हुए बोला, "और कोई ख़बर हो तो बताओ।" बासित अभी अपनी शर्मिंदगी से उबर न पाया था। इसलिए वह काफी एहतियात बरतते हुए बताना शुरू किया, "हुज़ूर, शहर में लोगों से सुनी हुई बातों के बिना पर मुझे मालूम हुआ है कि मक्फ़ी बेगम अक्सर शाम को नौबतख़ाने से शुमाल[116] की तरफ जाने वाले रास्ते पर मौजूद बावली की बगल में कुछ चुनिन्दा शायरों के साथ मुशायरा करती हैं। इन मुशायरों में मौलाना अब्दुल कादिर बेदिल, कलीम कशानी, साहब तबरीज़ी, गनी कश्मीरी, पण्डित ज्ञानदत्त बरहमन और नौजवान शायर आनन्दशंकर बेफ़िक्र शिरकत करते हैं।" बासित ने डरते–डरते यह भी बयान किया कि मुशायरा ख़त्म होने पर बेगम किसी दिन ज्ञानदत्त बरहमन और किसी दिन आनन्दशंकर बेफ़िक्र के साथ बावली की सीढ़ियाँ उतर उसमें बनी किसी छोटी कोठरी में देर तक सोहबत[117] करती हैं।"

उस दिन बादशाह ने हमीदा को कुछ ख़ास हिदायतें दीं।

●●

एक दिन अचानक मक्फी से मिलने के बहाने बादशाह रंगमहल के उस हिस्से में दाख़िल हुए जिसमें मक्फी की रिहायश थी। हमीदा की दी हुई ख़बर पर यह खुफ़िया कार्रवाई हो रही थी।

मक्फी से मुलाकात खत्म हुई। बादशाह ने इधर–उधर चौकन्ना होकर देख लिया। कहीं कुछ नहीं। तो क्या हमीदा की ख़बर झूठी थी। हमीदा भी परेशान। हमीदा ने चुपके से उस बाँदी की ओर देखा जिसने यह खुफ़िया ख़बर दिया था। बदले में उसने आँखों के इशारे से कुछ कहा, जिसे हमीदा ने इशारे से ही बादशाह तक पहुँचाया। यह इशारा सामने सहन में रखे ताँबे के एक बड़े से देकचे की ओर था।

बिना कोई शक या सुबहा जाहिर किये बादशाह टहलते हुए उस देकचे के पास पहुँच गये। साथ में बेटी मक्फी भी थी। उसका चेहरा ज़र्द[118] पड़ गया। उसके हवास बाख़्ता[119] हुए जा रहे थे। उसके दिल से सर्द सदा उठी, "ख़ुदा ख़ैर करे!"

"सर्दियों में बेटी को गरम पानी से नहाना चाहिए," कहते हुए बादशाह ने अपने सामने तुरन्त उस देकचे में गरम पानी मुँह तक भरने का हुक्म दिया। हुक्म की तुरन्त तामील हुई। मक्फ़ी को काटो तो ख़ून नहीं।

बादशाह के आने की ख़बर सुनकर मक्फी ने जिस आनन्दशंकर बेफ़िक्र को उस देकचे के भीतर छुपा दिया था वह बेमौत मारा गया।

इस हादसे की जानकारी जब ज्ञानदत्त बरहमन को हुई तो वह तुरन्त अपनी जान बचा कर मारवाड़ भाग गया और दुर्गादास राठौर के यहाँ पनाह ली। बाकी के शायरों को औरंगज़ेब के हुक्म से दर–ब–दर कर दिया गया। वे सब भाग कर दूसरे शहरों में गुमनामी की ज़िन्दगी जीने को मजबूर हो गये।

इस पूरे वाकये से मक्फ़ी मन ही मन बहुत ख़फ़ा हुई। उसने रोते हुए एक ग़ज़ल लिखी, जिसका मकता[120] था–

"अरी मक्फी, मोहब्बत की राह बियाबान है तुम्हें अकेले ही जाना है। तुम्हारी मोहब्बत के माकूल कोई नहीं चाहे ख़ुद ख़ुदा ही क्यों न हो।"

पूरी ग़ज़ल की नकल जब हमीदा के जरिये औरंगज़ेब तक पहुँची, तो वह अपनी बेटी की बेहयाई और अल्लाह की तौहीन पर दाँत पीस कर रह गया। अपनी बेटी के नज़रिया–ए–फन[121] और अपने फ़लसफ़ा–ए–हयात[122] के दरम्यान भारी फ़र्क के बावजूद वह औलाद की ख़ुशी के लिए चुप रहता था। वह जानता था कि मेरी नापसंदगी के कारण ही बेटी ने खुलकर शायरी करने के बजाय मक्फी तख़ल्लुस से छुप कर शायरी करना शुरू किया था। उसे ये बातें कुछ अपने तईं और कुछ जासूसों के जरिये बहुत पहले से मालूम थीं। इसके बावजूद उसे आला तालीमयाफ्ता[123] और अदब से गहरा लगाव रखने वाली अपनी बड़ी बेटी पर बड़ा नाज था। पर, अब वह हैरान था कि जिस बेटी के सात साल की कम उमर में ही पूरी कुरान याद कर लेने पर जश्न मनाया था, बादशाह बनने पर जिस बेटी से हर मामले में मशविरा करता था और अपनी बेगम दिलरस बानू के गुजर जाने पर अपने सबसे छोटे बेटे मोहम्मद अकबर को जिसकी सरपरस्ती[124] में सौंप कर वह बेफिक्र हो गया था, वही बेटी इतना शातिर निकलेगी कभी सोचा न था। ख़ैर! यहाँ तक तो वह बर्दाश्त करता रहा, लेकिन हमीदा ने जो अभी–अभी नयी ख़बर बतायी उसकी संजीदगी[125] को देखते हुए उस पर ठोस कार्रवाई करना ज़रूरी हो गया।

●●

मक्फ़ी अपने सबसे छोटे भाई मोहम्मद अकबर को अपना सबसे करीबी मानती थी। आख़िर माँ की तरह उसने उसकी देखभाल की थी। यही वजह है कि उसे ही वह अपना रंजो–गम सुनाती थी। उसे हमेशा इस बात की शिकायत रहती थी कि बाप की करतूतों के चलते ही उसका घर न बस सका था। उसके दादा हुजूर बादशाह शाहजहाँ ने उसकी शादी ताऊ दाराशिकोह के बड़े बेटे सुलेमान शिकोह के

साथ तय कर रखी थी। इस तरह आख़िरश वह मुगलिया सल्तनत की मलिका[126] बनती, लेकिन बाप के जालिमपने ने सारा खेल बिगाड़ दिया। अब तो उसने उसकी मोहब्बत पर भी पहरे बैठा दिये हैं। मक्फ़ी को इस बात का भी बड़ा रंज था कि बाप की नाराज़गी के चलते ही उसे अपने अदबी शौक भी चोरी–छुपे पूरे करने पड़ते हैं।

अकबर को मक्फी ने अपने बेटे जैसा पाला था। इस वजह से अकबर पर उसका बहुत असर और अहसान था। वह अपने बाप से नाराज़ होकर अपने भाई अकबर को बाप के खिलाफ भड़काती रहती थी। वह उस वक़्त की तलाश में थी कि कब मौक़ा मिले और वह अकबर के ज़रिये बग़ावत का झण्डा बुलन्द कर दे। आख़िर इसके लिए उसने अकबर के साथ मिलकर एक खुफ़िया साज़िश[127] रची, जिसके तहत उसने अकबर को सलाह दी कि वह दुर्गादास से मिलकर बादशाह के खिलाफ बगावत कर दे। दुर्गादास दिल्ली का तख़्त उसे दिलाने में मददगार होगा। इसमें मक्फी का अपना एक छुपा हुआ मकसद भी था कि इस तरह दुर्गादास उसे अपने आशिक के तौर पर ख़ुद–ब–ख़ुद मिल जायेगा।

मक्फी ने यह साज़िश इतनी होशियारी और चुपके से रची कि औरंगज़ेब के जासूसों को इसकी भनक तक न लगी। खुफ़ियानवीस के ऊपर सल्तनत की पूरी खुफियागीरी का दारोमदार था, फिर भी लाल किले के बाहर की खुफ़िया ख़बरों को वह ज़्यादा तवाज्जुह[128] देता था। वह याद रखता कि किले के भीतर बादशाह का अपना निजी खुफ़िया अमला[129] काम करता था जिसकी बाइख़्तियार[130] महलदार हमीदा बानू थी। वह हमेशा सजग रहता था कि ख़बरें इकट्ठा करने और उन्हें बादशाह तक पहुँचाने में उसका कभी हमीदा बानू के साथ कोई टकराहट न हो। शायद यही वजह रही हो कि उसे मक्फी की साजिश की जानकारी न हुई। हमीदा बानू भी इस मुद्दे पर चूक गयी और उसे जब तक इसकी जानकारी हुई तब तक काफी देर हो चुकी थी।

मक्फ़ी की साजिश से अनजान औरंगज़ेब ने अपने छोटे बेटे अकबर को चित्तौड़ की सूबेदारी से हटा कर मारवाड़ में तैनात किया था

और उसे तथा उसके सिपहसालार तहव्वुर खाँ को हिदायत दी थी कि वे किसी तरह राठौरों को खुश कर मुगलों की तरफ करें – चाहे इसके लिए उन्हें घूस ही क्यों न देनी पड़े। मक्फी और अकबर को तो जैसे मुँह–माँगी मुराद मिल गयी।

औरंगज़ेब को जब तक मक्फी की साजिश का पता लगा तब तक अकबर मारवाड़ पहुँच चुका था और राठौर राजपूतों से मिल कर ख़ुद को दिल्ली का बादशाह होने का ऐलान कर चुका था। औरंगज़ेब को सख़्त अफ़सोस हुआ कि उसके जासूस इस साजिश का वक़्त रहते पता लगा कर उसे आगाह न कर सके। भाई–बहन का यह साजिशी समझौता ही वह ख़बर थी जो अपने ढग से पता लगा कर हमीदा ने उस दिन बादशाह को बतायी थी, जिससे बादशाह दंग रह गया था।

अपने जासूसी महकमे से बादशाह बहुत रंज था। इस महकमे की हर नाकामी पर वह बिफर उठता था और सजा के तौर पर या तो ख़ास खुफ़ियानवीस को बर्खास्त कर देता था या उसकी बेहूरमती[131] करने के लिए उसके मातहत को उसका हाकिम बना देता था। शिवाजी जब फलों के टोकरे में बैठ कर चुपके से गायब हुआ था तो ख़ास खुफ़ियानवीस इम्तियाज़ खाँ पर बादशाह बहुत गुस्साया था। उसकी जगह उसके मातहत आदिल बख़्श को ख़ास खुफ़ियानवीस बनाया गया था, लेकिन, जब दुर्गादास राठौर जोधपुर की रानी और बालक राजकुमार के साथ खुफ़िया तरीके से निकल भागने में कामयाब हो गया तो आदिल बख़्श नौकरी से बर्ख़ास्त कर दिया गया और उसके ऊपर जाँच की तलवार लटक गयी कि कहीं दुर्गादास राठौर और उसके दल के निकल भागने में आदिल बख्श की कोई छुपी मंशा तो न थी। यही नहीं, हरम में जोधपुर की रानी और बालक राजकुमार पर कड़ी नज़र रख पाने में नाकामयाब पाकर महलदार हसीना जान को लाल किले के हरम से हटा कर आगरे के किले में बहुत मामूली ओहदे पर भेज दिया गया और उस पर नज़र रखने के लिए आगरा के किलेदार और महलदार को सख़्त ताकीद की गयी थी।

यह पहली दफ़ा था कि बादशाह का रवैया जासूसों के हाकिमों की तरफ अब नरम था। शायद बादशाह उनसे नरमी से काम लेने के तरीके को आजमाना चाहता था। यही वजह थी कि मक्फी और अकबर के साजिश का पता न लगा पाने के बावजूद बादशाह ने अब्दुल बासित और हमीदा बानू के खिलाफ कोई कार्रवाई न की, बल्कि दोनों को एक साथ खुफ़िया कोठरी में तलब किया और उन्हें नसीहत दी कि अलग–अलग सम्त[132] में काम करने के बजाय एकजाई[133] काम करें। इसके लिए उन्हें जब भी ज़रूरत हो खुफ़िया तौर पर तबादले–ख़याल[134] भी करें और ऐसे मौकों पर उन्हें (बादशाह को) भी शामिल करें। उन्होंने उन दोनों को आगाह किया कि आने वाले वक़्त में कुछ ख़ास खुफ़िया कार्रवाईयाँ करने की ज़रूरत पड़ सकती है जिसके लिए उन्हें तैयार रहना है।

●●

इस इरादे से कि मक्फ़ी को दुरुस्त करने से पहले अकबर की बगावत को कुचलना ज़रूरी है, औरंगज़ेब फ़ौरी[135] फौज़ी कार्रवाई के लिए कूच कर दिया।

इधर अकबर के पास खुद की बड़ी फ़ौज थी जिसमें बड़ी तादाद में पैदल सिपाहियों और तोपखाने के अलावा बारह हज़ार घुड़सवार सिपाही थे। इसमें मेवाड़ के महाराणा ने अपने छः हज़ार घुड़सवार भी जोड़ दिये। जोधपुर से गुजरते हुए इस संयुक्त सेना में राठौर सैनिक भी आकर मिल गये। अरावली की पहाड़ियों से निकल–निकल कर छापामार राजपूत सैनिक भी अकबर की सेना के साथ हो लिए। इस तरह अकबर के पास पच्चीस हज़ार घुड़सवारों की विशाल सेना तैयार हो गयी जिसे लेकर वह औरंगज़ेब से भिड़ने जा पहुँचा।

जंग के मैदान में ही अपनी ज़्यादातर ज़िन्दगी खपा देने वाला औरंगज़ेब उस समय लड़ना नहीं चाहता था। एक तो उसके साथ उस समय फ़ौज की काफी छोटी टुकड़ी थी, दूसरे वह आमने–सामने

की लड़ाई से बचना चाह रहा था। इसलिए उसने धूर्ततापूर्वक एक रणनीतिक चाल चली।

औरंगज़ेब ने अकबर के सिपहसालार तहव्वुर खाँ को धमकाते हुए एक ख़त लिखा कि अगर वह अकबर की बगावत में साथ देगा तो उसके कुनबे को सरेआम गुण्डों से बेइज्ज़त कराया जायेगा।

धमकी काम कर गयी। तहव्वुर खाँ चुपके से औरंगज़ेब से मिलने आ पहुँचा, लेकिन उसके फ़ौजी पड़ाव[136] के दरवाज़े पर ही साजिशन शुरू किये गये एक फ़साद में वह औरंगज़ेब के सिपाहियों के हाथों मारा गया।

अपनी चाल को बड़ी अय्यारी[137] तरीके से आगे बढ़ाते हुए औरंगज़ेब ने अपने बागी बेटे अकबर को एक झूठा ख़त लिखा जिसमें उसने अकबर को मुबारकबाद दी थी कि उसने बड़ी कामयाबी से राजपूतों की सेना को बहला–फुसला कर चढ़ा लिया है ताकि बाप–बेटे की फ़ौज मिलकर उनका सफाया कर दे। ख़त को जान–बूझकर इस तरह भेजा गया कि वह ख़त अकबर के पास पहुँचने के बजाय किसी राजपूत सिपहसालार के हाथ पड़ जाये। यही हुआ।

ख़त राजपूत सिपहसालारों के हाथ लग गया। हालाँकि उन्हें सुब्हा हुआ कि वह ख़त झूठा है और यह कोई साजिश हो सकती है, फिर भी तसल्ली के लिए उसे लेकर वे अकबर के लश्करगाह[138] की ओर रातों–रात गये। वहाँ उन्होंने देखा कि अकबर का सिपहसालार तहव्वुर खाँ गायब है। अब तो ख़त के मजमून में उनका यकीन पक्का हो गया और वे अकबर से मिले बिना ही लौट आये। यही नहीं, वे सब अपनी–अपनी सैनिक टुकडियाँ लेकर रातों–रात चुपके से वहाँ से भाग खड़े हुए।

इस बीच, रात में ही औरंगज़ेब के जासूस अकबर की फ़ौज में अफवाह फैलाने में लग गये। सिपाही वैसे भी ग़ैर–फ़रेबी[139] और जल्द–ऐतबारी होते हैं। औरंगज़ेब के जासूसों ने उन्हें फ़रेबी ढंग से बहला–फुसला कर बताया कि तहव्वुर खाँ और राजपूत सिपाही अकबर का साथ छोड़ कर भाग गये हैं। फिर क्या था!

अकबर के मातहत रहने वाली मुगल फ़ौज भाग कर औरंगज़ेब की पनाह[140] में आ गयी। औरंगज़ेब बिना लड़े ही जीत गया। यह बात दीगर है कि सुबह अकबर भाग कर जब राजपूत राजाओं और सिपहसालारों के पास गया तब उसे उस फितरती[141] साजिश का अहसास हुआ।

••

दिल्ली वापस लौटने पर औरंगज़ेब के हुक्म से मक्फी गिरफ़्तार कर ली गयी। लाल किले के तीनों महलों – ख़ासमहल, रंगमहल और मुमताजमहल – के दरोगाओं ने उसको घेर रखा था। महलदार हमीदा बानू की अगुवाई में दरोगा नियाज़ बीवी बानू, कादिर बीवी बानू, गुल सुल्तान बानू, नवल बाई बानू, माहिर निगार बानू, सीमतन बानू और मानिक बानू एक मजबूत घेरा बना कर मक्फ़ी को लाल किले से सलीमगढ़ किले में ले जा रही थीं। वहाँ उसे ताउम्र कैद में रहने की सजा सुनायी गयी थी।

हुक्म को अन्जाम दे दिये जाने की इत्तिला देने जब हमीदा औरंगज़ेब के ख्वाबगाह में दाखिल हुई, तो वह यह देख कर सन्न रह गयी कि जहाँपनाह आलमगीर की आँखों से आँसू गिर रहे थे। अपने क़ाईदों[142] और सख़्ती के लिए मशहूर बादशाह को गहरा सदमा लगा था कि उसकी सबसे बड़ी औलाद जो सबसे काबिल और आला तालीमयाफ्ता थी और जिसे वह अपनी जान से भी ज़्यादा चाहता था उसे ही मजबूरन ताउम्र कैद में रखना पड़ेगा। अपनी ख्वाहिशों के चलते जिसने अपने बाप, भाइयों और भतीजों के साथ बे–इन्तहाँ बेमुरव्वती बरती वह अपनी औलाद की मोहब्बत में रो रहा था। लेकिन, वह मजबूर था। वह जानता था कि अगर वह मक्फ़ी को कैद में न रखता तो वह न जाने कितने गुल खिलाती, कितनी साजिशें रचती!

••

मक्फ़ी बीस साल सलीमगढ़ के किले में क़ैद रही। इस बीच उसके दद्दू शाहजहाँ और उसकी दोनों फूफियाँ – जहाँआरा और रौशनआरा

के साथ–साथ न जाने कितने रिश्तेदार जन्नतनशीं[143] हो गये। यहाँ तक कि उसका छोटा दुलारा भाई मुहम्मद अकबर भी भगोड़ेपन की हालत में मर गया। कहते हैं कि औरंगज़ेब के फितरती ख़त का राज खुल जाने पर दुर्गादास ख़ुद अकबर से मिला था और उसकी हिफाजत के लिए उसे शिवाजी के बेटे सम्भाजी की पनाह में पहुँचा दिया जहाँ वह एक साल से कुछ ज़्यादा वक़्त तक रहा। उसके बाद वह फारस चला गया जहाँ उसकी मौत हो गयी।

मक्फ़ी को कैद में भेजते वक़्त ही औरंगज़ेब ने यह इन्तज़ाम कर रखा था कि मक्फ़ी की ख़िदमत के नाम पर उसके साथ कुछ ऐसी कनीज़ें[144] रखीं जायें जो जासूसी में माहिर हों। ये कनीज़े बारी–बारी से मक्फ़ी पर खुफ़िया नज़र रखती थीं। मक्फ़ी उनकी इस ढँकी–छुपी हरकत से वाकि़फ थी, लेकिन वह मन मसोस कर रह जाती थी। सब कुछ जानकर भी वह उनके खिलाफ कुछ नहीं कर सकती थी। वह तो यह भी जानती थी कि इन कनीज़ों पर उसका कोई मालिकाना हक नहीं था और वे उसके बारे में सारी छोटी–बड़ी ख़बरें अपनी हाकिम महलदार गुलनार बानू को बताती रहती थीं और गुलदार बानू उन्हें आगे बादशाह तक पहुँचाती रहती होगी। महलदार की हिम्मत[145] इतनी बढ़ी हुई थी कि वह कैद मक्फ़ी पर एक तरह से हुकूमत करती थी। पता नहीं इसमें बादशाह की रजा थी या उन्हें यह बात पता नहीं थी।

बीस साल बाद एक दिन, जब औरंगज़ेब दक्खन के दौरे पर था तो सलीमगढ़ किले की महलदार गुलनार ने लाल किले की महलदार गौहर बानू (तब तक महलदार हमीदा बानू की मौत हो चुकी थी) को ख़बर की कि कैदी मक्फ़ी कोई सात दिनों से सख़्त बीमार है।

इन बीस सालों में मुग़ल खानदान के किसी शख़्स ने औरंगज़ेब की नाराज़गी के डर से मक्फ़ी से मिलने की हिमाक़त नहीं की थी। अब जबकि औरंगज़ेब दारुल हुकूमत[146] दिल्ली से बहुत दूर था और मक्फी बेगम बेसाख़्ता बेज़ार थी तो औरंगज़ेब के सबसे बड़े बेटे शाहजादा मोहम्मद आजम की बीवी और मरहूम दारा शिकोह की बेटी

जहाँ ज़ेब बानू बेगम उर्फ़ जानी बेगम ने बिना किसी की परवाह किये अपनी कुआँरी पर बूढ़ी ननद की सेहत और सलामती का पता करने चुपके से सलीमगढ़ के किले में जाने की हिम्मत दिखायी। साथ में उसने लाल किले की महलदार गौहर बानू और सलीमगढ़ किले की महलदार गुलनार बानू को साथ ले लिया।

जानी बेगम जब मक्फी की काल कोठरी में पहुँचीं तो वह मक्फ़ी की हालत देख कर हैरान रह गयीं। मक्फी बहुत तेज़ बुख़ार की चपेट में थी और उसकी जेहनी हालत मामूल पर न थी। वह कुछ बुदबुदाती–सी लग रही थी। जानी बेगम ने ज्यों ही मक्फी का सिर अपनी गोद में रखा, मक्फ़ी का धीमे स्वर में ज्वर–प्रलाप सुनायी पड़ा – "अच्छा, तो तुम आ गये दुर्गादास। अब ले चलो मुझे यहाँ से। मेरे भाई अकबर को दिल्ली के तख़्त पर बैठा देना।"

पता नहीं जज़्बाती उफान की वजह से या बुख़ार की तासीर से अगले ही लम्हे में मक्फी पर बेहोशी तारी होने लगी। जल्दी ही वह नीम[147] बेहोशी में डूब गयी और साँसों के लिए उसका संघर्ष आख़िरी दौर में पहुँच गया। आख़िर वह ज़िन्दगी की जंग हार गयी और जानी बेगम की गोद में ही दम तोड़ दिया।

जानी बेगम 'आपा, आपा' कह कर चीत्कार करने लगीं। महलदार गौहर बानू, गुलनार बानू और कुछ कनीजें जो वहाँ आ खड़ी हुई थीं जानी बेगम को सम्भालने लगीं।

हालात की संजीदगी के मद्देनज़र जानी बेगम ने जल्दी ही अपने जज़्बात को किसी तरह काबू किया और कनीजों से तफ्तीश करने लगीं, "कब से आपा की ऐसी हालत थी?"

"कोई एक हफ्ते से बुख़ार आ रहा था," गुलनार बानू ने आगे बढ़ कर बोला।

"हमें इत्तिला क्यों न की गयी?" जानी बेगम ने जवाब तलब किया।

"बेगम, हम तो बादशाह हुजूर को बराबर ख़बर करते थे, लेकिन जब से हुजूर दक्खन की ओर गये हैं यह सिलसिला बन्द हो गया है।

हुज़ूर का हुक्म था कि मक्फी बेगम के बारे में कोई भी ख़बर सिर्फ़ उन्हें ही बतायी जाये।" गुलनार ने जवाब दिया।

"आपा की बीमारी की बात तो कम से कम हम लोगों को बतायी गयी होती ताकि वक़्त रहते दवा वगैरह का इन्तज़ाम हुआ होता," जानी बेगम ने नाराज़गी जताते हुए कहा।

"मक्फ़ी बेगम ने मना किया था। उनका कहना था कि वह किसी का अहसान नहीं लेना चाहतीं," गुलनार ने सफाई दी।

गुलनार की साफगोई से उपजे झेंप को नज़रअंदाज़ करने के लिए जानी बेगम ने कमरे में चारों ओर नज़र दौड़ायी। उन्हें चारों ओर बेहद गन्दगी दिखी और उस गन्दगी के पीछे – फर्श पर और दीवारों पर – कोयले से लिखी बहुत सारी इबारतें नज़र आयीं। जानी बेगम ने जब जानना चाहा कि कमरे की सफाई क्यों नहीं की जाती थी, तो गुलनार ने बताया, "मक्फ़ी बेगम सफाई को मना करती थीं। वे कनीजों से रसोई से कोयले मँगवाती थीं और उसी से लिखती रहती थीं। कभी–कभी एक ही जगह पर कई–कई बार मिटा कर वह कुछ लिखती थीं। लिखते वक़्त उन पर जैसे वहशीपन छा जाता था। ऐसी हालत में हम उनके पास नहीं जाते थे।"

इस बीच, जानी बेगम दर–ओ–दीवार पर लिखी हुई तमाम इबारतों को बड़े गौर से देख रही थीं। एक ख़ास मुकाम पर रुक कर वह पढ़ने लगीं–

मेरे मनमीत,
काले घुँघराले बालों वाले,
बड़ी–बड़ी रतनारी आँखों वाले,
देखो, तुम्हारी सवालिया निगाह ने
मुझे कैसा बेहाल कर दिया है।
दिल चीर देने वाली तुम्हारी नज़र
और कटार–सी पलकों वाली तुम्हारी आँखें
मेरा कलेजा चाक करके
ख़ून–सने ख़न्जर की तरह बाहर निकल आती हैं।

मुल्लाओं, तुम समझ न पाये, यही तो जन्नत है।
भूल जाओ कि क़यामत के दिन होगी कुछ ख़ास बातें।
आओ, मिलो अभी दोस्तों, देखो कि मैं जुनूँ में हूँ।
काबे की मुझे परवाह नहीं, वज़ाहत[148] तो मेरे दिल में बसती है।
बरबाद होने दो ज़िन्दगी, भुगतो कि अल्लाह यहीं है
अरे ओ तरसाते मुखड़े वाले, हमेशा रौशन रहने वाले,
मैं वहीं हूँ जहाँ मेरी मौज है – यहीं, बस यहीं।
किसी किताब में कुछ नहीं लिखा है इस मुआमले पर
बस मैं सारी बातें जान जाती हूँ तुम्हें जब कभी मैं देखती हूँ।
अगर तुम अपनी चाहत अल्लाह को सौंपना चाहते हो
तो क्यों न तू उसे इस मक्फ़ी को ही दे दो
वह तेरी थोड़ी सी मोहब्बत के लिए ही यहाँ पर है।

●●

दक्खन की ओर गये बादशाह औरंगज़ेब को न इतनी जल्दी इत्तला दी जा सकती थी और न उनके इतनी जल्दी पहुँच आने की उम्मीद की जा सकती थी। लिहाजा मक्फ़ी बेगम को शाहजहानाबाद के कश्मीरी दरवाजे के बाहर तीसहज़ारी[149] बगीचे में दफना दिया गया।

औरंगज़ेब जब दिल्ली वापस लौटा तो अपनी प्यारी बेटी की कब्र पर फातिहा पढ़ते वक़्त फूट–फूट कर रोने लगा। ये एक बाप का अपनी औलाद के लिए बहने वाले आँसू थे जो ऐसे मौके पर मजहब की तमाम हिदायतों और पाबन्दियों के बावजूद बह निकलते हैं।

फनकारी को इन्सानी वहशीपन मानने वाले बादशाह ने सलीमगढ़ की दीवारों पर कोयले से मक्फी द्वारा लिखी इबारतों को बड़े एहतियात से नक़ल कराया और मक्फ़ी की अन्य ग़ज़लों के साथ मिला कर एक दीवान शाया[150] कराया जिसका नाम रखा गया – दीवान–ए–मक्फ़ी। यही एक बाप द्वारा अपनी अभागिन बेटी को खिराज़–ए–अक़ीदत[151] थी।

मक्फ़ी को आख़िर अपनी कब्र में भी चैन नहीं मिला। अंग्रेज़ जब दिल्ली में रेल लाइन बिछवाने लगे तो मक्फ़ी को अपनी कब्र से बेदखल कर दिया गया। उसकी कब्र को तीसहज़ारी से उठा कर आगरे के पास सिकन्दरा ले जाया गया जहाँ अपने अज़ीम दादा[152] अकबर के मकबरे में उसको आख़िरी पनाह मिली।

नायक

राजा को चारचाक्षुष कहा गया है, अर्थात् राजा अपने गुप्तचरों के माध्यम से देखता है। गुप्तचर राजा की आँख और कान होते हैं। उन्हीं की दी हुई सूचनाओं के आधार पर राजा अपनी नीतियाँ निर्धारित करता है और भविष्य की रणनीति बनाता है। गुप्तचर ही आगे–आगे चलकर राजा को राह दिखाता है और सच्चे अर्थों में नायक कहलाता है। भारतीय इतिहास में इसके अनेक उदाहरण हैं, लेकिन सबसे ज्वलन्त उदाहरण छत्रपति शिवाजी महाराज और उनके गुप्तचर–प्रमुख बहिरजी नायक का है। शिवाजी द्वारा मुगलों के विरुद्ध छापामार युद्ध प्रणाली की सफलता के पीछे काफी हद तक बहिरजी की गुप्त सूचनाओं का हाथ रहा। यह बहिरजी द्वारा जुटायी गयीं गुप्त सूचनाओं का ही कमाल था कि शिवाजी मुगलों के विशाल सैन्य–सामर्थ्य से टक्कर लेते रहे।

बहिरजी नायक शिवाजी की सेना के गुप्तचर विभाग के प्रमुख थे। जैसा कि गुप्तचरों के साथ होता है कि उनका सम्पूर्ण जीवन गोपनीयता के आवरण में ढँका होता है, बहिरजी के जीवन के बारे में भी इतिहास को बहुत कम पता है। उनके कारनामे ही उनके जीवन की सच्ची कहानी कहते हैं।

बहिरजी को रामोशी–बेराड जनजाति का बताया जाता है। यह जनजाति पश्चिमी मराठवाड़ा के जंगलों में रहती थी और अपनी बहादुरी और लड़ाकेपन के लिए मशहूर थी। कहते हैं एक बार अपने एक सैन्य–अभियान के दौरान शिवाजी रामोशियों के इलाके से गुजर रहे थे।

वहाँ उन्होंने बहिरजी नायक को देखा जो बहुरुपिया बन कर खेल दिखा रहे थे। उनके अभिनय के पीछे छुपी प्रतिभा को शिवाजी ने तुरन्त पहचान लिया। अपने शत्रुओं की खोज–ख़बर पहले भी वह रामोशियों के जरिये लेते रहते थे। बहिरजी में गुप्तचरों की जन्मज़ात प्रतिभा देख कर शिवाजी ने उन्हें अपनी सेना में भर्ती कर लिया। बहिरजी को छः हज़ार सैनिकों के समूह का सरदार बनाया गया और उन्हें गुप्तचर विभाग की भी जिम्मेदारी दी गयी। उनकी कार्यकुशलता और बहादुरी से शिवाजी इतने प्रसन्न हुए कि उन्हें अपने 'अष्टप्रधान मण्डल[153]' में शामिल कर लिया।

अपने छः हज़ार सैनिकों को बहिरजी ने इस प्रकार तैयार किया कि वे रणकौशल के साथ–साथ गुप्तचर कार्यों को भी बख़ूबी अन्जाम दे सकें। सैनिकों का यह समूह मुख्यतः गुप्त सूचनाओं पर आधारित अभियानों (इंटेलिजेंस ऑपरेशंस) के लिए मुख्यतः प्रयुक्त किया जाने लगा। इन छः हज़ार सैनिकों का नियन्त्रण और पर्यवेक्षण छः लोगों के हाथ में था, जो गुप्तचर कार्यों की केन्द्रीय इकाई के सदस्य थे। बहिरजी इनके प्रमुख थे। ये लोग बीजापुर, कर्णाटक, पुणे, सूरत वगैरह जगहों पर फैले हुए थे और अपने–अपने क्षेत्र में खुफिया ख़बर इकठ्ठा करने का कार्य करते थे।

बहिरजी वेश बदलने में माहिर थे। कभी वे अपने साथी गुप्तचरों के साथ लोकगायकों/लोकनर्तकों का रूप बना लेते, तो कभी चारणों और भाटों के रूप में गाते–बजाते दुश्मन के दरबार में पहुँच जाते। अपने समूह में वे स्त्री गुप्तचर भी रखते थे और वक़्त–ज़रूरत पर स्वयं स्त्री का रूप धारण कर लेते थे। कहते हैं कि बहिरजी हर बार वेश बदल कर ही शिवाजी के दरबार में हाजिर होते थे और उन्हें पहचान पाने में दरबारी गण धोखा खा जाते थे। अपने बीच संवाद स्थापित किये रहने के लिए बहिरजी का जासूस दल पशु–पक्षियों की आवाज़ों का उपयोग करता था, जिसे दल के बाहर लोग नहीं समझ पाते थे। इसके साथ–साथ वे अपने गीतों और नृत्य के दौरान अभिनय के द्वारा भी सूचनाओं का संकेत देते थे।

बहिरजी अपने गुप्तचरों की गद्दारी को बहुत गम्भीरता से लेते थे और उन्हें अत्यन्त कठोर सजा देते थे।

बहिरजी की जुटायी गयी गुप्त सूचनाओं के आधार पर शिवाजी जी अपने सैन्य अभियानों की योजना बनाते थे। शिवाजी कब और किस सैन्य अभियान पर निकलेंगे यह शिवाजी और बहिरजी के अलावा अन्य किसी को नहीं पता होता था। यही कारण है कि शिवाजी के सैन्य अभियानों की सफलता की दर बहुत ऊँची थी। दुश्मनों के बारे में खुफिया सूचनाएँ इकट्ठा करने के साथ–साथ बहिरजी मराठा स्वराज्य के लोगों की भी खोज–ख़बर रखते थे ताकि प्रजा के लिए कल्याणकारी कार्यों के बारे में सलाह दी जा सके।

बात सन 1647 के आस–पास की है, जब बहिरजी ने शिवाजी को सूचना दी कि बीजापुर सल्तनत[154] के शासक आदिलशाह अपने पहाड़ी दुर्ग तोरणा[155] को उपेक्षित छोड़े हुए है। वहाँ न तो पर्याप्त सैन्यबल है और न हथियार। इस सूचना के आधार पर शिवाजी ने अपनी रणनीति तैयार की और दुर्ग पर धावा बोल कर कब्ज़ा कर लिया। यह शिवाजी की शुरुआती सफलता थी। बाद में शिवाजी ने इस दुर्ग का नाम प्रतापगढ़ रखा।

शिवाजी के इस हरकत से आदिलशाह बहुत नाराज़ हुआ। उसने शिवाजी को सबक सिखाने का जिम्मा अपने सिपहसालार अफजल ख़ान को सौंपा। एक बड़ी फ़ौज लेकर अफजल ख़ान ने प्रतापगढ़ के किले को घेर लिया। यह घेरा कोई दो महीने चला। इस दौरान अफज़ल ख़ान ने शिवाजी को ललकारने और उत्तेजित करने वाले काम करने शुरू कर दिये। बहिरजी के गुप्तचर अफ़ज़ल ख़ान के शिविर में लगातार फैले हुए थे और उस पर नज़र बनाये हुए थे। गुप्तचरों ने शिवाजी को सूचित किया कि अफजल ख़ान ने उनकी कुलदेवी तुलजा भवानी के मन्दिर में तोड़–फोड़ करके भ्रष्ट कर दिया और पन्ढरपुर के विठोबा मन्दिर को भी भारी क्षति पहुँचायी है।

अफजल ख़ान काफी लम्बा–चौड़ा शरीर वाला, बलवान, धूर्त और क्रूर स्वभाव का था। बहिरजी ने खुफ़िया कार्रवाई चला कर उसे

उसके शिविर में ही मार डालने की योजना बनायी, लेकिन उसकी ताकत और मुस्तैदी के आगे बहिरजी की योजना असफल हो गयी। फिर भी, बहिरजी उसके बारे में लगातार सूचनाएँ एकत्र करते रहे और शिवाजी को पहुँचाते रहे।

प्रतापगढ़ किले की लम्बी घेरेबन्दी से उकता कर और शिवाजी को खुले मैदान में बुला कर भिड़ने में असफल होने पर अफ़ज़ल ख़ान ने छलनीति अपनाने की सोची। इसके तहत उसने मुलाकात करने और सुलह करने के बहाने शिवाजी को धोखे से मार डालने की योजना बनायी। बहिरजी ने उसकी इस गुप्त योजना का चुपके से पता लगा लिया और शिवाजी को सतर्क कर दिया। प्रतापगढ़ किले के निकट एकाकी मुलाकात (10 नवम्बर, 1659) हुई। इस दौरान जब अफजल ख़ान ने शिवाजी को गले लगाते हुए उनकी पीठ में छुरा भौंकना चाहा तो पहले से ही सजग होकर अपने कपड़ों के भीतर लोहे का कवच पहने होने के कारण शिवाजी बच गये। यही नहीं, अपने हाथों में पहने हुए बखनखे से उन्होंने अफजल ख़ान की हत्या कर दी।

इस घटना के बाद प्रतापगढ़ किले के बाहर घेरा डाले विशाल आदिलशाही सेना और किले में बैठी शिवाजी की मुट्ठी भर सेना की भिड़न्त हो गयी। इस दौरान बहिरजी ने अपने गुप्तचरों के माध्यम से आदिलशाही सेना में शिवाजी की दैवीय शक्ति और अफ़ज़ल ख़ान की मृत्यु के बारे में तरह–तरह की अफवाह फैला कर उनका मनोबल तोड़ दिया और उनमे दहशत फैला दी। परिणामस्वरूप, आदिलशाही सेना भाग खड़ी हुई।

इस हार का बदला लेने के लिए बीजापुर से नया सिपहसलार रुस्तम जमन आ पहुँचा। उसकी भिडन्त शिवाजी से कोल्हापुर में 28 दिसम्बर, 1959 को हुई, किन्तु शिवाजी ने उसे शिकस्त दे दी और बीजापुर सल्तनत के काफी क्षेत्रों पर कब्जा कर लिया। इससे गुस्साये आदिलशाह ने सिद्दी जौहर नामक एक दूसरे सिपहसालार के नेतृत्व में दस हज़ार सैनिकों की एक विशाल सेना भेजी शिवाजी

को काबू में करने के लिए। साथ में मृतक अफजल ख़ान का बेटा फ़ज़ल ख़ान भी था।

सिद्दी जौहर ने शिवाजी को पन्हाला के किले में घेर लिया (2 मार्च 1660)। यह घेरा चार माह (जुलाई, 1660) तक चला और शिवाजी हाथ न आये। आख़िर पस्त होकर आदिलशाही सेना पन्हाला के किले के निकट (3–4 किमी दूर) स्थित पवनगढ़ के किले की ओर बढ़ गयी। बहिरजी द्वारा जुटायी गयी सूचनाओं के आधार पर एक गुप्त योजना बनायी गयी, जिसके अनुसार शिवाजी को पन्हाला किले से चुपके से भागकर 15–20 किमी दूर स्थित विशालगढ़ के किले में पहुँच जाना था, किन्तु, रास्ते में पवनगढ़ पड़ता था जहाँ आदिलशाही सेना राह रोके खड़ी थी।

बहिरजी की सलाह पर एक और गुप्त योजना बनायी गयी। इस योजना के अनुसार शिवाजी ने आदिलशाही सेना की छावनी पर पूनम की रात में अचानक आक्रमण कर दिया। इस हमले की अफरा–तफरी में आदिलशाही सैनिक जब तक सम्भलते तब तक शिवाजी अपने सात सौ सैनिकों के साथ विशालगढ़ किले की ओर भाग निकले। उनका पीछा करते हुए आदिलशाही सेना सुबह होने तक घोड़खिन्डी नामक दर्रे तक पहुँच गयी। वहाँ से विशालगढ़ का किला बस पन्द्रह किमी रह गया था। दर्रे के संकरे रास्ते पर सरदार बाजीप्रभु देशपाण्डे सिर्फ़ तीन सौ घुड़सवार सैनिकों के साथ आदिलशाही सेना को रोके रहे और ऊँचाई वाली जगहों से उन पर पत्थर बरसाते रहे। योजना के अनुसार विशालगढ़ किले में पहुँच कर तोपें दागने के द्वारा शिवाजी को अपने सुरक्षित पहुँचने की सूचना देनी थी। सूचना मिलने तक बाजीप्रभु अपने सैनिकों के साथ जान की बाजी लगा कर लड़ते रहे और अन्त में खेत हो गये। पावनखिन्ड के युद्ध के नाम से मशहूर यह युद्ध मराठा सैनिकों की वीरता और बहिरजी नायक की चतुराई–भरी योजनाओं की कहानी कहता है।

अपने सिपहसालार अफजल ख़ान के मारे जाने और अपनी सेना की लगातार होती क्षति देख कर आदिलशाही शासन को

शिवाजी से फिर आगे पंगा लेने की हिम्मत न पड़ी, और उसने एक दोस्ताना चुप्पी साध ली।

इसी दौरान, मुग़ल सम्राट औरंगज़ेब ने अपने मामा शाइस्ता ख़ान को दक्कन का सूबेदार बना कर भेजा और निर्देश दिया कि आदिलशाही शासन के साथ हुए मुगलों की सन्धि को कठोरता से लागू करे, जिसके अन्तर्गत आदिलशाही शासन ने अपने कुछ क्षेत्र मुगलों को सौंप दी थी। यह वही क्षेत्र था जिस पर शिवाजी ने कब्जा कर लिया था। शिवाजी की बढ़ती ताकत को रोकने के लिए शाइस्ता ख़ान ने ज़बरदस्त आक्रामकता दिखायी और पुणे सहित कई इलाके शिवाजी से छीन लिए।

शाइस्ता ख़ान की विशाल सैन्य–शक्ति के सामने शिवाजी की सेना नगण्य थी। शाइस्ता ख़ान का मुकाबला करने के लिए शिवाजी के पास छापामार लड़ाई के अलावा और कोई उपाय न था। शाइस्ता ख़ान शिवाजी से छीने हुए पुणे शहर में अपनी भारी फ़ौज के साथ जमा हुआ था। उसने पुणे में शिवाजी के पुराने आवास 'लाल महल' को अपना आवास बना लिया था। शिवाजी वहाँ से बस बीस किमी दक्षिण में सिंहगढ़ में घात लगाये बैठे थे।

शिवाजी ने बहिरजी से सलाह–मशविरा किया, तो बहिरजी ने उन्हें त्वरित आक्रमण प्रणाली (कमाण्डो ऑपरेशन) की सलाह दी और इसके लिए सारी खुफ़िया जानकारियाँ जल्दी से जल्दी जुटा लेने का वादा किया।

बहिरजी और उनके गुप्तचर 'लाल महल' में चुपके से घुस गये और शाइस्ता ख़ान के रहन–सहन, आदतों और उसके नजदीक रहने वाले लोगों के बारे में बहुत सारी जानकारियाँ जुटा लीं। शिवाजी का बचपन लाल महल में बीता था और वह इसके चप्पे–चप्पे से वाकि़फ थे। इन सारी जानकारियों के आधार पर एक कमाण्डो ऑपरेशन की योजना बनी।

चूँकि शिवाजी पुणे से मात्र बीस किमी की दूरी पर ही घात लगाये बैठे थे, अतः शाइस्ता ख़ान ने अपनी सुरक्षा के बहुत सारे

उपाय कर रखे थे। उसने आदेश दिया था कि अनुमति–पत्र के बिना कोई भी बाहरी व्यक्ति, ख़ासकर मराठा, शहर में न घुसेगा और न ही कोई मराठा सैनिक उसकी सेना में भर्ती किया जायेगा, लेकिन, मुगलों की सेना में पहले से ही भर्ती कुछ मराठा सैनिकों ने पुणे के कोतवाल से चुपके से अनुमति ले ली पुणे शहर में एक बारात लाने के लिए। इन मराठा सैनिकों को बहिरजी ने गुप्त रूप से पटाया हुआ था।

15 अप्रैल, 1663 शिवाजी के लिए बहुत अनुकूल दिन था क्योंकि उसी तिथि को औरंगज़ेब तख़्तनशीन हुआ था और रमज़ान का महीना चल रहा था। इस वजह से मुगल सैनिक उस दिन थोड़े ढीले थे और उत्सवी माहौल में थे। शाम को दो सौ लोगों की एक बारात पुणे शहर में घुसी। इसमें एक लड़का घोड़े पर बैठा हुआ दूल्हा था और बारातियों के वेश में छुपे हुए मराठा सैनिक थे। इन्हीं में शिवाजी और बहिरजी भी छुपे हुए थे। उस दिन, दिन में भी कई लोगों के छोटे–छोटे झुण्ड पुणे में ले जाये गये थे और पूछने पर बताया गया था कि वे पकड़े गये लोग हैं और हाकिम के सामने पेश किये जाने के लिए ले जाये जा रहे हैं।

आधी रात को शिवाजी और बहिरजी अपने कुछ चुने हुए लड़ाकों के साथ लाल महल में घुस गये। लाल महल की संरचना से परिचित होने के कारण शिवाजी सैनिकों को लेकर सीधे रसोईघर में पहुँच गये और सोये रसोइयों और नौकरों को मरवा डाला। एक दूसरा दल बहिरजी के नेतृत्व में चौकीदारों के कक्ष (गार्ड रूम) में गया और सारे चौकीदारों को मार डाला। इस दौरान एक लड़ाका (कमाण्डो) शाही नौबतखाने में पहले ही पहुँच गया था और बाजा बजाने वालों को बताया कि सूबेदार साहब (शाइस्ता खान) ने शाही बाजा जरा जोर से बजाये जाने का हुक्म दिया है। बाजे बजने के शोर में किसी को कुछ पता ही न लगा कि महल में क्या हो रहा है।

रसोईघर से लगा हुआ शाइस्ता ख़ान का शयनकक्ष था, जिसमें वह सोयी हुई सुन्दरियों के बीच बेसुध पड़ा सो रहा था।

शयनकक्ष में घुसने के लिए लड़ाकों (कमाण्डो) का दस्ता एक खिड़की उखाड़ने लगा। ईंटें गिरने से शाइस्ता ख़ान सजग हो गया। उसने अपने तीर–धनुष और भाले सम्भाल लिए।

तब तक चुनिन्दा मराठे सैनिकों के साथ शिवाजी और बहिरजी शाइस्ता ख़ान के शयनकक्ष में घुसने में सफल हो गये। उन्होंने शाइस्ता ख़ान पर आक्रमण कर दिया, जिससे बचाने के लिए दो दासियाँ उसे एक सुरक्षित स्थान की ओर लेकर भागीं। इसके साथ ही, किसी चालक औरत ने शयनकक्ष के सारे दीये बुझा दिये। इससे अफरा–तफरी मच गयी। अँधेरे में मराठा सैनिकों ने भयंकर मार–काट मचायी, जिसमें कई सुन्दरियाँ और दासियाँ मारी गयीं।

इस अनोखे और साहसिक कमाण्डो ऑपरेशन को पूरा करके मराठा कमाण्डो दल सुरक्षित वापस चला गया। इस ऑपरेशन में शाइस्ता ख़ान बच गया। बस उसके हाथ की तीन उंगुलियाँ कट गयीं, लेकिन, वह बुरी तरह आतंकित हो गया। एक दिन भी वहाँ ठहरने की उसकी हिम्मत न हुई। इस बात से उससे औरंगज़ेब भी बहुत नाराज़ हुआ और उसे वहाँ से हटा कर बंगाल भेज दिया। शिवाजी के सैनिकों ने अगले दिन बड़े हर्षोल्लास से रामनवमी मनायी।

शाइस्ता ख़ान पुणे में लगभग तीन साल रहा था और शिवाजी के अधिकांश इलाकों पर कब्ज़ा कर लिया था। इससे शिवाजी के स्वराज्य को गम्भीर आर्थिक क्षति हुई। सैनिकों को वेतन देना और शासन–कार्य चलाना मुश्किल हो गया। धन जुटाने के लिए शिवाजी ने सूरत शहर को लूटने का मन बनाया, जो उन दिनों बहुत धनी शहर था और मुगलों के कब्जे में था। उस समय वहाँ का सूबेदार इनायत ख़ान था।

लूट से पहले शिवाजी ने बहिरजी को सूरत के बारे में ज़रूरी खुफ़िया जानकारी जुटाने को कहा। बहिरजी ने अपने गुप्तचरों को भिक्षु, संन्यासी, व्यापारी, श्रमिक, सैनिक इत्यादि के रूप में पूरे सूरत शहर में फैला दिया। ख़ुद एक विद्वान कवि के रूप में वह इनयात ख़ान के दरबार में पहुँच गये। लौट कर बहिरजी ने शिवाजी को जो

सूचना दी वह बहुत चौंकाने वाली थी। बहिरजी ने बताया कि इनायत ख़ान ने हल्ला कर रखा है कि उसके पास दस हज़ार सैनिक हैं, जबकि वास्तव में सिर्फ़ एक हज़ार सैनिक हैं। बाकी के नौ हज़ार सैनिकों का वेतन और अन्य खर्चे फर्जी दिखा कर वह अपनी जेब में रख लेता है। बहिरजी ने शिवाजी को उन व्यापारियों और धनिकों की पहचान भी बतायी जो गरीब जनता को लूट कर धनी बने हुए हैं।

दस हज़ार सैनिकों को लेकर शिवाजी ने 5 जनवरी, 1664 को सूरत पर अचानक धावा बोल दिया। इनायत ख़ान इस हमले के लिए तैयार न था। शिवाजी की फुर्ती और अचानक हमले से वह बुरी तरह डर गया और किले में छुप गया। शिवाजी के सैनिकों ने चार दिनों तक सूरत के धनिकों को चुन–चुन कर लूटा और लूट का पूरा माल शिवाजी के रायगढ़ के किले में पहुँचा दिया गया।

दक्खन से शाइस्ता ख़ान को हटाने की मजबूरी और सूरत शहर को खुलेआम लुटे जाने से औरंगज़ेब की बड़ी किरकिरी हुई। शिवाजी को कुचल देने के लिए औरंगज़ेब ने अपने सबसे काबिल सूबेदार मिर्ज़ा राजा जय सिंह को बहुत बड़ी फ़ौज के साथ भेजा। जय सिंह ने शिवाजी को बहुत भारी सैनिक और आर्थिक क्षति पहुँचायी और शिवाजी को 'पुरन्धर' की सन्धि (सन् 1965) करने को मजबूर कर दिया। बहिरजी द्वारा हालात के बारे में जुटायी गयी खुफ़िया ख़बरों के आधार पर शिवाजी ने हालात से समझौता कर लेना वाज़िब समझा और कुछ दिनों तक चुप बैठे रहे।

इसी दौरान, सन् 1666 में, शिवाजी को औरंगज़ेब का एक पत्र मिला जिसमें उसने उन्हें अपने पचासवें जन्मदिन (मई 12) के उत्सव में भाग लेने के लिए आमन्त्रित किया। बहिरजी ने अपने कुछ गुप्त सूत्रों से खुफ़िया ख़बरें जल्दी से इकट्ठी कीं और औरंगज़ेब के पत्र का विश्लेषण किया। बहिरजी ने शिवाजी को सलाह दी कि यह औरंगज़ेब की चाल लगती है उन्हें धोखे से गिरफ़्तार कर लेने की। शिवाजी ने बहिरजी की सलाह मानने से इन्कार कर दिया कि न जाने से औरंगज़ेब समझेगा कि शिवाजी उससे डर गया।

अपने नव–वर्षीय बेटे शम्भाजी और सैनिकों की एक छोटी–सी टुकड़ी के साथ शिवाजी आगरा पहुँचे। वहाँ जाने पर बहिरजी की बात सच निकली। शिवाजी अपने सैनिकों के साथ गिरफ़्तार कर लिए गये। इन सैनिकों में बहिरजी भी थे जो शिवाजी की सुरक्षा के लिए छाया की तरह उनके साथ लगे हुए थे।

शिवाजी को एक बड़ी–सी हवेली में कैद करके रखा गया। वहाँ उनकी सुविधा के सारे सामान मौजूद थे। यहाँ तक कि उन्हें अपने निजी सेवकों का एक समूह भी अपने साथ रखने की छूट थी। इन्हीं सेवकों में बहिरजी भी चुपके से शामिल थे। हवेली पर एक हज़ार सैनिकों का कड़ा पहरा था और वहाँ से भाग निकलना असम्भव था।

वहाँ शिवाजी को कई महीने कैद में रहना पड़ा। इस दौरान, बहिरजी ने अपने ढंग से जासूसी करनी शुरू की। औरंगज़ेब का डाक मुहकमा ख़बरों का सबसे मुफ़ीद जगह लगा बहिरजी को। उन्होंने उस मुहकमे के हाकिम से दोस्ती बढ़ायी। साथ ही, औरंगज़ेब के और कई छोटे–मोटे हाकिमों से दोस्ताना ताल्लुक बना लिए। उन सबके यहाँ से ख़बरें इकट्ठा कर–करके बहिरजी शिवाजी को देने लगे।

बहिरजी से ही शिवाजी को पता लगा कि औरंगज़ेब अपने साम्राज्य की उत्तर–पश्चिम सीमा पर उठ रही बगावत को दबाने में बहुत व्यस्त है। शिवाजी ने इस अवसर का फ़ायदा उठाना चाहा। उन्होंने अपने सारे सैनिकों और सेवकों को अपने घर भेज दिये जाने का निवेदन किया, जिसे औरंगज़ेब ने मंजूर कर लिया। शिवाजी ने सिर्फ़ एक सेवक अपने पास रखा। वह सेवक कोई और नहीं, बल्कि बहिरजी थे। साथ में थे बेटा शम्भाजी और सौतेला भाई हीरोजी फरजंद, जिसकी शक्ल–सूरत शिवाजी से बहुत मिलती–जुलती थी।

बहिरजी के जरिये शिवाजी को मालूम हुआ कि 22 जुलाई, 1666 को औरंगज़ेब शिकार के लिए निकलने वाला है। शिवाजी को लगा कि अब उपयुक्त समय आ गया है। उन्होंने बीमारी का बहाना बनाते हुए पेट–दर्द की शिकायत की। तीन दिन तक उनका इलाज़ चला और वे ठीक हो गये। प्रसन्न होकर उन्होंने वैद्यों, ब्राह्मणों,

नौकरों और अन्य लोगों में मिठाइयाँ बँटवानी चाही। इसके लिए बड़ी मात्रा में मिठाइयाँ तैयार हुईं और बाँस के बड़े–बड़े टोकरों में लोगों के यहाँ भेजी जाने लगीं। शुरू में द्वारपाल लोग टोकरों की बड़ी मुस्तैदी से जाँच करते थे, किन्तु जल्दी ही वे ढीले पड़ गये और टोकरों को बिना जाँचे भेजने लगे।

जदुनाथ सरकार अपनी किताब 'शिवाजी एण्ड हिज टाइम्स' में लिखते हैं – "19 अगस्त 1666 को शिवाजी ने बाहर तैनात सैनिकों को कहला भेजा कि वह बहुत बीमार हैं और बिस्तर पर लेटे हुए हैं। उनके आराम में व्यवधान न डाला जाये और किसी को अन्दर न भेजा जाये।"

जाहिर है शिवाजी की ओर से सैनिकों को यह हिदायत सुनाने बहिरजी ही गये, जिन्होंने उसी शाम पलायन अभियान के कार्यान्वयन की योजना बनायी थी। उन्होंने ही योजना के अनुसार शिवाजी के सौतेले भाई फरजंद को शिवाजी के कपड़े और उनके हाथ के सोने के कंगन पहना कर उनके पलँग पर सुला दिया और कम्बल ओढ़ा दिया। एक हाथ कम्बल से बाहर निकलवा दिया।

योजना के अनुसार बहिरजी ने शिवाजी और उनके पुत्र शम्भाजी को उसी शाम (19 अगस्त, 1666) ख़ाली टोकरों में बैठा दिया था। इन टोकरों को मजदूर बाँसों के सहारे कन्धों पर लेकर कर बाहर की ओर चले। बहिरजी उनके साथ थे मिठाई–वितरण में मदद करने के लिए। रोज–रोज के टोकरों को बहार–भीतर आने–जाने की वजह से पहरे पर तैनात सैनिक टोकरों की जाँच के प्रति लापरवाह भी हो गये थे और उनमें से कुछ को बहिरजी ने पहले से ही पटा रखा था।

बहिरजी ने मजदूरों को निर्देश दिया कि टोकरों को शहर से बाहर ले चलो और एक सुनसान जगह पर पहुँचने पर मजदूरों को निर्देश दिया कि वे टोकरे वहीं रख कर वापस लौट जायें।

देर रात गये योजनानुसार फरजंद कमरे से निकल कर बाहर आये और पहरे पर तैनात सैनिकों को निर्देश दिया कि शिवाजी को

अब थोड़ा आराम है और वे सो रहे हैं। इसलिए कोई शोर न करें और न ही कोई उधर जाये। यह कहते हुए फरजंद एक ओर चुपके से निकल गये।

काफी देर बाद सैनिकों ने एहतियातन शिवाजी के कमरे में झाँक कर देखा तो पाया कि शिवाजी का बिस्तार ख़ाली पड़ा है और शिवाजी या उनके साथ वालों का कहीं अता–पता नहीं है। घबरा कर उन्होंने अपने प्रमुख फलाद खाँ को दौड़ कर सूचित किया।

फलाद खाँ बदहवास दौड़ता हुआ औरंगज़ेब के पास पहुँचा और हाँफते हुए बोला, "जादू! जादू! शिवाजी ग़ायब हो गये हैं। मुझे पता नहीं कि वे हवा में उड़ गये हैं या धरती उन्हें निगल गयी है।"

यह सुनते ही औरंगज़ेब ने सिर थाम लिया। वह समझ गया कि पंछी अब उड़ गया है।

पंछी के उड़ने का यह करिश्मा कैसे हुआ इसकी पूरी कहानी बहिरजी के अलावा और किसी को न पता थी। यह गोपनीयता ही किसी गुप्तचर का सबसे बड़ा कमाल है। शिवाजी की फरारी की औरंगज़ेब ने काफी गहरी तफ्तीश करायी, लेकिन इस बेमिशाल खुफ़िया कार्रवाई (इंटेलिजेंस ऑपरेशन) का पूरा विवरण उसे न मिल सका। कोई भी गुप्तचर अधिकारी जब इस प्रकार के खुफ़िया ऑपरेशन चलाता है तो उसकी भरपूर कोशिश रहती है कि ऑपरेशन के बाद उसके खबरियों और ऑपरेशन में मदद करने वालों पर मुसीबत न आने पाये। खुफ़ियागीरी की नैतिकता का यह सबसे बड़ा तकाज़ा है कि अपने खुफ़िया ख़बरियों की सलामती हर तरह से सुनिश्चित की जाये।

आगरा से भाग कर तीनों मथुरा पहुँचे। बहिरजी ने बाप–बेटे – शिवाजी और शम्भाजी – के सिर के बाल और दाढ़ी–मूँछ मुँडवा दिया और उन्हें शरीर पर भस्म रमा कर अपना हुलिया बदल लेने में मदद किया। उन्होंने ख़ुद का उनके चेले के रूप में भेष बना लिया।

हुलिया बदल कर तीनों प्रयाग पहुँचे। प्रयाग, जिसे मुगलों ने नया नाम दिया था – इलाहबाद, मुगलों की बहुत बड़ी छावनी थी।

वहाँ मुग़ल साम्राज्य का सूबेदार स्तर का एक महत्वपूर्ण अधिकारी बैठता था। शिवाजी इलाहबाद पहुँच कर एक मन्दिर में ठहरे। उनका दस–वर्षीय बालक शम्भा जी बीमार पड़ गया। छुपते–छुपाते भागते रहना बालक का शरीर बर्दाश्त नहीं कर पा रहा था। बालक की बीमारी के कारण शिवाजी को प्रयाग में दस दिनों तक रुकना पड़ा।

इस दौरान बहिरजी प्रयाग नगर में घूम कर स्थिति का आकलन करते रहते थे। बीच–बीच में वह भेष बदल कर टोह लेने के लिए मुगलों की छावनी में भी घूम आते थे। वहीं, उनको आभास हुआ कि मुगलों को शायद भनक मिल गयी है कि शिवाजी प्रयाग आकर छुपे हुए हैं। छावनी–स्थित मुगलों के जासूसी मोहकमे को उसके किसी स्थानीय ख़बरी ने शायद यह ख़बर दी थी। बहिरजी ने शिवाजी को झटपट सतर्क किया और तुरन्त वहाँ से निकल चलने की सलाह दी। बीमार शम्भा जी को साथ लेकर आगे की यात्रा करना बच्चे के स्वास्थ्य के साथ खिलवाड़ करना था। दूसरी ओर, बीमार बच्चे के साथ वहीं रुके रहने से सबके पकड़ लिए जाने का ख़तरा था।

बहिरजी की सलाह पर शिवाजी ने शम्भा जी को प्रयाग के एक तीर्थपुरोहित को चुपके–से सौंप दिया और ख़ुद बहिरजी के साथ जलमार्ग से काशी की ओर भाग निकले। दोनों फिर आगे भेष बदलते, बघेलखण्ड, बुन्देलखण्ड, मालवा और गोलकुण्डा होते हुए अक्टूबर 1666 में अपने रायगढ़ पहुँच गये। बाद में, शम्भा जी के भली–भाँति स्वस्थ होने पर उस तीर्थपुरोहित ने उन्हें सकुशल शिवाजी के पास पहुँचा दिया।

अपने इलाके में लौट कर शिवाजी ने ख़ुद को मजबूत स्थिति में लाने की भरपूर कोशिश की। खुफ़िया ख़बरों को जुटाने और उनका विश्लेषण कर शिवाजी को लगातार रणनीतिक सलाह देने का कार्य बहिरजी ने जारी रखा। परिणामस्वरूप, शिवाजी का भव्य राज्याभिषेक (6 जून, 1674) हुआ और 'हिन्दू पद पादशाही'[156] की स्थापना हुई।

शिवाजी की मृत्यु (1681) के पश्चात बहिरजी ने उनके बेटे शम्भा जी के लिए खुफ़िया और सुरक्षा सलाहकार का कार्य जारी रखा। कहते हैं कि साँगली जिले के भोपालगढ़ (बानूरगढ़) में एक खुफ़िया ऑपरेशन (1686) के दौरान उनका किसी आदिलशाही सैनिक से भिड़न्त हो गयी, जिसमे वह बुरी तरह घायल हो गये और बाद में उनकी मृत्यु हो गयी। उनकी समाधि भोपालगढ़ में अभी भी स्थित है।

मुझे मेरी नसीबन बुला रही है

– मुझे मेरी नसीबन बुला रही है।

– मेरी नसीबन का रो–रो कर बुरा हाल हो रहा होगा।

– मेरी नसीबन को कौन सम्भाल रहा होगा, स्लीमन साहब?

– मुझे मेरी नसीबन से मिलाओ।

ज़ार–बेज़ार रो रहा था सदरू। बीच–बीच में स्लीमन साहब के पाँव पकड़ के बिलखने लगता था। स्लीमन साहब उसे हैरत से देख रहे थे, लेकिन अपनी हैरानी जाहिर न होने दे रहे थे। उन्हें आश्चर्य हो रहा था कि जमादार[157] सदरुल हसन उर्फ़ सदरू मियाँ, जिसकी क्रूरता और काईयेंपन के चलते अब तक लगभग नौ सौ लोगों ने अपनी जान गंवा दी है, इतना नरम–दिल निकला।

स्लीमन साहब सोच रहे थे कि सदरूल की इस हालत का फायदा क्यों न उसकी ज़ुबान खुलवाने में किया जाये।

–अभी मैं चार सिपाहियों को भेज कर नसीबन को यहाँ बुलवा देता हूँ और तुमसे मिलवा देता हूँ। यही नहीं, उसके रहन–सहन का भी अच्छा इन्तज़ाम करा दूँगा, लेकिन मेरी कुछ शर्तें हैं।

"आपकी सारी शर्तें मन्जूर हैं, हुजूर।" सदरू ने स्लीमन के पाँव पकड़ लिए।

"तुम्हें अपनी कहानी सही–सही बतानी होगी।"

"मन्जूर है हुजूर।"

"अपने साथियों की पहचान बतानी होगी।"

"जी, हुज़ूर।" सदरू का स्वर धीमा पड़ गया।

"तुम्हें सरकारी गवाह बनना होगा।"

"अपने साथियों के खिलाफ?" सदरू ने पहली बार सवाल किया – स्वर एकदम बुझा हुआ। उसके चेहरे पर परेशानी उभर आयी।

"हाँ!" स्लीमन का स्वर संक्षिप्त और रुखा था।

सदरू चुप। माहौल में घनी चुप्पी छा गयी। उसे तोड़ा स्लीमन ने।

"सोच लो।"

कुछ देर चुप रहने के बाद सदरू धीरे से बोला, "तैयार हूँ हुजूर।"

●●

होशंगाबाद शहर की एक सराय के चक्कर काट रहा है सदरू। आज सोथा[158] का काम वह ख़ुद कर रहा है। सराय के भटियारे से उसने बात की ठहरने की जगह के बहाने – कि वह राहगीरों के एक दल का मुखिया है, जिन्हें ठहरने की जगह की ज़रूरत है। भटियारे ने अपना रोना रोया की सारी जगह भरी हुई है। इसी दौरान सदरू ने खुफ़िया तरीके से कुछ काम की बातें भी पता कर ली। उसने मालूम कर लिया कि इन्दौर का एक बहुत धनी बनिया, जो व्यापार के सिलसिले में जबलपुर जा रहा है, बीवी, पाँच साल की बच्ची और बीस अंगरक्षकों के साथ सराय में ठहरा हुआ है। सदरू को अनुमान लगाते देर न लगी कि सेठ के पास काफी माल होगा – नकदी और सोना।

बच्ची सराय के एक कमरे की खिड़की पर खड़ी बाहर का दृश्य देख रही है। साथ ही, खिड़की से बाहर हाथ निकाल कर वह एक फिरहिरी नचा रही है। बाहर तेज़ चलती हवा में फिरहिरी ख़ूब नाच रही है। गली के कुछ बच्चे खिड़की के नीचे इकट्ठे हो गये हैं और फिरहिरी का नाचना ललचाई निगाहों से देख रहे हैं। सराय से गुजरने वाली सड़क के उस पार बिसातबाने की दुकान पर ऐसी ही फिरहिरी बिकती है। गरीबी के चलते फिरहिरी न खरीद पाने का

दुःख और उस बच्ची से ईर्ष्या उन बच्चों के चेहरों पर साफ़ झलक रही है।

बच्ची का बाप अपने व्यापर के सिलसिले में किसी काम से शहर में गया है, जबकि माँ दोपहर में अपने कमरे में आराम कर रही है। उसने बच्ची को ताक़ीद कर रखी है कि वह कमरे में ही खेले और सराय से बाहर न निकले।

खेलते–खेलते फिरहिरी बच्ची के हाथ से अचानक छूट कर बाहर गिर गयी। अपनी फिरहिरी उठा लाने के लिए बच्ची भागकर सराय के बाहर पहुँची, किन्तु फिरहिरी बच्चों के हाथ लग गयी। बच्ची ने अपनी फिरहिरी वापस माँगी, तो सबसे बड़े और दबंग बच्चे ने जिसके हाथ में फिराहरी थी, बच्ची को गाली दी और फिरहिरी देने से इन्कार कर दिया। बच्ची ने अपनी फिरहिरी छीनने की कोशिश की तो छीना–झपटी में फिरहिरी फट गयी। यही नहीं, बच्चों में लड़ाई भी शुरू हो गयी, जिसमें वह दबंग बच्चा और उसके साथी बच्ची को बुरी तरह पीटने लगे।

इस वाकये को सदरू दूर से देख लिया और दौड़ कर वहाँ पहुँचा। उसने झगड़ालू बच्चों को खदेड़ कर दूर भगाया और घायल, रोती हुई बच्ची को गोद में उठा लिया। सामने के बिसातबाने की दुकान से उसने बच्ची को नयी फिरहिरी दिला दी और उसे सराय के भीतर वापस ले गया। बच्ची रोती हुई अपनी माँ के कमरे में पहुँची और सारी बात बतायी। बच्ची की माँ ने सदरू के प्रति बहुत आभार जताया और आग्रह किया कि वे शाम को पुनः आयें जब बच्ची के पिता वापस आ जायें।

शाम को सदरू अपने एक और साथी के साथ सराय पहुँचा तो बच्ची के पिता ने उसके प्रति बहुत आभार जताया और पुरस्कार के रूप में कुछ धन देना चाहा। सदरू ने बड़ी विनम्रता और स्वाभिमान से पुरस्कार अस्वीकार करते हुए बताया कि वह कम्पनी[159] बहादुर की फ़ौज में हवलदार है और अपने साथियों के साथ जबलपुर जा रहा है, जहाँ उन सबका तबादला हुआ है। सदरू के बात–व्यवहार

से सेठ बहुत प्रभावित हुआ और खुशी जताई कि यात्रा के लिए उसे बहुत अच्छे साथी मिल गये।

सदरू सेठ से बहुत देर तक बातें करता रहा। इस दौरान वह बच्ची के प्रति अपना स्नेह भी जताता रहा। सदरू के स्नेह से सेठानी बहुत प्रभावित हुई और उसे अपने बड़े भाई जैसा मानने लगी। माँ के इशारे पर बच्ची सदरू को मामा पुकारने लगी। बच्ची सदरू को पहले से ही पसन्द करने लगी थी।

अपने गिरोह में लौट कर सदरू ने अपने गुनी[160] साथी से अभियान के लिए मुहूर्त निकलवाया और शकुन–अपशकुन का विचार कराया। मुहूर्त अगले दिन सुबह का निकला और सारे शकुन अनुकूल पाये गये। इस गुप्त विचार–विमर्श के बाद सदरू सेठ के पास गया और अगले दिन की यात्रा का कार्यक्रम तय कर लिया।

अगले दिन सुबह–सुबह जबलपुर के लिए सम्मिलित यात्रा शुरू हुई। सेठ के जत्थे में सेठानी और बच्ची एक डोली में थे, जिसे चार कहार उठा कर चल रहे थे। सेठ ख़ुद घोड़े पर चल रहा था। उसका माल–असबाब दो अन्य घोड़ों पर था, जिसे सम्भाले एक सईस चल रहा था। इसके अलावा, सेठ के जत्थे में बीस हथियारबन्द घुड़सवार जवान थे जो जत्थे की हिफ़ाज़त के लिए थे। सदरू के जत्थे में ख़ुद उसके अलावा बीस हथियारबंद घुड़सवार थे, जो उसके मातहत फौज़ी जवान बताये गये।

यह काफिला दोपहर तक साथ चला। सदरू ने सेठ को बड़ी आत्मीयता से समझाया कि ठगों और डकैतों से प्रभावित क्षेत्र पहले ही बीत चुका है और अब आगे बहुत शान्त और सुरक्षित इलाका है। साथ ही, ख़ुद उसके पास बीस हथियारबन्द घुड़सवार साथियों की ताक़त है जो पूरे जत्थे की हिफाजत के लिए काफी है। ऐसी हालत में अलग से बीस लोगों को साथ ले चलने के लिए सेठ क्यों पैसा बर्बाद कर रहा है? बात सेठ को जँच गयी। सेठानी ने भी हामी भरी कि पैसे बचाना ज़रूरी है। साथ चल रहे घुड़सवारों ने जब यह बात सुनी तो उन्होंने भी जोर देकर कहा कि उन्हें छोड़ दिया जाये तो वे

अपने घर जल्दी लौट जायेंगे। सेठ के साथ और आगे चलने को वे सब अनिच्छुक थे। नतीजा यह हुआ कि सेठ के बीसों सुरक्षा–प्रहरी कार्य–मुक्त होकर वापस लौट गये।

बच्ची का मन सदरू से बहुत लग गया था। वह उसे लगातार मामा–मामा कहती थी और ज़्यादातर समय उसी के साथ रहती थी। रास्ते के दृश्यों को देखने के लिए बहुत इच्छुक रहने के कारण वह बन्द डोली में अपनी अम्मा के साथ यात्रा करने के बजाय सदरू की गोद में बैठ कर घोड़े पर चलना ज़्यादा पसन्द कर रही थी।

सुरक्षा कारणों का हवाला देकर सदरू ने अपने पाँच सैनिकों को अग्रिम दल के रूप में आगे रवाना कर दिया और पाँच सैनिकों के एक दल को पीछे कुछ दूर छोड़ दिया ताकि पीछा करने वाले किसी खतरे से वे लोग निपट सकें। गिरोह के सभी सदस्यों का कार्य और जिम्मेदारी इशारों–इशारों में तय हो गयी।

बाकी बचा जत्था आराम से चला जा रहा था। अचानक, सदरू को सियार की आवाज़ें सुनायी दीं। सदरू इशारा समझ गया कि वारदात की जगह जल्दी ही आने वाली है।

थोड़ी ही दूर जाने पर जत्थे को साफ़ पानी का बहता एक नाला मिला, जहाँ सदरू के कहने पर हाथ–मुँह धोने, पानी पीने और आराम करने के लिए सब रुक गये। वहीं, अग्रिम दस्ते के पाँचों सैनिक भी रुके हुए थे। उन्हीं में से एक ने एक विचित्र बोली[161] में सदरू को सूचित किया कि बेल्हे[162] ने थोड़ी दूरी पर कब्र तैयार कर रखी है। पीछे से आने वाले पाँचों सैनिकों में से एक ने उसी बोली में सूचित किया कि यात्रियों का कोई अन्य दल नहीं आ रहा है और मैदान साफ़ है।

सदरू के साथियों में से एक उनकी उसी विचित्र बोली में सदरू से देर तक बहस करता रहा। सदरू का कहना था कि ठगी के नियमों[163] के अनुसार स्त्री और बच्चों को नहीं मारा जा सकता है। सिर्फ़ पुरुषों को ही मारा जा सकता है वह भी बिना खून बहाये। उनकी मान्यता थी कि जिन्हें वे मार कर लूटते हैं वे भवानी[164] के शत्रु हैं

और उनका रक्त ज़मीन पर गिरने (रक्तबीज) से शत्रु की शक्ति में वृद्धि होती है। सदरू का साथी बहस कर रहा था कि हम ठग हैं। हम एकदम खुफ़िया तरीके से अपना कारोबार करते हैं। जिस बनिज[165] को मारने का इरादा बन गया उसे मरना ही है चाहे वह स्त्री हो या बच्चा। अगर हमारे हाथ आया कोई शिकार जिन्दा बच निकलता है तो वह हमारी जान के लिए बड़ा ख़तरा है। हाँ! किसी शिकार स्त्री के साथ बदफेली[166] करना हमारे उसूलों के ख़िलाफ़ है।

बच्ची सदरू की गोद में सो रही थी। काम निपटाने की जिम्मेदारी दूसरे साथियों पर छोड़कर बच्ची को गोद में लिए सदरू नाले के किनारे किनारे कुछ दूर निकल गया। उसके साथियों को उसके व्यवहार पर बहुत आश्चर्य हो रहा था। अब तक के सारे अभियानों में जमादार ने स्वयं सक्रिय रह कर नेतृत्व किया था। आज उसे क्या हो गया है? इस छोटी बच्ची ने उस पर क्या जादू कर दिया है! इस तरह के माया–मोह में फँसना तो हम ठगों के लिए वाज़िब नहीं है।

अचानक किसी ने 'हरिराम' को पुकारा। यह नाम कोड वर्ड के तौर पर इस्तेमाल होना तय हुआ था, जिसका तात्पर्य था कि वारदात के लिए तैयार हो जाओ। सात भटोत[167] चुपके से आगे बढ़े और हर बनिज के पीछे एक–एक जा खड़ा हुआ। बनिज कुछ शक करता, सोच–विचार करता या पूछताछ करता इसके पहले ही आवाज़ आयी "हुक्का लाओ रे।" इशारा साफ़ था। झिरनी[168] देने का वक़्त आ गया। हर भटोत फुर्ती से अपने–अपने बनिज के गलों में रुमाल फँसा कर कसना शुरू कर दिया। किसी बनिज की गर्दन की हड्डी टूट गयी और साँस रुकते–रुकते गर्दन एक तरफ लटक गयी। किसी की दम फूलने से जीभ बाहर लटक गयी और दम निकल गया। किसी का दम घुटने से आँखें ऐसी फटी की फटी रह गयीं कि लगा कि मरने के बाद भी वह घूर रहा है। किसी–किसी में फँदे से बच निकलने की छटपटाहट ज़्यादा थी। ऐसे बनिजों के हाथ–पैर भटोत के दोनों सहयोगी कस कर पकड़ लेते थे और प्राण निकलने बाद ही छोड़ते थे।

इस तरह सेठ, सेठानी, साईस और चारों कहारों का काम तमाम हो गया।

सभी सातों लाशों के कपड़े–लत्ते–गहने सब फुर्ती से उतार लिए गये। दोनों खच्चरों पर लदे चाँदी के सिक्के और उनमें बीच–बीच में छुपा कर रखे गये सोने की सिल्लियाँ कब्ज़े में ली गयीं। कुछ लोग लूट के इन सामानों को सहेजने और सम्भालने में लग गये।

बिना देर किये सात लुघई[169] आगे बढ़े और बारी–बारी से लाशों को उठा–उठा कर पहले से खोदी गयी कब्रों में डाल दिया। एक का सिर तो दूसरे का पैर एक ही तरफ करके एक ही गड्ढे में सब दफ़न कर दिये गये। ऊपर से मिटटी से अच्छी तरह ढँकने के बाद कब्र पर घास कुछ इस चालाकी से बिछा दी गयी कि एकबारगी देखने पर वहाँ कब्र होने का आभास न हो।

अब बारी आयी नाचने–गाने और तपौनी[170] का गुड़ खाने की। यह कर्मकाण्ड अभियान का अनिवार्य अंग था। इसके द्वारा अभियान के सफलतापूर्वक सम्पन्न होने की खुशी मनायी जाती थी तथा भवानी के प्रति आभार, भक्ति और आस्था प्रदर्शित की जाती थी। इस मौके पर जमादार का होना ज़रूरी था।

शुक्र था कि तब तक सदरू आ पहुँचा। बच्ची अभी भी उसकी गोद में ही थी – अलबत्ता अब जगी हुई थी। अब वह इधर–उधर चकित होकर देख रही थी। उसकी आँखें अपनी अम्मा और बाबा को खोज रही थी। सारे ठग कब्र पर बैठ कर कव्वाली गाने और थाली बजाने लगे। इसके बाद वहीं सभी ने तपौनी का गुड़ खाया और सेठ का माल–मत्ता आपस में बाँट लिया गया। सबके हिस्से अच्छी रकम और सोना आया। बच्ची की निगाहें अपनी अम्मा और बाबा को ढूँढ़ती रहीं।

इस पूरे वाकये से सदरू गमगीन हो गया। ऐसा पहले कभी न होता था। उसके पेशे में इस तरह की संवेदनशीलता के लिए जगह न थी। उसका मन उखड़ गया। उसने अब अभियान को यहीं रोक देने का निर्णय लिया। इस बार जो कुछ भी हिस्से आया था सबको उसी में सन्तोष करना होगा।

बच्ची को लेकर सदरू घर लौट आया।

बच्ची को देख कर सदरू की बीवी बड़ी खुश हुई। उसका अपना कोई बच्चा न था। उसने बच्ची को अपनी बच्ची बना लिया। बच्ची भी धीरे–धीरे अपनी अम्मा और बाबा को भूलने लगी, लेकिन, जल्दी ही एक दूसरी मुसीबत आ पड़ी। एक दिन सुबह–सुबह सदरू की बीवी की छाती में जोरों का दर्द उठा और वह छटपटा कर थोड़ी ही देर में चल बसी।

अब सदरू को ही बच्ची की अम्मा और बाबा दोनों बनना पड़ा। अब वह उसे अब्बा बुलाती थी। सदरू ने उसका नया नाम रखा – नसीबन। उसका मानना था कि बच्ची उसे उसके नसीब से मिली थी। अब वह नसीबन की मोहब्बत में ही मुब्तिला था। उसी की परवरिश, उसी की देखभाल, उसी की इच्छा–अनिच्छा में उसने अपने को पूरी तरह झोंक दिया। धीरे–धीरे वह दीन–दुनिया से दूर होता गया। ठगी के अपने धन्धे की भी उसे परवाह न रही।

सदरू के साथी ठग बीच–बीच में आकर उसे टोकते थे। वे उसे जिताई[171] पर चलने को उत्तेजित करते थे, लेकिन, सदरू टस से मस न होता था। अक्सर कोई न कोई ठग आकर उसे उलाहना देता रहता था – सदरू मियाँ, आप हमारे जमादार हो, हमारे सरदार हो। आप जिताई पर नहीं चलोगे, तो कैसे काम चलेगा? हम तो भूखों मर जायेंगे। हमारा गिरोह टूट जायेगा।

सदरू के लिए मुसीबत यह थी कि वह नसीबन को किसके पास छोड़ता। न वह ख़ुद नसीबन बिना रह सकता और न नसीबन उसके बिना। ऐसे में वह उसे किसके पास छोड़ता? इधर, साथियों का दबाव बढ़ता जा रहा था। अन्ततः सदरू ने एक विश्वस्त बूढ़ी महिला को खोज निकाला और उसे नसीबन के लिए आया के रूप में लगा लिया। नसीबन को आया के पास छोड़ते हुए उसने नसीबन और आया दोनों से वादा किया कि अपना काम पूरा कर वह जल्द ही वापस लौटेगा।

जिताई पर जाने की तैयारी शुरू हुई।

जिताई पर जाने से पहले भवानी की विधिपूर्वक पूजा हुई। भवानी ठगों की अधिष्ठात्री देवी थीं। ठग उन्हें अपनी संरक्षिका मानते थे। भक्ति से वे उन्हें विभिन्न नामों से बुलाते थे – मसलन, काली, दुर्गा, देवी, वगैरह। भवानी के बारे में तरह–तरह की कथाएँ ठगों में प्रचलित थीं। कथाएँ बेशक हिन्दू देवी दुर्गा की पौराणिक कहानियों से मिलती–जुलती थीं, लेकिन मुसलमान ठग भी उनके उतने ही भक्त थे जितने हिन्दू ठग। भवानी की पूजा का विधान भी हिन्दू शैली वाला था, लेकिन उसमे मुसलमान ठग भी गहरी श्रद्धा रखते थे।

उस दिन की पूजा में ठगों में से ही एक ने परम्परागत रूप से पुरोहित (गुनी) का कार्य किया। उसने अपने टूटे–फूटे अन्दाज में मन्त्र पढ़ा। फूल–पत्ते और मिठाइयाँ चढ़ायी गयीं। इसके बाद हिन्दू–मुस्लमान सभी भक्तों ने जयकारा लगाया – भवानी माई की जय, काली माई की जय, देवी माई की जय।

इसके बाद रुमाल की पूजा शुरू हुई। ठगों का मानना था कि जो गमछा, जिसे वे रुमाल कहते थे, मूलतः भवानी की धज्जा (ध्वजा) थी। अपने भक्त को उसे सौंपते हुए भवानी ने आदेश दिया था कि दुष्टों के दलन के लिए यही ध्वजा तुम्हारे काम आएगी। उसी ध्वजा का प्रतीक अपने रुमाल को, भवानी के आदेशानुसार, ठग गला फाँस कर दुष्टों को मारने लगे। सारे ठग – चाहे किसी मज़हब के हों – स्वयं को उसी भक्त की सन्तान मानते थे।

रूमाल की पूजा के दौरान पुरोहित का कार्य करने वाले ठग के पास सभी ठग, जो नहा–धो कर एक गोलाई में बैठे हुए थे, बारी–बारी से अपनी साफ़–सुथरी धुली हुई रुमाल लेकर गये। पुरोहित ने उन्हें तीन बर्तनों में रखे शर्बत में बारी–बारी से डुबो कर पवित्र किया। पहले बर्तन में गुड़ का शरबत, दूसरे बर्तन में दही का शरबत और तीसरे बर्तन में शराब का शरबत क्रम से रखा हुआ था। इसी प्रकार, हर ठग ने एक चाँदी का सिक्का प्रस्तुत किया, जो तीनों शर्बतों से गुजार कर पवित्र किया गया। फिर हर सिक्के पर सिन्दूर से सात बार टीके लगा कर सम्बन्धित ठग के रूमाल में बाँध कर भवानी माँ के चरणों में चढ़ाया गया।

इसी प्रकार, कब्र खोदने वाली कुदाली, जिसे ठग लोग कस्सी कहते थे, की भी पूजा हुई। कुदाली को बारी–बारी से तीनों शरबतों से धोकर उस पर सिन्दूर से सात बार टीके लगाये गये और फिर उस कुदाल से एक नारियल फोड़ कर उसे भवानी माँ के चरणों में चढ़ा दिया गया।

ठगों का विश्वास था कि पूजित और पवित्र किये गये रुमाल, सिक्के और कुदाल में देवी की शक्ति आ जाती थी, और हत्या में इन हथियारों का प्रयोग करने से पाप नहीं लगता था क्योंकि उसमें देवी की अनुमति निहित होती है।

पुरोहित ने शुभ मुहूर्त निकाला और शकुन–अपशकुन का विचार किया और जिताई अभियान की तिथि निर्धारित की। यह तिथि सात दिन बाद की निकली। अगले सात दिनों तक ठगों ने विभिन्न प्रकार के निषेधों का पालन किया, जो मुख्यतः उनकी पवित्रता के विधान से सम्बन्धित थे। उन निषेधों का पालन ठगों के परिवारों ने भी किया। इस प्रकार यह सुनिश्चित किया गया कि अभियान पर जाने से पहले ठग हर तरह से – शारीरिक और मानसिक रूप से – पवित्रता अर्जित करके भवानी के कार्य को सम्पन्न करने के काबिल बन जाये। सात दिनों तक निषेधों का पालन करने को वे साता कहते थे और उस दौरान निषिद्ध कार्यों या निषेधों को ईटब कहते थे।

इन अजीबो–गरीब कर्मकाण्डों को करने के बाद ठगों का दल जिताई के लिए निकल पड़ा, लेकिन, इस बार ठगों के जमादार – सदरुल हसन के मन में पहले की तरह उत्साह न था। अब तक उसने बीसियों सफल अभियानों का बड़ी कुशलता से नेतृत्व किया था। और अपने हाथों कम से कम पाँच सौ लोगों को मौत के घाट उतारा था लेकिन, इस बार उसका मन विचलित था। वह अपने मन से नसीबन का ख़्याल निकाल नहीं पा रहा था। इस बार उसकी कोशिश थी कि जल्दी–जल्दी दो–तीन अभियान को अन्जाम देकर नसीबन के पास वापस लौट आये।

सदरू का गिरोह नर्मदा नदी घाटी में चक्कर काट रहा था, लेकिन ऐसी कोई ख़ास पार्टी अभी तक नहीं मिली थी जिसका काम तमाम कर धन लूटा जा सके। कई दिन से बेकार घूमते–घूमते गिरोह के लोग नरसिंहपुर में जा टिके। वहीं नरसिंहपुर में ही सदरू को एक काम की ख़बर मिली।

सदरू को पता चला कि भोपाल की शासिका कुदसिया बेगम को कुछ धन ईस्ट इंडिया कम्पनी को जबलपुर में भुगतान करना है। वह धन लेकर एक रोकड़िया कोई बीस सिपाहियों के एक दस्ते की सुरक्षा में भोपाल से जबलपुर जा रहा था। रास्ते में, वह दस्ता नरसिंहपुर में रुका हुआ था विश्राम के लिए। इस ख़बर का उपयोग करते हुए सदरू बहाने बना कर रोकड़िया से मिलने जा पहुँचा। वहाँ उसने बड़ी बातें बनायी और रोकड़िये से दोस्ती गाँठने की कोशिशें कीं। रोकड़िया बड़ा चतुर था। सदरू की सारी कला और कोशिशों के बावजूद रोकड़िया उसके चँगुल में नहीं फँसा। यही नहीं, रोकड़िये ने सिपाहियों के कमाण्डर को भी सख़्त हिदायत दे रखी थी कि सिपाहियों को आगाह कर दिया जाये कि रास्ते में वे किसी भी अजनबी से कोई ताल्लुक न रखें। लिहाज़ा, सदरू की सारी कोशिशें बेकार गयीं।

सदरू आसानी से हार मानने वाला इन्सान न था। उसने अब रोकड़िये की ओर से ध्यान हटाकर किसी मामूली सिपाही को पटाने की ओर ध्यान केन्द्रित किया। दो दिनों के निरन्तर प्रयासों के बाद आख़िर वह भोलाराम नाम के एक सिपाही का विश्वास जीतने में सफल हो गया। भोलाराम ने उसे काम की कई बातें बतायीं।

नरसिंहपुर से जबलपुर के रास्ते में पड़ने वाले भेड़ाघाट से कोई पाँच कोस पहले सड़क पर ग्रामीण हिन्दुओं का एक झुण्ड मुसीबतजदा–सा बैठा था। सड़क पर ही उन्होंने एक व्यक्ति को लेटा रखा था और उसके इर्द–गिर्द परेशान खड़े थे। दो–एक लोग उस बीमार–से लगने वाले लेटे हुए व्यक्ति की तीमारदारी में लगे थे और दूसरे दो लोग उसे जड़ी–बूटी की दवा देने में लगे थे।

इसी बीच कोई बीस घुड़सवारों का एक सैनिक दस्ता, जो जबलपुर की ओर जा रहा था, वहाँ आ पहुँचा। इसके पहले कि सैनिकों का दस्ता उन ग्रामीणों के बारे में कुछ पूछताछ करता एक बहुत बूढ़ा–सा मरियल–सा दिखने वाला ग्रामीण आगे बढ़ कर सैनिकों के कमाण्डर के घोड़े के आगे जाकर ज़मीन पर बैठ गया और धरती पर अपना सिर टिकाते हुए मदद की गुहार लगायी।

"कौन हो तुम लोग?"

"हुजुर, हम नरसिंहपुर के निकट रमसेरी गाँव के रहने वाले गरीब किसान हैं।"

"तुम लोग यहाँ क्या कर रहे हो?"

"हम लोग भेड़ाघाट के चौसट्ठी माई के दर्शन–पूजन के लिए जा रहे थे।

"फिर?"

"फिर मेरा बेटा यहाँ बीमार पड़ गया। उसे पता नहीं क्या हो गया है? हमारी जड़ी–बूटियाँ भी काम नहीं आ रही हैं," कह कर बूढा ज़ोर–ज़ोर से रोने और हुज़ूर से मदद की दुहाई देने लगा।

इसी बीच, बाकी के ग्रामीण घुड़सवारों की ओर बढ़े। प्रकट में तो वे याचना करते प्रतीत हो रहे थे, किन्तु कमाण्डर को उनके हाव–भाव सन्देहास्पद लगे। उसने सुन रखा था कि ऐसे ही दीन–हीन दिखने वाले लोग कई बार ठग निकलते थे और घुड़सवारों की भी हत्या कर देते थे। उन्हें किसी ने बताया था कि किसी घुड़सवार को वश में करने के लिए तीन ठग उस पर एक साथ हमला करते हैं। एक घोड़े की लगाम कुछ इस तरह पकड़ लेता है कि घोड़ा हिल नहीं सकता। दूसरा ठग घुड़सवार की कमर में हाथ डाल कर उसे नीचे खींच लेता है और तीसरा ठग घोड़े से गिर रहे सवार के गले में फुर्ती से अपना रुमाल कस कर उसका काम तमाम कर देता है। जेहन में यह ख्याल आते ही कमाण्डर के तन–मन में भय की झुरझुरी सी उठने लगी।

यह उन दिनों की बात है जब स्लीमन नये–नये बने ठगी और डकैती उन्मूलन विभाग के कमिश्नर बनाये गये थे और जबलपुर में

मुख्यालय बना कर ठगी उन्मूलन के काम में ज़ोर–शोर से लगे हुए थे। जरा और पीछे जायें तो बात कुछ ज़्यादा साफ़ होगी।

कर्नल स्लीमन नरसिंहपुर के जिलाधिकारी थे। बीच–बीच में वे सरकारी काम से जबलपुर कमिश्नरी कार्यालय आते रहते थे। एक बार स्लीमन ने गौर किया कि कमिश्नरी कार्यालय के पास ही ग्रामीणों का एक दल दो दिनों से ठहरा हुआ था। मैली–कुचैली वेशभूषा वाले उन ग्रामीणों को शक के आधार पर रोका गया था। उनके ख़िलाफ़ अन्ततः कुछ न मिलने पर उन्हें छोड़ देने के लिए कमिश्नर की मन्जूरी बस मिलने ही वाली थी कि स्लीमन का ध्यान उनकी ओर गया। स्लीमन ने देखा कि सरकारी वर्दी में एक अर्दली उन ग्रामीणों में से एक से कुछ बात कर रहा है। अर्दली कल्याण सिंह स्लीमन साहब को अपनी ओर गौर से देखते हुए देख कर घबरा गया। वह हड़बड़ी में दौड़ता हुआ जाकर स्लीमन के पैरों में गिर पड़ा और रो–रोकर बताया, "हुजुर, आपने ही मुझे नरसिंहपुर में नौकरी पर लगाया था। अब मैं पहले जैसा नहीं हूँ। मैं सुधर गया हूँ।"

स्लीमन को अर्दली का पूर्व–चरित्र याद न आ रहा था, फिर भी उन्होंने अँधेरे में तीर छोड़ते हुए उसे धमकाया, "तुम सुधरे नहीं हो और अभी भी वैसी ही हरकतें कर रहे हो।" अर्दली कल्याण सिंह गिड़गिड़ाने लगा तो स्लीमन का शक और बढ़ा।

इस बीच ग्रामीणों का वह दल अपनी यात्रा पर आगे निकल चुका था। स्लीमन ने ग्रामीणों के उस दल को पता करके जबलपुर के पास माढ़ोताल के पास से पकड़वाया और ज़बरदस्त पूछताछ की। पता चला कि वह ग्रामीणों का दल नहीं, बल्कि ठगों का गिरोह था और गिरोह का जमादार दुर्गा सिंह अर्दली कल्याण सिंह का भाई था। दुर्गा सिंह को फाँसी पर चढ़ाये जाने की धमकी दी गयी तो उसने कुबूल किया कि उसका गिरोह सिवनी के रास्ते नागपुर से आ रहा है और लखनादौन के पास पाँच लोगों की हत्या करके उनका धन लूट लिया है। स्लीमन तुरन्त पुलिस–दल के साथ रवाना हुए और दुर्गा सिंह

की निशानदेही पर कब्र से लाशें निकलवा कर उन्हें कमिश्नर साहब की जानकारी के लिए पेश कर दिया।

दुर्गा सिंह और कल्याण सिंह को भय और लालच दिखा कर स्लीमन ने ठगों के बारे में बहुत–सी अन्दरूनी बातें पता कीं। ठगों की कार्य–प्रणाली जानने के साथ–साथ स्लीमन ने ठगों की बोली रमासी भी सीख ली। इन जानकारियों का उपयोग करते हुए स्लीमन ने ठगों के विरुद्ध ज़बरदस्त अभियान चलाया।

स्लीमन ने ठगी–उन्मूलन को ही अब अपना मिशन बना लिया था। उनके निर्देशन में ठगों को कटनी की तरफ़ से घेरना शुरू किया गया। डरकर ठग नर्मदा घाटी में भीतर की ओर भगे और फ़तहपुर, शोभापुर, मकड़ाई रियासतों में जाकर सक्रिय हो गये। स्लीमेन के निर्देशन में एक दूसरे पुलिस दल ने ठगों को होशंगाबाद से घेरना शुरू किया। जबलपुर को ठगी उन्मूलन का केन्द्र बनाकर ठगों को जबलपुर और सोहागपुर के बीच पकड़ लिया गया। इन कार्रवाइयों में बड़ी संख्या में ठग पकड़े गये। उनमें प्रमुख थे बहराम, अमीर अली और फिरंगिया, जो अलग–अलग ठग गिरोहों के जमादार थे।

सब पकड़े गये, लेकिन सदरुल हसन का गिरोह अभी भी फरार और सक्रिय था। वह गिरोह स्लीमन साहब की ठीक नाक के नीचे वारदात कर देता और वह उसे पकड़ न पाते। स्लीमन ने महसूस किया कि सदरू के बार–बार नया भेष बना लेने और बदल–बदल कर कार्य–प्रणाली अपनाने के कारण वह अभी तक उस पर हाथ डाल पाने में सफल नहीं हुए थे। अन्ततः बहुत सोच–समझ कर उन्होंने सदरू और उसके गिरोह के ख़िलाफ़ गुप्तचर अभियान चलाने की योजना बनायी।

नरसिंह पुर से रोकड़िये के साथ जो फौज़ी दस्ता चला था, वह वास्तव में एक छल था। वह फौज़ियों का नहीं, जासूसों का दल था जो फौज़ियों के भेष में छुपे हुए थे। रोकड़िया और कमाण्डर ने सदरू के साथ जो व्यवहार किया था, वह सहज व्यवहार नहीं था, बल्कि रणनीति का हिस्सा था जिसे सदरू समझ नहीं पाया।

सदरू यह भी नहीं समझ पाया था कि सिपाही भोलाराम कोई मामूली शख़्स नहीं था। वह एक छँटा हुआ जासूस था। उसने सदरू की असलियत भाँप ली थी। फिर भी, ऊपर–ऊपर वह एकदम अनजान बना रहा और जान–बूझकर सदरू से दोस्ती बढ़ायी थी।

जासूसों के उस दस्ते को पीछे दूर से असली फौज़ियों की एक भारी टुकड़ी कवर दे रही थी। भेड़ाघाट से पाँच कोस पहले ठगों का गिरोह जब वारदात करने ही वाला था असली फ़ौजियों का दस्ता वहाँ जा पहुँचा और घेर कर सदरू सहित गिरोह के सारे ठगों को गिरफ़्तार कर लिया।

स्लीमन साहब ने अपना वादा निभाया। नसीबन को न केवल बुलवा कर सदरू से मिलवाया, बल्कि उसकी परवरिश और शिक्षा–दीक्षा का भी प्रबन्ध किया। यही नहीं, अन्य ठगों के असहाय परिवारों और बच्चों के पुनर्वास का भी प्रबन्ध स्लीमन ने किया। स्लीमन द्वारा जबलपुर में खोला गया रेफोर्मेटरी स्कूल और दरीखाना आज भी इस बात के सबूत हैं।

ठगिनी नैना क्यों झमकावै

साल 1917 की बात है। अक्टूबर महीने की 15वीं तारीख़ की अल–सुबह जब पेरिस शहर अभी अलसियाया हुआ सोया ही था, एक बख़्तरबन्द गाड़ी ला सोंते जेल से शहर के बाहर बसे वनसेन नाम की एक बस्ती की ओर बड़ी तेज़ी से दौड़ी जा रही थी। गन्तव्य पर पहुँचते ही गाड़ी से एक पादरी, दो नन, एक वकील और कुछ अन्य लोग उतरे। अन्त में उतरी गहरा नीला ओवरकोट पहने और सिर पर हैट लगाये 41–वर्षीय एक ख़ूबसूरत महिला।

बारह फ्रांसीसी सैनिकों का एक दस्ता अपनी बन्दूकें सम्भाले बड़ी मुस्तैदी से पंक्तिबद्ध वहाँ खड़ा था। पंक्ति के एक छोर पर उनका अफ़सर हाथ में एक नंगी तलवार लिए तैनात था। सबके सब बड़े तनाव में दिख रहे थे।

महिला एकदम निर्भय और निर्विकार थी। दोनों ननें उसके अगल–बगल खड़ी थीं। वे अलबत्ता बड़ी बेचैन दिख रहीं थीं। पादरी उस महिला से बहुत आदर और आहिस्ते से कुछ कह रहा था। महिला का ध्यान उसकी बात पर न होकर जैसे कहीं और ही था।

इसी बीच, सैनिकों की पंक्ति से एक वरिष्ठ सैनिक उनके पास पहुँचा और एक नन को सफ़ेद कपड़े की एक पट्टी देते हुए बड़ी मुलायमियत से बोला, "मैडम की आँख पर बाँध दीजिये।"

"यह ज़रूरी है?" महिला ने दखल देते हुए धीरे से पूछा। यह पहली बार था जब महिला ने वहाँ अपना मुँह खोला था।

"आपकी मर्ज़ी," सहमे सैनिक ने हकलाते हुए कहा।

महिला ने फिर बोलने की ज़हमत न उठायी। हाथ के इशारे से मना कर दिया कि उसकी आँख पर पट्टी न बाँधी जाये। उसे अपनी बड़ी–बड़ी कजरारी आँखों की जादुई शक्ति में हमेशा विश्वास था। जाते–जाते वह अपनी आँखों का आकर्षण कम नहीं होने देना चाहती थी।

महिला के अदम्य साहस से सहमा सैनिक अपनी पंक्ति में चुपचाप लौट गया।

आगे–आगे पादरी, उसके पीछे वह महिला, महिला के अगल–बगल दोनों ननें और सबसे पीछे उस महिला का वकील चुपचाप कुछ ही दूरी पर गड़े एक खम्भे की ओर चले। घबराया हुआ पादरी शान्त दिखने की कोशिश कर रहा था, लेकिन ननों की घबराहट साफ़ दिख रही थी। महिला की चाल में गजब की गरिमा थी। वह सचमुच गजगामिनी थी। वह एकदम भावहीन थी। भावनाएँ यदि उमड़ती रही होंगी तो बड़ी चुपके से उस महिला के मन में जिसका कोई चिह्न उसके चेहरे पर परिलक्षित नहीं हो रहा था।

खम्भे के पास पहुँचने पर एक सैनिक ने आगे बढ़ कर जब उस महिला के दोनों हाथ खम्भे से बाँधने चाहे तो उसने उन्हें सिर हिला कर मना कर दिया। अब तक चुप चला रहा वकील महिला की इच्छा का सम्मान करने का संकेत करते हुए सैनिक को वहाँ से हट जाने का संकेत किया। पादरी ने बुदबुदाते हुए कुछ पाठ किया, महिला ने पादरी के समक्ष सिर झुकाया जिस पर वह अपना हाथ रख कर कुछ बुदबुदाता रहा और फिर क्रॉस बनाते हुए पीछे खिसकना शुरू किया। खम्भे के पास उस महिला को अकेला छोड़ कर सबके सब वापस अपने–अपने स्थान पर लौट गये।

अब अपने को नितान्त अकेला पाकर उस महिला की आँखों में करुणा और सम्मोहन के मिश्रित भाव उभर आये। इन आँखों से जब उसने वहाँ पंक्तिबद्ध सैनिकों को एकटक निहारना शुरू किया तो उन पर जैसे सम्मोहन पसर गया। महिला की नज़र जब सैनिकों के अफ़सर पर टिकी तो वह एकदम घबरा गया। उसके हाथ काँपने लगे।

उस अधिकारी की दयनीय स्थिति देख कर उस महिला ने विदाई अभिवादन के तौर पर अपना एक हाथ हिलाते हुए उसकी ओर एक फ्लाइंग किस उछाल दिया।

वह अधिकारी महिला के सम्मोहन में एक क्षण के लिए एकदम मुब्तिला हो गया, किन्तु अगले ही पल वह अपने कर्तव्य के प्रति सचेत हो गया। अब वह एक क्षण भी गँवाना नहीं चाहता था। वह समझ गया कि यदि वह अब चूका तो फिर महिला के सम्मोहन में गिरफ्त हो जायेगा। वह जोर से चिल्लाया, "निशाना"। उसके हाथ की तलवार हवा में तन गयी। उसके बारहों सैनिकों की बन्दूकें एक साथ उठकर उस महिला को निशाने पर ले लिया। घबराहट में अफ़सर फिर चिल्लाया "फायर" और इसके साथ ही उसने तेज़ी से तलवार नीचे लटका दी। बारहों बन्दूकें एक साथ गरजीं और महिला अपने घुटनों के बल लुढ़क गयी।

अफ़सर ने तलवार म्यान में रखी और एक सैनिक को साथ ले उस महिला की ओर लपका। महिला भूलुंठित हो चुकी थी, किन्तु उसका सिर आसमान की ओर तना हुआ था। जैसे उसने मृत्यु के सामने भी सिर झुकाने से इन्कार कर दिया हो। अफ़सर ने झुक कर उस महिला की हालात का जायज़ा लिया और यह जानते हुए भी कि वह महिला अब इस संसार से कूच कर गयी है उसने काँपते हुए हाथों से अपनी पिस्तौल का निशाना महिला के तने हुए सिर पर लेते हुए कई गोलियाँ दाग़ दीं।

उगता सूरज दूर आसमान से इस पूरी घटना को देख रहा था।

●●

उस महिला का नाम था माताहारी। माताहारी उसका असली नाम नहीं था। उसका असली नाम था मार्गरेटा गीरट्रइडा जेले। जन्म हुआ था 1876 में हॉलैण्ड में एक टोपियों के व्यवसायी के घर, जो बाद में तेल का व्यवसाय करके बड़ा धनी हो गया। लेकिन, अफ़सोस कि मार्गरेटा को 13 साल का होते–होते उसके बाप के तेल का

व्यवसाय चौपट हो गया और परिवार गरीबी की चपेट में आ गया। दो साल बाद माँ भी गुजर गयी। मजबूरन, मार्गरिटा को एक स्कूल में किन्डरगार्टन शिक्षिका बनने का प्रशिक्षण लेने के लिए जाना पड़ा। 16 साल की उम्र में वह उसी स्कूल में टीचर बन गयी, लेकिन स्कूल के हेडमास्टर के साथ नैन–मटक्का करने के आरोप में उसे स्कूल से निकाल दिया गया।

स्कूल से निकाले जाने के बाद मार्गरिटा हेग भेज दी गयी अपने एक रिश्तेदार के यहाँ। वहाँ वह थोड़े ही दिनों रही। उसका मन स्थिर नहीं था। मौजमस्ती की चाहत मार्गरिटा के मन में गहरी समायी हुई थी। इस चाहत के चलते उसमें दुनिया घूमने की ललक जाग उठी और वह वहाँ से भी भाग निकली।

घूमते–घामते मार्गरिटा जावा (वर्तमान इण्डोनेशिया का एक द्वीप) जा पहुँची, जिस पर उन दिनों डच लोगों का शासन था। बड़ी संख्या में डच रॉयल आर्मी इण्डोनेशिया में तैनात रहती थी, जिसकी भिड़न्त जनजातीय विद्रोहियों, ख़ासकर जावा वासियों, से होती रहती थी। जिस वक़्त मार्गरिटा जावा पहुँची वह अठारह साल की जवान, सुन्दर और आकर्षक युवती के रूप में विकसित हो चुकी थी।

एक दिन एक स्थानीय अख़बार में छपे विज्ञापन के जवाब में मार्गरिटा ने शादी का प्रस्ताव भेजा। विज्ञापन था डच रॉयल आर्मी के एक 39–वर्षीय कैप्टेन का, जिसका नाम था रुडोल्फ मैकलोयड। मामला पट गया और 18 साल की मार्गरिटा 39 साल के रुडोल्फ के साथ शादी के बन्धन में बँध गयी।

शादी के बन्धन में बँधने के बावजूद मार्गरिटा एक व्यक्ति में बँधी न रह सकी। सेना के युवा अधिकारियों संग वह चटक–मटक करती रहती। इस दौरान उसे दो बातों का एहसास होने लगा। पहली बात तो यह कि उसकी सुन्दरता और जवानी में गजब का जादू है और यह जादू लोगों के सिर चढ़ कर बोलता है। दूसरी बात यह कि वह इस जादू में अपार वृद्धि कर सकती है यदि वह नृत्यकला सीख कर लोगों को रिझाने में माहिर हो जाये। परिणामस्वरूप, वह स्थानीय जावा नृत्य सीखने लगी।

इधर, शुष्क और शक्की स्वाभाव के उसके पति को यह सब बिल्कुल नापसन्द था। वह उस पर कड़ी नज़र रखता। इन सब बातों से बेपरवाह मार्गरेटा देर रात तक युवा फौज़ी अफ़सरों के साथ मौज–मस्ती करती और दिन में नृत्य सीखने के नाम पर इधर–उधर आवारागर्दी करती। यह उसके पति रुडोल्फ के पौरुष को खुली चुनौती थी। यद्यपि इस बीच इस जोड़े को दो बच्चे भी हो गये – एक बेटा और एक बेटी, लेकिन मार्गरेटा के चाल–चलन में कोई बदलाव न आया।

रुडोल्फ पहले से ही पियक्कड़ था। मार्गरेटा से चिढ़ कर अब वह और पीने लगा। साथ ही, गुस्से में वह मार्गरेटा से मारपीट भी करता था। धीरे–धीरे यह रोज़ की बात हो गयी। हद तो तब हो गयी जब रोज़–रोज़ के किच–किच के बीच दो साल का बेटा एक दिन गुजर गया और छोटी बच्ची गम्भीर रूप से बीमार पड़ गयी। मार्गरेटा इस शादी से एकदम परेशान हो गयी। अन्ततः दोनों में तलाक हो गया।

तलाक मिलते ही मार्गरेटा भाग कर पेरिस पहुँची, जहाँ उसने वेश्यावृत्ति का धन्धा अपना लिया। अब वह 27 साल की प्रौढ़ युवती बन चुकी थी। जल्दी ही उसे पेरिस के नाईटक्लबों में नाचने का अवसर मिल गया। इस अवसर का मार्गरेटा ने भरपूर फ़ायदा उठाया। उसने अपना नाम बदल कर माताहारी कर लिया और अपने बारे में तरह–तरह की कहानियाँ फैलाईं।

माताहारी ने प्रचारित किया कि उसका जन्म एक हिन्दू राजपरिवार में हुआ था, लेकिन एक राजकुमारी के रूप में पालन–पोषण होने बजाय वह एक हिन्दू देवालय के पवित्र वातावरण में पली–बढ़ी। वहीं पर उसे मन्दिर की पुजारिनों ने प्राचीन भारतीय नृत्य–शैली में प्रशिक्षित किया। मन्दिर में एक बार एक गुप्त कर्मकाण्ड का आयोजन हो रहा था। इस आयोजन के दौरान देवों को प्रसन्न करने के लिए एक रहस्यात्मक शास्त्रीय नृत्य चल रहा था। इस कार्यक्रम में नवप्रशिक्षित किशोरी के एकल नृत्य की दिव्यता को देख कर प्रधान

पुजारी इतना अभिभूत हुआ कि वह थोड़ी देर के लिए समाधि में चला गया। समाधि टूटने पर पुजारी किशोरी नर्तकी की ओर आविष्ट–सा एकटक देखता रहा और अन्ततः उसके मुँह से निकला – माताहारी। मलय भाषा का यह शब्द ही उस किशोरी नर्तकी को नाम के रूप में दिया गया, जिसका शाब्दिक अर्थ होता है – दिन की आँख, अर्थात् सूर्य। बाद में इस शब्द की व्यंजना स्वर्णमयी आभा वाली दिव्यता के रूप में की गयी। कहते हैं कि वह प्रधान पुजारी एक सिद्ध पुरुष था और उसने अपनी दिव्यदृष्टि से माताहारी के भीतर छुपी दिव्यता को पहचान लिया था। इन कहानियों से माताहारी ने पूरे यूरोप में अपने बारे में एक रहस्यमय पवित्र आभामण्डल रच देने में ज़बरदस्त सफलता पायी।

असल में माताहारी ने जावा की स्थानीय नृत्य शैली थोड़ी–बहुत सीखी थी। उसने उसी में व्यापक संशोधन कर उसे अत्यन्त उत्तेजक बना दिया, और दावा किया कि वह नृत्यशैली पूर्व की अत्यन्त पवित्र और प्राचीन नृत्यविधा है, जिसे गुप्त धार्मिक कर्मकाण्डों के दौरान सम्पन्न (परफॉर्म) किया जाता है।

चमचमाते मणि–माणिक्यों से जड़ी टीआरा (किरीट) सिर पर धारण कर, मोतियों से बनी कन्चुकी (चोली) में अपने सुपुष्ट और सुडौल स्तनों को कसे और उत्तेजक ढंग से दोलायमान अपने प्रशस्त नितम्बों को सुनहरे किन्तु संक्षिप्त वस्त्र में लपेटे माताहारी जब अपनी साथी नर्तकियों के साथ मंच पर अवतरित होती थी तो लगता था जैसे वह कोई प्राचीन भारतीय स्वप्नसुन्दरी या स्वर्ग से उतरी कोई अप्सरा हो। प्राचीन भारतीय वाद्य–यन्त्रों की मादक और रहस्यमय ध्वनि के बीच वह सखियों संग विचित्र नृत्य करती थी। नृत्य करते–करते वह अपने कपड़े उतारती जाती थी और अन्ततः एक दम नंगी हो जाती थी। इन नृत्यों को वह भारत का प्राचीन तान्त्रिक नृत्य कहती थी और दावा करती थी कि उसका नृत्य अत्यन्त पवित्र है।

माताहारी के नृत्य कार्यक्रमों में सबसे मशहूर और आकर्षक था नटराज की मूर्ति के समक्ष नृत्य। नटराज के समक्ष सिर झुका कर

जब वह नाचना शुरू करती थी तो एक दिव्य दृश्य उत्पन्न हो जाता था। नृत्य शुरू करते समय जो दैवीय आभा माताहारी ओढ़े रहती थी, नृत्य ज्यों–ज्यों आगे बढ़ता उसे उतारती जाती थी। लगता था जैसे किसी देवी का मानुषी रूप प्रकट हो रहा है। अन्ततः वह सारे आवरण उतार कर विशुद्ध प्राकृतिक रूप में नटराज के चरणों में प्रणिपात की मुद्रा में लोट जाती थी।

माताहारी अपने नृत्य को फ़्रैन्च, डच, जर्मन, अंग्रेज़ी और मलय भाषाओं में व्याख्यित करती, "मेरा यह नृत्य एक पवित्र काव्य है। इसमें ब्रह्मा, विष्णु, महेश की सृष्टि, पालन और संहार की आध्यात्मिकता का लय झंकृत होता है।" इससे वह अपनी नग्नता और कामुकता को अद्‌भुत आध्यात्मिक और कलात्मक मोड़ देने सफल हो जाती। प्राचीन मन्दिरों के धार्मिक कर्मकाण्डों के दौरान किया जाने वाला नृत्य बता कर वह अपने कामुक क्रियाकलापों को तत्कालीन अश्लीलता क़ानून के दायरे में आने से साफ़ बचा ले जाती थी।

माताहारी का यह नृत्य और नंगापन देखने को, स्त्री–देह के लिए भूखे लोगों, ख़ासकर फौज़ी अफ़सरों, की भीड़ लग जाती थी। माताहारी इन्हें बड़ी आसानी से बेवकूफ बना देती थी। ये वे लोग थे जिन्हें प्राचीन भारतीय नृत्यकला या रहस्यात्मक आध्यात्मिकता की कोई समझ नहीं थी। वे माताहारी की सिर्फ़ सेक्स अपील से मदहोश थे।

बड़ी–बड़ी काली और कामुक आँखों वाली इस सुन्दरी के प्रेमियों की एक लम्बी जमात खड़ी हो गयी, जो उसकी मोहक मुस्कान और कटीले नैनों की मार पर कुछ भी न्यौछावर करने को तैयार थे। इनमें कुलीन परिवारों के लोग, राजनयिक, धनाढ्‌य बनिये, बड़े व्यापारी और उच्च फौज़ी अफ़सर थे। ये लोग माताहारी के वैभव और विलासतापूर्ण रहन–सहन, वस्त्राभूषण और धन का प्रबन्ध करते थे। वर्षों वह इन सुख–सुविधाओं का मज़ा लेती हुई, रति–सुख बाँटती हुई, स्वैरिणी बन यूरोपीय देशों की राजधानियों में जगह–जगह अपने नृत्य–कार्यक्रम पेश करती हुई घूमती रही। पूरे यूरोप में उसने अपने

नृत्य के डंके बजा दिये। रूस से लेकर फ्रांस तक जहाँ भी वह जाती उसका नृत्य देखने के लिए भारी भीड़ टूट पड़ती।

धीरे–धीरे माताहारी की उम्र बढ़ती गयी। ज्यों–ज्यों उम्र बढ़ती गयी, लोगों में माताहारी के नृत्यों की लोकप्रियता घटने लगी, लेकिन अभी भी वह धनी लोगों और उच्च अधिकारियों की चाहत बनी हुई थी। उसकी उमर लगभग 38 साल हो गयी थी, फिर भी उसमें देह–सुख खोजने वाले प्रेमियों की कोई कमी नहीं थी। उसके ऊपर अपार धन लुटाने वाले कम नहीं हुए थे।

लगभग उसी वक़्त, 1914 में, प्रथम विश्व युद्ध छिड़ गया, जिसमें दुनिया के कई देश कूद पड़े। फ्रांस भी उनमें से एक था। युद्ध के कारण फ्रांस की साधारण जनता बड़े अभावों की ज़िन्दगी काटने पर मजबूर हो गयी। साधारण परिवारों के लोग सैनिक के रूप में युद्ध में कूदने को मजबूर हो गये। लेकिन, माताहारी के विलासतापूर्ण रहन–सहन और शान–शौकत में कहीं कोई कमी न आयी। उच्च धनाढ्य वर्ग और शक्तिशाली अधिकारियों को लुभा कर वह अभी भी ख़ूब कमा रही थी। जन सामान्य में माताहारी के वैभव और विलास के विरुद्ध रोष उत्पन्न होने लगा।

ऐसी दारुण स्थित से बच निकलने के लिए माताहारी एक धनी डच व्यापारी प्रेमी के संग फ्रांस से भाग कर हॉलैंड के शहर हेग पहुँच गयी। यहाँ उसके प्रेमी ने एक विशाल भवन में बहुत सारी सुख–सुविधाओं के बीच उसे ठहरा दिया, लेकिन, माताहारी एक जगह कहाँ टिक कर रहने वाली थी! वह एक बार फिर भाग खड़ी हुई – उन्मुक्त स्वैरिणी की भाँति स्वच्छन्द विचरण करने के लिए। उसने फिर से यूरोप के विभिन्न शहरों में अपने नृत्य–कार्यक्रम पेश करने शुरू किये।

यद्यपि प्रथम विश्व युद्ध छिड़ा हुआ था, लेकिन अपने नृत्य–कार्यक्रमों के सिलसिले में माताहारी यूरोप के विभिन्न देशों में बार–बार आती–जाती रहती थी। इनमें से कई देश इस युद्ध में संलग्न थे, लेकिन माताहारी का मूल देश हॉलैंड इस युद्ध में तटस्थ था।

एक तटस्थ देश की नागरिक होने के नाते उसे किसी भी देश में आने–जाने में कोई रोक न थी।

यहीं माताहारी के जीवन में एक निर्णायक मोड़ आ गया जब हॉलैंड में स्थित जर्मन दूतावास का कार्ल क्रोमेर नाम का एक राजनयिक माताहारी के सम्पर्क में आया और चुपके से उसके समक्ष यह प्रस्ताव रखा कि उसे वह भारी धनराशि देगा यदि वह अपने नृत्य–कार्यक्रमों के सिलसिले में भ्रमण के दौरान कुछ गुप्त सूचनाएँ एकत्र कर उसे देगी। माताहारी ने यह प्रस्ताव स्वीकार कर लिया। उसके ग्राहकों में कई देशों के उच्च सरकारी और फौज़ी अधिकारी शामिल थे, जो उसका अश्लील नृत्य और नग्न शरीर देख कर उसके साथ सम्भोग के लिए उन्मत्त हो जाते थे। इन्हीं उन्मत्त अफ़सरों से सम्भोग के दौरान वह कई गुप्त ख़बरें पूछ लेती थी, और बाद में अपने जर्मन हैडलर को बता देती थी।

अब माताहारी की उम्र 40 की हो गयी थी। उसके शरीर की लोच और चपलता की जगह अब स्थूलता ने लेना शुरू कर दिया था। उसके प्रेमीगण अब उसका नृत्य देखने के बजाय उसका शरीर भोगने में ज़्यादा इच्छुक रहने लगे। ऐसे ही समय वह अपनी उमर से लगभग आधी उमर के एक रुसी फौज़ी अफ़सर को दिल दे बैठी, जो मित्र देशों की संयुक्त सेना में फ़्रांस की ओर से लड़ने को नियुक्त था। दुर्भाग्य से, उस 21–वर्षीय रुसी कैप्टेन, जिसका नाम व्लादिमीर द मासलाव था, की तैनाती जल्दी ही सीमा पर हो गयी। युद्ध के दौरान मासलाव की एक आँख जाती रही और दूसरी आँख में भी गम्भीर चोट पहुँची थी। इस नौजवान अफ़सर को माताहारी इतना प्यार करने लगी थी कि उसके संग शादी रचा कर घर बसा लेने का मन बना लिया था। अपने घायल प्रेमी के विशेष इलाज़ के लिए माताहारी पैसे जुटाने में लग गयी।

इसकी भनक लग गयी जार्ज लडू को, जो फ़्रांस के मिनिस्ट्री ऑफ़ वार के अन्तर्गत नये–नये बने काउण्टर–एस्पिओनेज यूनिट का चीफ़ था। माताहारी की पैसे की ज़रूरत का लाभ उठाने के लिए

लडू ने चुपके से उससे सम्पर्क किया और पैसे के बदले जर्मनों की जासूसी करने को उससे कहा। मजबूरी में माताहारी तैयार हो गयी। अब वह चुपके से डबल एजेंट बन गयी।

माताहारी जर्मन उच्चाधिकारियों में पैठ बना कर उनसे गुप्त बातें पता करने और उन्हें फ़्रांसीसियों को बताने की कोशिशें करने लगी। यह 1915 की बात है। उसी साल दिसम्बर में हॉलैंड से फ़्राँस लौटते समय फोकस्टोन नामक ब्रिटिश बन्दरगाह पर यात्रियों की भीड़ में भी ब्रिटिश इंटेलिजेंस सर्विस के एक अधिकारी की नज़र माताहारी पर पड़ी और उसके हाव–भाव से उसे शक हो गया। पूछताछ के लिए माताहारी लन्दन लायी गयी, जहाँ उसने स्वीकार किया कि वह फ़्राँस के लिए जासूसी करती है।

वहाँ से छोड़े जाने पर वह पेरिस वापस लौट आयी। इस बीच यह ख़बर फ़्रांसीसी इंटेलिजेंस एजेंसी को मिल चुकी थी। फ़्रांसीसियों को माताहारी पर शक होने लगा कि कहीं वह उन्हें बेवकूफ तो नहीं बना रही है और वास्तव में जर्मनों के लिए काम करती है। जार्ज लडू, जिसने माताहारी को जर्मनों की जासूसी के लिए लगाया था, अब अपने जासूस चुपके से उसके पीछे लगा दिया। ग्रैंड होटल, जहाँ माताहारी ठहरी थी, या रेस्तराँ, पार्क, बुटिक, नाइटक्लब, जहाँ कहीं भी माताहारी जाती फ़्रांसीसी जासूस उसका पीछा करते। माताहारी इन सबसे अनजान थी। उसे तो पुरुषों द्वारा घूर कर देखे जाने की आदत थी, तो फिर वह जासूसों की छुपी नज़र को क्या ताड़ पाती! यही नहीं, लडू के जासूस माताहारी की डाक चुपके से खोल कर पढ़ लेते थे; छुप कर उसकी बातें सुनते थे, उससे मिलने आने–जाने वालों का रिकॉर्ड तैयार करते थे। इन सारे जासूसी तरीक़ों को अपनाने के बावजूद जासूसों को ऐसा कुछ नहीं मिला जिसके आधार पर वे सबूत के साथ कह सकते कि माताहारी जर्मनों के लिए जासूसी करती थी।

अन्ततः फ़्रांसीसियों के लिए ख़बर जुटाने की माताहारी की कोशिश ही उसके ख़िलाफ़ काम कर गयी। एक बार वह फ़्रांसीसियों

के इशारे पर ख़बरें जुटाने के चक्कर में स्पेन की राजधानी मेड्रिड में स्थित जर्मन राजदूतावास के मिलिटरी अटैशे से मिली और गपशप में उसे कुछ छोटी–मोटी ख़बरें देकर बदले में कुछ मूल्यवान ख़बरें निकाल लेने की कोशिश करने लगी। जर्मन अटैशे उसकी इस हरकत को ताड़ गया। जनवरी 1917 की बात है। अटैशे ने बर्लिन (जर्मनी)–स्थित अपने मुख्यालय में एक रेडियो सन्देश भेजा, जिसमें एच–21 कोड नाम वाले एक जर्मन जासूस की सराहनीय सेवाओं की चर्चा की गयी थी।

फ़्रांस के जासूसों ने बीच में ही इस रेडियो सन्देश को चुपके से सुन (इंटरसेप्ट) लिया। इस सन्देश का जब फ्रांसीसी जासूसी विशेषज्ञों और विश्लेषकों ने गहन विश्लेषण किया तो उनका शक यकीन में बदल गया। उन्हें पूरा विश्वास हो गया कि डबल एजेंट का रोल प्ले करते हुए माताहारी वास्तव में जर्मनों के लिए ही काम कर रही थी। बर्लिन भेजे गये इस टेलिग्राम में माताहारी का पता, बैंक डिटेल्स के साथ–साथ उसकी भरोसेमन्द नौकरानी का भी नाम शामिल था। इस टेलिग्राम को पढ़ने के बाद साफ हो गया कि माताहारी ही एजेंट–21 है।

यही वह समय था जब विश्वयुद्ध में फ़्रांस को शिकस्त मिल रही थी। फ़्रांसीसी अधिकारियों ने इसका दोष माताहारी पर मढ़ दिया। फरवरी 1917 में फ्रांस की सरकार ने माताहारी को गिरफ़्तार कर लिया। उस पर आरोप लगाया गया कि उसने मित्र देशों के टैंकों के बारे में जर्मन सेना को बता दिया जिसके कारण मित्र देशों के हज़ारों सैनिक युद्ध में मारे गये। फ़्रांस की फौज़ी अदालत में माताहारी पर मुक़दमा चलाया गया। कहा गया कि उसकी श्रृंगार–प्रसाधन (मेकअप) की शीशियों में अदृश्य स्याही पायी गयी थी और उसके ऊपर आरोप लगाया गया कि इस स्याही का प्रयोग वह गुप्त सन्देशों को भेजने में किया करती थी। उसकी इस हरक़त को उसकी जासूसी गतिविधियों का अंग माना गया। मुक़दमे में उसे दोषी पाया गया और मृत्युदण्ड की सजा सुनायी गयी।

कहते हैं युद्ध में अपनी कमज़ोरी को छुपाने के लिए फ़्रांस ने माताहारी को बलि का बकरा बना दिया। कुछ लोगों का यह भी कहना है कि जर्मनों ने जान–बूझकर माताहारी को इंगित करने वाले कोडनाम का प्रयोग किया और यह जानते हुए भी कि जर्मनी के कोडेड रेडियो सन्देशों को फ़्रांसीसी जासूस आसानी से तोड़ देते हैं इस तरह का सन्देश भेजा। इससे साफ़ जाहिर होता है कि जर्मनों ने जानबूझ कर फ़्रांसीसियों को बरगलाया और फ़्रांसीसियों ने जान–बूझकर ख़ुद को बरगलाया जाने दिया। सबके अपने–अपने फौज़ी और राजनीतिक स्वार्थ और निहितार्थ थे, पर मारी गयी बेचारी माताहारी। वह मारी इसलिए गयी कि वह स्वयं मायाविनी थी, ठगिनी थी। नृत्य–कला के नाम पर उसने ठगी की। पैसा बनाने के लिए उसने उच्चाधिकारियों को फाँसा। पैसा बनाने और लोगों को बेवकूफ बनाने के लिए उसने जासूसी का जाल फैलाया।

दोष किसको दें, जब यही अभी तक स्पष्ट नहीं हो पाया है कि माताहारी वास्तव में किसके लिए जासूसी करती थी, और वह सचमुच जासूस थी भी कि नहीं। कई लोग कहते हैं कि माताहारी के जर्मन जासूस होने के पर्याप्त सबूत मिले थे, तो कुछ का कहना है कि वह फ़्राँस के लिए काम करती थी। उसे दोनों के लिए काम करने वाले डबल एजेंट मानने वालों की भी कमी नहीं है। कहते हैं कि जर्मनों ने स्वीकार किया था कि वह उनके लिए काम करती थी, किन्तु उसकी उपयोगिता बहुत नहीं थी। इसलिए जासूस के तौर पर उसकी सेवाएँ समाप्त कर दी गयी थीं। जर्मनों का कहना था कि माताहारी की ख़बरें अफ़सरों के साथ हमबिस्तर होते समय हाँकी गयी गप्पों और बेवकूफ बनाने की कोशिशों से ज़्यादा कुछ न थीं। वहीं, दूसरी ओर, फ़्रांसीसियों का कहना था कि माताहारी 'शताब्दी की सबसे ख़तरनाक महिला जासूस' थी जिसने फ़्रांसीसी सेना को भारी नुक़सान पहुँचाया था।

पता नहीं कौन कितना सच बोल रहा था। पता नहीं ख़ुद माताहारी किससे झूठ और किससे सच बोल रही थी। कौन जाने वह

किसके लिए, या किस–किस के लिए, जासूसी कर रही थी? पक्की ठगिनी थी वह! एकदम मायाविनी!!

●●

सजाये–मौत मिलने के बाद माताहारी का मृत शरीर लेने कोई नहीं आया। उसके जीवित शरीर पर हज़ारों लोग लहालोट होते थे, लेकिन, आख़िर में, वह एक एक गुमनाम लाश में तब्दील हो गयी। उसके शरीर को पेरिस के मेडिकल कॉलेज पहुँचा दिया गया, जहाँ उसे मेडिकल के छात्रों की पढ़ाई में प्रयोग किया गया। उसके चेहरे को एनाटॉमी म्युजियम में स्मारिका के रूप में संग्रहित कर दिया गया, लेकिन, कुछ सालों बाद वह चेहरा ग़ायब हो गया। अभिलेखों में दर्ज किया गया कि माताहारी का चेहरा चोरी चला गया।

जय हिन्द

"तुम मुझे खून दो। मैं तुम्हें आज़ादी दूँगा," नेता जी सुभाष चन्द्र बोस ने लोगों को ललकारा, 22 सितम्बर 1944 को रंगून[172] में एक विशाल जनसभा को सम्बोधित करते हुए। अपने बेहद उत्साहवर्धक भाषण में उन्होंने अभी एक साल पहले ही गठित[173] की गयी आज़ाद हिन्द फ़ौज के लिए जन और धन का समर्थन माँगा। नेता जी के ओजस्वी भाषण से लोगों में उत्तेजना और उत्साह की लहर दौड़ गयी। सैकड़ों लोग आज़ाद हिन्द फ़ौज में भर्ती होने के लिए स्वेच्छया पंक्तिबद्ध हो कर खड़े हो गये। बहुत से लोग आज़ाद हिन्द फ़ौज की आर्थिक सहायता के लिए दान देने को लाइन में लग गये।

ब्रिगेडियर शाहनवाज़ ख़ाँ दोनों पंक्तियों में चल रही प्रगति का सुपरविजन कर रहे थे। नेता जी सुभाष चन्द्र बोस मंच पर चुपचाप बैठे भारतीय सपूतों के उत्साह को मन्त्रमुग्ध–सा देख रहे थे। अचानक उनका ध्यान दान देने वालों की लाइन में सबसे आगे खड़े एक अर्धनग्न वृद्ध व्यक्ति पर पड़ी जो अपनी मुट्ठी में बन्द एक रूपया दान दे रहा था। भाव–विह्वल हो नेता जी दौड़ कर उसके पास गये। मालूम हुआ कि वह व्यक्ति शहर से काफी दूर के एक गाँव से आया हुआ गरीब किसान है और अपने सामर्थ्य के हिसाब से एक ही रूपये दान दे पा रहा है।

नेता जी ने तुरन्त उस रूपये को लेकर अपने माथे से लगाया और अगले ही क्षण उस वृद्ध व्यक्ति को गले से लगाते हुए भाव–विह्वल हो कहा, "अब भारत माँ के सच्चे सपूत सामने आ गये हैं। भारत माँ को आज़ाद होने से अब कोई नहीं रोक सकता।"

नेता जी वापस आकर मंच पर बैठे ही थे कि शाहनवाज खाँ एक सोलह–वर्षीय किशोरी को साथ लिए हुए प्रस्तुत हुए। स्कूल यूनिफार्म पहने हुए वह किशोरी नेता जी को सम्मोहित होकर देख रही थी। अपने हाथों में लिए कई स्वर्णाभूषण नेता जी को दिखाते हुए शाहनवाज खाँ ने नेता जी के कान में कुछ फुसफुसा कर कहा। नेता जी ने उस किशोरी को घूरते हुए पूछा, "ये गहने तुम्हारे हैं?"

"जी!"

"तुमने इन्हें क्यों दिये?"

"भारत माँ के लिए हम अपनी जान भी दे सकते हैं। गहने कौन–सी बड़ी चीज हैं?"

उस किशोरी का जवाब सुन नेता जी दंग रह गये। आगे उनसे कुछ कहते न बना। मुस्कुरा कर उन्होंने किशोरी को जाने का इशारा किया।

अगले दिन शाहनवाज खाँ के साथ नेता जी रंगून के एक धनी और प्रतिष्ठित भारतीय परिवार के घर पहुँचे। यह घर राजमणि का था। राजमणि वही किशोरी थी जिसने सोने के गहने दान किये थे। राजमणि का परिवार बहुत पहले दक्षिण भारत के त्रिची से आकर रंगून में बस गया था। राजमणि के पिता की रंगून के पास में ही सोने की खदानें थीं।

यह परिवार धनी होने के साथ–साथ संस्कारों से भी धनी था। राजमणि के पिता देश–प्रेम से ओत–प्रोत थे और भारतीय स्वाधीनता के संघर्ष के बहुत बड़े समर्थक थे। भारतीय स्वाधीनता आन्दोलन के नेताओं का उनके यहाँ आना–जाना लगा रहता था।

एक बार महात्मा गाँधी भी उनके यहाँ पधारे थे। उस समय पूरा परिवार गाँधी जी के स्वागत–सत्कार में उनके निकट बैठा हुआ था। सिर्फ़ राजमणि घर के आहाते में अपनी बन्दूक से निशानेबाजी का अभ्यास कर रही थी। यह देख कर गाँधी जी ख़ुद उस 10–वर्षीय बच्ची के पास पहुँच गये और प्यार से समझाया, "बन्दूक से नहीं खेलते मेरी प्यारी बच्ची।"

"मैं निशानेबाजी का अभ्यास कर रही हूँ ताकि अंग्रेज़ों को मार सकूँ," गाँधी जी की ओर देखे बिना उस बच्ची ने बेलौस जवाब दिया।

"हिंसा अच्छी बात नहीं है, बेटी। हम अहिंसक तरीके से अंग्रेज़ों को भगाने में लगे हुए हैं। तुम भी उसमें सहयोग करो," गाँधी जी ने पुचकारते हुए समझाया।

"हम लुटेरों को मारते हैं। मारते हैं न? अंग्रेज़ भी हमारे देश को लूट रहे हैं। हम उन्हें मारेंगे। मैं जब बड़ी होऊँगी तो कम से कम एक अंग्रेज़ को ज़रूर मारूँगी।" राजमणि ने दृढ़ निश्चय और निर्भीकता से तर्क दिया।

राजमणि ज्यों–ज्यों बड़ी होती गयी, महात्मा गाँधी के अहिंसा के सिद्धान्त के विरुद्ध होती गयी। यही नहीं क्रान्तिकारियों के कारनामों के बारे में सुन कर उनसे प्रभावित होती रही। जब उसने सुभाष चन्द्र बोस की आज़ाद हिन्द फ़ौज के बारे में सुना तो उसने उसमें भर्ती होने का मन बना लिया। जब उसे पता लगा कि सुभाष चन्द्र बोस रंगून में भाषण करने वाले हैं तो वह स्कूल से सीधे उनका भाषण सुनने पहुँच गयी। उनके भाषण से वह इतना प्रभावित हुई कि उनकी अपील पर अपने पहने बहुमूल्य स्वर्णाभूषण तुरन्त दान में दे दिये।

सुभाष चन्द्र बोस को अपने घर आया देख कर राजमणि खुशी से फूली न समायी। लेकिन, जब उसने देखा कि उसके दान किये हुए गहने सुभाष चन्द्र बोस उसके पिता को यह कहते हुए लौटा रहे हैं कि – ये कीमती गहने हैं। बच्ची ने नासमझी और भावुकता में इन्हें हमे दे दिया है। इन्हें हम लौटने आये हैं।

इस दृश्य से क्षुब्ध होकर राजमणि नेता जी के सामने आकर गुस्से में बोलने लगी, "ये मेरे गहने हैं, मेरे पिता जी के नहीं। इन्हें हमने दान में दे दिया है। इन्हें हम वापस नहीं लेंगे।"

राजमणि के उत्तर से नेता जी सुभाष चन्द्र बोस एक बार फिर आश्चर्यचकित हो गये। इस किशोरी की निस्पृहता, साहस और दृढ़ निश्चय को देख कर वह एक बार फिर दंग रह गये। किसी लड़की का अपने गहनों के प्रति कोई लगाव नहीं होना उन्हें बड़ा अद्भुत

और दैवीय लगा। उन्होंने तुरन्त उस लड़की का नाम सरस्वती रखा। यही लड़की आगे चल कर सरस्वती राजमणि के नाम से मशहूर हुई।

उसी मुलाकात के दौरान राजमणि ने नेता जी सुभाष चन्द्र बोस से अपनी माँग मनवा ली कि उसे आज़ाद हिन्द फ़ौज में भर्ती किया जाये। अगले ही दिन राजमणि को उसकी पाँच सहेलियों संग आज़ाद हिन्द फ़ौज में शामिल कर लिया गया।

पाँचों लड़कियों को रंगून से 14 मील दूर मिन्गाल्द्न कैम्प में ले जाया गया। वहाँ उन्हें कर्नल लक्ष्मी सहगल की कमान में काम कर रही 'रानी झाँसी रेजिमेंट' से अटैच कर दिया गया।

रानी झाँसी रेजिमेंट में सबकी सब महिलायें ही थीं – कमाण्डर से लेकर सामान्य सैनिक तक। उन दिनों महिलाएँ अपने पारम्परिक कपड़े ही पहनती थीं। नेता जी ने पहली बार उनका यूनिफार्म निर्धारित किया, जिसके अनुसार उन सबको अपना निजी परिधान त्याग कर सेना की वर्दी धारण करनी पड़ी। यह वर्दी अंग्रेज़ी स्टाइल की थी, अर्थात् पैंट–शर्ट, लेकिन सब एक ढंग की, एक रंग की। इस तरह दुनिया में महिलाओं की पहली संगठित सेना खड़ी करने का श्रेय नेता जी को जाता है।

सरस्वती राजमणि सहित छहो लड़कियों की ट्रेनिंग रेजिमेंट के कुछ अन्य नयी रंगरूट लड़कियों के साथ शुरू हुई। शुरुआती ट्रेनिंग शारीरिक क्षमता बढ़ाने और असलहों को पहचानने, रखने, सम्भालने और चलाने के बारे में थी। ट्रेनिंग बहुत कड़ी थी और उसमें किसी तरह की रियायत नहीं थी।

सरस्वती को सैनिक जीवन बहुत पसन्द आया। उसने आज़ाद हिन्द फ़ौज का प्रयाण–गीत[174] रट लिया था और अक्सर गुनगुनाती रहती थी। उसे 'जय हिन्द' का जयघोष भी बड़ा प्रिय था क्योंकि सभी कैडेट, सैनिक और सेनाधिकारी इस जयघोष[175] के माध्यम से ही आपस में अभिवादन करते थे।

शुरुआती ट्रेनिंग के बाद सरस्वती और उसकी पाँचों सहेलियों को नर्सिंग की ट्रेनिंग के लिए छाँट लिया गया। सरस्वती को यह

ट्रेनिंग पसन्द नहीं आ रही थी। वह सीधे दुश्मन से भिड़ने वाले काम में लगना चाहती थी। उन सबकी नर्सिंग की ट्रेनिंग पूरी होती इसके पहले ही उन छहों के लिए नेता जी का बुलावा आ गया। सरस्वती को बड़ी खुशी हुई।

नेता जी ने सरस्वती सहित सभी नयी लड़कियों से बारी–बारी से बात की। सरस्वती ने नेता जी से शिकायत की कि उसे नर्सिंग की ट्रेनिंग दी जा रही है, जबकि वह सीधे दुश्मन से टकराने वाले काम में लगना चाहती है। उसकी बात पर नेता जी हँसने लगे और बोले, "तुमसे हम यह उम्मीद नहीं करते कि तुम मोर्चे पर जाओ और गोली–बन्दूक चलाने लगो।" नेता जी की बात पर सरस्वती का मन बहुत उदास हो गया। उसने कहा कि हम तो देश के लिए कुछ कुर्बानी देने के विचार से आये थे, लेकिन हमें यहाँ कम आँका जा रहा है।

सरस्वती की बात सुनकर नेता जी मुस्कुराने लगे। उन्होंने कहा, "तुम्हारे लिए मैंने कुछ और काम सोच रखा है। तुम्हारा वह काम मोर्चे पर लड़ने से भी ज़्यादा चुनौतीपूर्ण और ख़तरनाक होगा।"

नेता जी ने आज़ाद हिन्द फ़ौज में 'बहादुर ग्रुप'[176] नाम से एक गुप्तचर विभाग भी बना रखा था, जो सीधे उनके कन्ट्रोल में काम करता था। इस ग्रुप में बहुत कम, लेकिन बहुत विश्वसनीय, अधिकारी और सैनिक थे। ये गुप्तचर ज़्यादातर ब्रिटिश सेना की गतिविधियों को खुफ़िया तरीके से पता करने का काम करते थे। यद्यपि नेता जी के गुप्तचर दूर–दूर तक फैले हुए थे, लेकिन वे फिलहाल भारत और बर्मा की सीमा पर ज़्यादा केन्द्रित थे। उनके अलावा ब्रिटिश सेना के कुछ भारतीय सिपाही भी नेता जी के लिए मुखबिरी का काम करते थे। ये नौकरी तो अंग्रेज़ी सेना का करते थे, लेकिन मन से नेता जी की ओर थे। इन सिपाहियों द्वारा दी गयी ख़बरें अक्सर सतही होती थीं। नेता जी को अंग्रेज़ी सेना के मुख्यालय के भीतर की ख़बरें चाहिए थीं, ख़ासकर अंग्रेज़ अफ़सरों की योजनाओं और तैयारियों के बारे में।

सरस्वती को नेता जी ने गुप्तचर कार्य में लगाने की योजना बनायी थी। उन्होंने सरस्वती से कहा कि वह अपने पाँचों सहेलियों में से किसी एक को साथी चुन लें जिस पर उसे सबसे ज़्यादा विश्वास हो और जो उसके जैसी ही चालक और हिम्मती हो।

सरस्वती ने जिसे चुना वह लक्ष्मी थी। अगले दिन, नेता जी ने कर्नल हबीबुर्रहमान ख़ान को बुलाया। उन दिनों ख़ान आज़ाद हिन्द फ़ौज के डिप्टी एडजुटेंट जनरल और डिप्टी क्वार्टरमास्टर जनरल की जिम्मेदारी सम्भालने के साथ–साथ ट्रेनिंग के इन्चार्ज भी थे। यही नहीं, गुप्त रूप से वह बहादुर ग्रुप की जिम्मेदारियाँ भी सम्भालते थे, यद्यपि इस ग्रुप की सर्वोच्च कमान ख़ुद नेता जी के हाथों में थी।

नेता जी ने ख़ान को कई आवश्यक निर्देश दिये। उनके संरक्षण में दोनों लड़कियों को देते हुए उन्होंने उन लडकियों के लिए गुप्त ट्रेनिंग की व्यवस्था करने को कहा।

सरस्वती और लक्ष्मी की ट्रेनिंग लगभग एक महीने तक चली। इस ट्रेनिंग के दौरान उन्हें तरह–तरह का रूप धारण करने और हर रूप के अनुरूप उचित कहानी और बहाना गढ़ना सिखाया गया। छुप कर नज़र रखने और बहाने से किसी अनजान जगह में घुसकर गुप्त बातों का पता लगा लेने में उन्हें माहिर बनाया गया। अजनबियों से बातचीत कर लेने और उस बातचीत के दौरान अपने मतलब की बात निकाल लेने का तरीका उन्हें बताया गया। पता की हुई गुप्त बात को सही व्यक्ति तक जल्दी से और सुरक्षित ढंग से भेज देने की विधि उन्हें समझायी गयी। इसके लिए कोड वर्ड का प्रयोग कैसे किया जाये और ख़ुद कोड कैसे बनाया जाये इसकी जानकारी उन्हें दी गयी।

ट्रेनिंग पूरा होते ही सरस्वती और लक्ष्मी को फिर नेता जी ने अपने पास बुलाया और सचेत किया कि उन्हें बहुत ही ख़तरनाक मिशन पर भेजा जा रहा है। इसमें पकड़े जाने, सजा पाने या जान से मार दिये जाने का ख़तरा है। लड़कियों ने जब ख़ुशी–ख़ुशी अपनी मर्जी ज़ाहिर की तो नेता जी ने उन्हें आवश्यक निर्देश दिये।

इसके अलावा अलग से कर्नल ख़ान को बहुत देर तक कुछ समझाते रहे। रानी झाँसी रेजिमेंट की कमाण्डर कर्नल लक्ष्मी सहगल को चुपके से सूचित कर दिया गया की दोनों लड़कियों को एक विशेष अभियान में लगाया गया है।

रंगून से कोई सात सौ किलोमीटर दूर उत्तर में मेम्यो (वर्तमान प्यीं ऊ ल्विन) नामक एक हिल स्टेशन है, जहाँ उन दिनों ब्रिटिश आर्मी का मुख्यालय स्थित था। मुख्यालय के निकट ही सामान्य नागरिकों की बस्ती थी जिसमें मुख्यतः भारतीय और गोरखा लोग बसे हुए थे। इन्हीं भारतीयों में कई ऐसे थे जो चुपके–चुपके नेता जी की आज़ाद हिन्द फ़ौज की मदद करते थे। इन्हीं भारतीयों में एक था रामसनेही, जो नेता जी का गुप्तचर था। सबके जानने में रामसनेही परचून की दुकान चलाता था, लकिन भीतर–भीतर वह नेता जी के बहादुर ग्रुप का गुप्त सदस्य था और ख़बरी का काम करता था।

ब्रिटिश आर्मी मुख्यालय से दूसरी तरफ एक घना जंगल शुरू होता था। इसी जंगल में काफी भीतर जाने पर एक प्राकृतिक गुफ़ा थी जिसमें बहादुर ग्रुप के दो कर्मचारी छुप कर रहते थे। ये कर्मचारी वहाँ से एक शक्तिशाली वायरलेस सेट[177] ऑपरेट करते थे। इस वायरलेस सेट से वे मोर्स कोड[178] में ख़बरें एक निर्धारित अन्तराल पर रंगून के निकट स्थित आजाद हिन्द फ़ौज के मिन्गाल्द्न कैम्प में भेजते थे। यहाँ बहादुर ग्रुप के दो कर्मचारी इन ख़बरों को प्राप्त कर लिख लेने को तैयार रहते थे। इन ख़बरों को वे अविलम्ब सीधे नेता जी को देते थे। वायरलेस ऑपरेट करने वाले ये कर्मचारी वायरलेस सेट को चलाने और उसके रख–रखाव में विशेष रूप से प्रशिक्षित थे। साथ ही, वे मोर्स कोड में संवाद करने में भी प्रशिक्षित थे।

मेम्यो के जंगल में स्थित बहादुर ग्रुप के इस संवाद केन्द्र में रामसनेही कभी नहीं गया था। उसने इसका सिर्फ़ नाम सुन रखा था, यद्यपि संवाद केन्द्र के दोनों कर्मचारियों से बीच–बीच में वह बारी–बारी से मिलता रहता था और उसी दौरान अपनी जुटायी हुई ख़बरें उन्हें वह सौंप देता था। नेता जी का यदि कोई निर्देश होता था

तो उन्हीं कर्मचारियों के माध्यम से रामसनेही तक पहुँच जाता था। यह मुलाकात मेम्यो की सघन बस्ती में एक अनजान–से मकान में चुपके से होती थी। यह मकान बहादुर ग्रुप का सेफहाउस[179] था।

बहादुर ग्रुप का एक एजेन्ट दो लोगों के साथ रात के अँधेरे में मेम्यो की सघन बस्ती में स्थित सेफहाउस में पहुँचा। रामसनेही वहाँ पहले से ही मौजूद था। रामसनेही को नेता जी का निर्देश पहले ही मिल चुका था। अपने साथ लाये दोनों लड़कों को रामसनेही को सौंपते हुए एजेंट रामसनेही से फुसफुसा कर लगातार बात करता जा रहा था।

एजेंट दोनों लडकों के साथ रंगून के निकट स्थित आज़ाद हिन्द फ़ौज के मिन्गाल्द्न कैम्प से चार दिन पहले रात के अँधेरे में चुपके से निकला था। तब से अब तक लगातार यात्रा करता हुआ वह लड़कों के साथ मेम्यो के सेफ हाउस में पहुँचा था। लड़के तो मारे थकान के सो गये, लेकिन एजेंट रामसनेही से लम्बी बातचीत के बाद, भारी थकान के बावजूद, उसी रात सेफ हाउस से निकल गया – वापस जाने के लिए।

रामसनेही जानता था कि आये हुए दोनों लड़के लड़के नहीं थे, बल्कि लड़कियाँ थीं। वे सरस्वती और लक्ष्मी थीं। अपने लम्बे बाल कटा कर उन्होंने लड़कों जैसे छोटे–छोटे बाल करा लिए थे और स्थानीय भारतीय गरीब परिवार के लड़कों की तरह के कपड़े पहन कर उन्होंने अपना हुलिया बिल्कुल बदल लिया था।

रामसनेही ने दोनों लड़कों को स्थानीय रंग–ढंग, रीति–रिवाज़ और स्थानों तथा लोगों के बारे में अच्छी तरह सब समझा दिया। उन्हें जंगल में कुछ दूर ले जाकर वह स्थान भी दिखा दिया जहाँ मुसीबत के समय उन्हें भाग कर छिपना था। इसके अलावा, वह उन्हे मिलिट्री कैम्प और बस्ती के बीच दूर तक फैले कन्द पुष्पों (ट्यूलिप के फूलों) की पंक्तियों में ले गया जहाँ दो स्थान निर्धारित किये। फिर सामने वाले पोखर के पास ले गया और पोखर के चारों किनारों पर एक–एक स्थान निर्धारित किया। इसके बाद वह उन्हें एक पेड़ के

पास ले गया और एक कोटर दिखाया। इस तरह उन लोगों ने सात स्थान निर्धारित किये और हफ़्ते के एक दिन के लिए एक स्थान निश्चित किया गया जहाँ दोनों लड़कों में से कोई लिखा हुआ ख़बर ले आकर छुपा दिया करेगा – निश्चित दिन के लिए निश्चित स्थान पर और फिर उस ख़ास दिन वाली जगह से रामसनेही उसे निकाल लिया करेगा। इस प्रकार खुफ़िया ख़बरें भेजने के लिए 'डेड लेटर बॉक्स' की व्यवस्था की गयी। इस व्यवस्था का मुख्य उद्देश्य था कि ख़बरों का प्रवाह गुप्त और सुरक्षित ढंग से होता रहे। रामसनेही ने उन दोनों लड़कों को चेताया कि डेड लेटर बॉक्स[180] की गुप्त व्यवस्था के जरिये संवाद स्थापित करने के अलावा वे दोनों कभी भी नहीं सम्पर्क करें और न कहीं उसका नाम ज़ुबान पर लायें। आगे से अब ख़ुद अपनी समझ से उन्हें काम करना है।

अंग्रेज़ी फ़ौज के मुख्यालय में स्थानीय नौकर लड़कों की हमेशा ज़रूरत रहती थी, ख़ासकर अफ़सरों के मैस में और उनके घरों में। सरस्वती राजमणि ने अपने बदले हुए बालक रूप में अपना नाम मणि रख लिया और लक्ष्मी ने लक्ष्मण। इन बदले हुए रूप और नामों से दोनों अंग्रेज़ी फ़ौज के कैम्प में घुसे। वहाँ जैसे उनका इन्तज़ार हो रहा था। अपने–अपने घर में निजी नौकर के रूप में उन्हें रखने की होड़ मच गयी, लेकिन अन्ततः तय हुआ कि मणि बड़े साहब के घर जायेगा, लक्ष्मण अफ़सर मैस में काम करेगा।

अपने घर में बड़े साहब ने मणि को जूठे बर्तन धोने, फर्श और कपड़े साफ़ करने जैसे कामों में नहीं लगाया। इन तरह के कामों के लिए उनके पास पहले से ही नौकरानी रखी हुई थी। मणि को उन्होंने अपने कागज़–पत्तर सम्भालने तथा अपने स्टडी रूम तथा बेडरूम के रख–रखाव का काम दिया। मणि ने साहब से रोज शाम को एक घण्टे कैम्प के बाहर घूमने–फिरने की अनुमति माँगी जिसे साहब ने सहर्ष स्वीकार कर लिया। साहब मणि के ऊपर कुछ ज़्यादा ही मेहरबान दिख रहा था – शायद बिना दाढ़ी–मूँछ वाले किशोर लड़के के चेहरे की लुनाई पर वह लट्टू था।

बड़ा साहब अपनी प्रतिष्ठा के प्रति सतर्क रहता था। मणि के साथ वह थोड़ा मज़ा तो लेना चाहता था, लेकिन उसकी मर्जी के ख़िलाफ़ नहीं। उसे कोई जल्दी नहीं थी। वह पहले मणि को अपने विश्वास में अच्छी तरह ले लेना चाहता था ताकि वह इस मुद्दे पर कभी गुल–गपाड़ा न मचा दें।

बड़े साहब की नरमी और मेहरबानी का फायदा उठाना शुरू किया मणि ने। अपने पढ़े–लिखे होने को उसने कभी जाहिर ही नहीं किया था। अपने अनपढ़ होने की आड़ में वह बड़े साहब के काग़ज़ों और फाइलों को चुपके से पढ़ लेता था और एक काग़ज़ पर संक्षेप में लिख लेता था। फिर शाम को कैम्प के बाहर जाकर डेड लेटर बॉक्स में चुपके से रख आता था। इस प्रकार, मणि ने बहुत सारी संवेदनशील सूचनाएँ नेता जी तक भेजवा दीं। नेता जी सरस्वती की इस सफलता पर बड़े प्रसन्न थे, यद्यपि वह उसकी सुरक्षा को ले कर बहुत चिन्तित रहते थे।

लक्ष्मण बनी लक्ष्मी इतनी भाग्यशाली न थी। उसे. मेस में और किचेन में दोनों जगह बहुत काम करना पड़ता था। किचन का मुख्य रसोईया उसे अक्सर डाँटता था और कठिन से कठिन काम उससे करवाता था। फिर गलतियाँ होने पर डाँट लगता था। गलतियाँ न होने पर गलतियाँ खोज कर निकालता रहता था।

लक्ष्मण की कोशिश रहती थी कि मेस में अफ़सरों की बातचीत को चुपके से सुन लिया करें। मैस में अफ़सर लोग ख़ूब ज़ोर–ज़ोर से बात करते थे और दारू के नशे में बहुत–सी ऐसी बातें बकते थे जो लक्ष्मण को बड़े काम की लगती थीं। कभी–कभी जूठे बर्तन उठाने के बहाने से वह डाइनिंग हॉल या उससे सटे अफ़सरों के सिटिंग रूम में पहुँच जाता था ताकि बहुत धीरे–धीरे बात कर रहे अफ़सरों की बातों को चुपके से सुन सकें। ऐसे मौकों पर अगर किसी अफ़सर का उस पर ध्यान जाता था तो वह उसे बहुत बुरी तरह डाँट देता था। इसके साथ ही मुख्य रसोईया और मेस इन्चार्ज को डाँट पड़ती थी कि लक्ष्मण जैसे किसी सिविलियन को डाइनिंग हाल या सिटिंग रूम

में न आने दिया करें। लक्ष्मण को सख़्त हिदायत दे दी गयी कि जब सारे अफ़सर खा–पीकर जा चुकें तभी वह डाइनिंग हॉल और सिटिंग रूम से जूठे बर्तन उठाने के लिए वह वहाँ जाया करे।

अब लक्ष्मण बहुत सावधान रहता था। फिर भी, उसकी कोशिश रहती थी कि अफ़सरों की बात किसी न किसी प्रकार सुन लिया करे। बीच–बीच में वह अपने साथी मणि से मिलने चला जाया करता था। अगर वह मुख्य्य रसोईये या मैस इन्चार्ज से पूछ कर जाता था तब तो गुंजाइश थी, अन्यथा उसकी पिटाई होती थी। इन्हीं मुलाकातों के दौरान लक्ष्मण काफी ख़बरें मुँहजबानी ही मणि को बता देता था। मणि उन ख़बरों को संक्षेप में लिख कर अपनी रिपोर्टों के साथ आगे भेज दिया करता था।

एक बार कुछ रात गये जब सारे अफ़सर खा–पीकर चले गये और डाइनिंग हॉल और सिटिंग रूम में सन्नाटा छा गया तो लक्ष्मण रोज की तरह वहाँ से जूठे बर्तन उठाने गया। सिटिंग रूम में एक साइड टेबल पर उसने एक पतली–सी फाइल पड़ी देखी। उसने झट से फाइल उठा ली और किचेन के साथ लगे एक खुले स्टोर में रखी ईंधन की लकड़ियों में ले जा कर छुपा दी। उस फाइल में क्या लिखा था यह देखने की उसे फुर्सत न थी क्योंकि ऐसा करने में उसे पकड़े जाने का डर था। अगले दिन सुबह अफ़सर को उस फाइल की ज़रूरत नहीं पड़ी तो उसे उसका खयाल भी न आया। उस दिन लंच बाद के फुर्सत में रसोइये की अनुमति से लक्ष्मण मणि से मिलने गया तो उस पतली फाइल को अपनी कमीज़ के भीतर छुपा कर ले गया और मणि को दे आया। मणि ने एकान्त में देखा तो पाया कि उस फाइल में ब्रिटिश सेना के आवागमन और तैनातियों (मूवमेंट एण्ड डिप्लॉयमेंट) का संक्षिप्त विवरण (समरी स्टेटमेंट) का कागज़ रखा हुआ था। मणि ने उस कागज़ को उस फाइल में से निकाल लिया और ख़ाली फाइल को वहीं कालीन के नीचे छुपा दिया। उसी शाम मणि वह कागज़ अपनी कमीज़ में छुपा कर बाहर ले गया और डेड लेटर बॉक्स में रख आया।

इधर अगले दिन उस अफ़सर को उस फाइल की ज़रूरत पड़ी तो वह खोजबीन करने लगा। उसे ध्यान आया कि उस रात दारू के नशे में फाइल वह मैस में ही छोड़ आया था। मैस में पूछताछ होने लगी। शक लक्ष्मण पर गया, लेकिन लक्ष्मण साफ़ मुकर गया। लक्ष्मण को क्वार्टरगार्ड[181] में डाल दिया गया।

मणि को यह बात पता लग गयी। वह घबरा गया कि अब भण्डा फूट जायेगा। फौजियों की पिटाई में पता लग जायेगा कि लक्ष्मण लड़का नहीं लड़की है। अब यहाँ से जितना जल्दी हो भाग लेना चाहिए।

उस शाम मणि कैम्प के बाहर घूमने जाने के बजाय, लक्ष्मण के बारे में अनजान बनते हुए उससे मिलने अफ़सर मैस के किचेन में जा पहुँचा। वहाँ मुख्य रसोईये ने उसे सारी कहानी सुनायी और लक्ष्मण की बड़ी शिकायत करते हुए उसे बहुत कोसा। मणि रसोइये से बातें करते हुए वहाँ बड़ी देर तक रुका रहा और मौका मिलते ही गोश्त की करी में एक नशीला पाउडर डाल दिया।

उस रात सारे अफ़सर नशीले पाउडर के असर से गहरी नींद सो गये। कुछ रात गये सेना के सभी जवान और मझोले लेवल के अफ़सर भी सो गये तो मणि चुपके से क्वार्टरगार्ड के सामने गया और देखा कि वहाँ पहरे पर तैनात सन्तरी (गार्ड) भी सो गया है और क्वार्टरगार्ड की चाभी उसकी कमर से लटक रही है। मणि ने फुर्ती से चाभी लेकर क्वार्टरगार्ड का ताला खोल दिया और लक्ष्मण को निकल भागने को कहा।

क्वार्टरगार्ड के लोहे का गेट खटकने से गार्ड की नींद खुल गयी। सामने दो लड़कों को भागते देख उसकी चीख निकल गयी। उसने चिल्ला कर पहरे पर तैनात दूसरे सन्तरियों को सतर्क किया। सन्तरी लोग जब तक मामला समझ पाते दोनों लड़के कैम्प से बाहर निकल चुके थे।

सन्तरी लोग उनके पीछे दौड़ पड़े और रुक जाने का हुक्म चिल्ला–चिल्ला कर देने लगे, लेकिन, लडके उनके आदेश की

अवहेलना करते हुए भागते ही रहे। सन्तरियों ने गोलियाँ चला दीं। अँधेरा घना होने कारण उनका निशाना सही नहीं बैठ रहा था। फिर भी, एक गोली मणि के पैर में लग गयी और वह लँगड़ाने लगा। गुंजाइश यह थी कि तब तक वे दोनों पास के घने जंगल तक पहुँच गये थे। जब तक सन्तरी जंगल के किनारे पहुँचते दोनों लड़के जंगल के भीतर भाग कर छुप गये। टॉर्च की रोशनी में घने जंगल में रात को उन्हें खोज पाना संतरियों को असंभव लगा। सन्तरियों को कमाण्डर ने वापस लौटने का हुक्म दिया और अगले दिन सुबह से उनकी खोज शुरू करने की बात कही। उसका कहना था कि लड़के रात को जंगल में बहुत दूर तक न भाग पायेंगे।

सरस्वती और लक्ष्मी भागते–भागते पस्त हो चुकी थीं। अब उनसे और आगे भाग पाना असम्भव लग रहा था। सरस्वती के पैर में गोली लगने के कारण उसे भयंकर दर्द होना शुरू हो गया था और ऐसी हालत में उसका एक कदम चलना भी अब दूभर था। दोनों लड़कियाँ एक झाड़ी के पीछे दुबकी बैठी थीं।

थोड़ी ही देर बाद उन्हें लगा कि टॉर्च की मद्धिम रोशनी जलाये उधर कोई घूम रहा था। वह शायद कुछ खोज रहा था। निकट आने पर जब लड़कियों को लगा कि वह धीमे स्वर में 'लक्ष्मी सरस्वती' कह कर पुकार रहा है, तो लड़कियाँ झाड़ी के बाहर आ गयीं और उन्हें यह जान कर बहुत खुशी हुई कि वह रामसनेही है।

रामसनेही ने झटपट उन्हें वहाँ से भाग चलने को कहा। सरस्वती को चलने में कठिनाई होने के कारण रामसनेही ने उसे अपनी पीठ पर उठा लिया और पेड़–पौधों के बीच से गुजरते हुए वह आधे घण्टे में ही वे उस गुफ़ानुमा जगह में पहुँच गये जिसे एक बार पहले रामसनेही ने उन दोनों को ले जा कर दिखायी थी कि मुसीबत में वहाँ जा कर छुपना है।

रास्ते में सरस्वती ने रामसनेही से पूछ लिया कि उन्हें पता कैसे लगा कि हम लोग मुसीबत में हैं। रामसनेही हँसने लगा। कहा कि जब दो दिनों से लगातार सातो डेड लेटर बॉक्स ख़ाली रहने लगा

तभी मैं समझ गया कि कुछ गड़बड़ हो गयी है और मैं ताक में रहने लगा। संयोग से दौड़ते सन्तरियों का मुझे अन्दाज मिल गया और इससे तुम दोनों को खोज निकालने की दिशा मुझे मिल गयी। उसी समय मैंने अपने दो आदमियों को सूचित कर दिया जो तुम दोनों को गुफ़ा से आगे ले जायेंगे और देखभाल करेंगे। सरस्वती ने फिर पूछ लिया कि ये दो आदमी कौन हैं और इनसे कैसे आपने इतनी जल्दी सम्पर्क कर लिया। रामसनेही ने सिर्फ़ इतना ही कहा कि उन लोगों से मिल कर जान जाना और उनसे कैसे सम्पर्क किया यह तुम्हारे लिए जानना ज़रूरी नहीं है। कुछ चीजें न जानना भी ठीक है।

गुफ़ा में पहुँचते ही एक आदमी वहाँ बैठा दिखायी दिया। रामसनेही सरस्वती और लक्ष्मी को जल्दी से उसके हवाले करके वहाँ से निकल भागा, यह कहते हुए कि अगर समय पर वह घर नहीं पहुँच जायेगा तो उस पर लोग शक करेंगे और हो सकता है फौज़ी लोग शक में उसे गिरफ़्तार कर लें।

गुफ़ा में बैठे आदमी ने अपना नाम सहदेव बताया। पता नहीं यह उसका असली नाम था या फर्जी सरस्वती समझ नहीं पायी। यह शक उसे इसलिए हो रहा था क्योंकि वह अपने को बहादुर ग्रुप का वायरलेस ऑपरेटर बता रहा था और बहादुर ग्रुप के लोग इतने मायावी होते थे कि किसे क्या नाम बतायें यह भगवान ही जानता है। ख़ुद वह और लक्ष्मी भी तो अभी नाम और लिंग बदल कर कुछ दिनों से रहे थे।

ख़ैर! जो हो, सहदेव ने उन दोनों की अच्छी देखभाल की। सरस्वती के पैर में लगी गोली के घाव की तुरन्त मरहम–पट्टी की। तीन दिनों तक वे तीनों उसी गुफ़ा में पड़े रहे। बाहर से उस गुफ़ा का द्वार प्राकृतिक रूप से उगे झाड़–झंखाड़ से ऐसा ढँका हुआ था कि किसी अजनबी को वहाँ गुफ़ा होने का अनुमान भी नहीं हो सकता था। यही कारण है कि अंग्रेज़ी फ़ौज के लोग उन दो लड़कों को खोजते हुए वहाँ से गुजर गये, लेकिन गुफ़ा का अन्दाज नहीं लगा पाये।

तीन दिनों के बाद रात के अँधेरे में लक्ष्मी, सरस्वती और सहदेव उस गुफ़ा से निकल पड़े। सरस्वती के पैर का घाव ठीक हो रहा था, लेकिन चलने पर उसमे दर्द होने लगता था। वह लक्ष्मी और सहदेव के कन्धों का सहारा लेकर चल रही थी। ज़्यादा दर्द होने पर सहदेव ने सरस्वती को अपनी पीठ पर लाद लिया। वह उन दोनों को एक ऐसी जगह ले गया जहाँ सघन झुरमुटों की आड़ में एक घोड़ा बँधा हुआ था। उसने फुर्ती से सरस्वती को घोड़े पर बैठाया और जल्दी मेम्यो बस्ती की ओर चल पड़ा। अँधेरे–अँधेरे वे तीनों सघन बस्ती में स्थित अपने सेफ हाउस में पहुँच गये।

सेफ हाउस में रामसनेही मौजूद था। उसके हवाले दोनों लड़कियों को करके सहदेव तुरन्त ही उसी घोड़े से वापस लौट पड़ा। लड़कियों की देखभाल और दवा की जिम्मेदारी अब रामसनेही बड़ी मुस्तैदी से सम्भाल रहा था। दोनों लड़कियों की कुशलता की ख़बर वायरलेस से लगातार नेता जी को भेजी जा रही थी।

ठीक पन्द्रहवें दिन सेफ हाउस में वही एजेंट आ पहुँचा जो पहले दोनों लड़कियों को रंगून से लाया था। वह उन्हें लेकर वापस चल पड़ा।

रंगून के मिन्गाल्द्न कैम्प में पहुँचने पर सरस्वती और लक्ष्मी का ज़बरदस्त स्वागत हुआ। उपयुक्त समय पर आज़ाद हिन्द सरकार के राष्ट्रपति के रूप में स्वयं नेता जी ने प्रमाण–पत्र देकर दोनों लड़कियों का सम्मान किया। जापान के सम्राट ने भी सरस्वती को वीरता का पदक देकर सम्मानित किया।

द्वितीय विश्व युद्ध बीतते–बीतते हालात बदल गये। मित्र राष्ट्रों की जीत हुई। आज़ाद हिन्द फ़ौज भंग हो गयी और इसके लोग बिखर गये। इसके उच्च सैनिक अधिकारियों पर राष्ट्रद्रोह का मुकदमा चला।

आज़ाद हिन्द फ़ौज के भंग होते ही सरस्वती का हौसला पस्त हो गया। सरस्वती का परिवार भी, जिसने नेता जी पर अपना सब कुछ

न्यौछावर कर देने की ठान रखी थी, नेता जी के विलुप्त होते ही हताश हो गया। बर्मा में अपनी सोने की ख़ान और अन्य अचल सम्पत्ति वहीं छोड़कर यह परिवार त्रिची के मूल स्थान में लौट आया।

भारत में लौटने पर सरस्वती ने स्वयं को बहुत विपन्न स्थिति में पाया – न रहने को घर, न जीविका के लिए कोई साधन। जिसने अपनी किशोरावस्था में अपने सारे स्वर्णाभूषण आज़ाद हिन्द फ़ौज को दान कर दिया, जिसने अपनी जवानी देश के लिए जासूसी करते गँवा दी, उसके हिस्से में अन्त में घोर अभाव और कष्ट आया। जो हाथ कभी देने के लिए उठे थे वही हाथ आखिर में सरकारी मदद पाने के लिए मजबूर हो गये। गुप्तचरों की शायद यही अन्तिम नियति होती है – न नाम, न दाम। फिर भी उनका सिर गर्व से ऊँचा रहा और ज़ुबान पर आवाज़ बुलन्द रही – जय हिन्द।

बाद में तमिलनाडु सरकार द्वारा चेन्नई में दिये गये मकान में सरस्वती राजमणि रहने लगीं। देशभक्ति और त्याग की बेमिशाल इस महिला जासूस ने 13 जनवरी 2018 को चेन्नई में अन्तिम साँस ली।

ऐ वतन तेरे लिए

19 दिसम्बर, 1928 लाहौर रेलवे स्टेशन पर भारी गहमागहमी थी। ज़बरदस्त ठण्ड के बावजूद पिछले दो दिनों से तमाम पुलिस वाले स्टेशन पर तैनात थे। इनकी नज़र ख़ासतौर से लाहौर रेलवे स्टेशन से छूटने वाली ट्रेनों पर थी। वे कुछ ख़ास नौजवानों को खोज रहे थे।

17 दिसम्बर 1928 को प्रशिक्षु युवा पुलिस अधिकारी जॉन सांडर्स (सहायक पुलिस अधीक्षक, लाहौर) की हत्या दो युवकों ने सरेआम गोली मार कर कर दी थी। जब सांडर्स का हमराही हैड कांस्टेबल चानन सिंह ने इन युवकों का पीछा करने की कोशिश की तो उनके दो अन्य साथियों ने उसे गोली मार कर घायल कर दिया और चारों फ़रार होने में सफल हो गये। उन चार युवकों में एक सिख युवक भी था जो उनका सरदार (नेता) था।

पुलिस को शक था कि चारों युवक लाहौर शहर से बाहर भाग सकते हैं। इसलिए पूरे शहर में नाकेबन्दी की गयी थी। लगभग चार सौ पुलिस वाले जगह–जगह तैनात थे। उनमें ज़्यादातर बावर्दी थे। उन्हीं में से कुछ बिना वर्दी के थे, जो सीआईडी वाले थे और छुप कर खुफियागीरी कर रहे थे। पुलिस वालों को उस सिख युवक पर ख़ास नज़र रखने को कहा गया था, जो उन चारों युवकों का सरदार था।

लाहौर से बाहर जाने के लिए टिकट लेने वालों और रेलगाड़ी में सवार होने वालों से पुलिस कड़ी पूछताछ कर रही थी। स्टेशन परिसर में जो कोई सिख दिख जाता था पुलिस उससे पूछताछ करने

लगती थी – बिना इस बात की परवाह किये कि वह सिख बूढ़ा है या बच्चा। चूँकि पुलिस का बड़ा अफ़सर मारा गया था इसलिए पुलिस बल एक दम बौखलाया हुआ था। उस बौखलाहट में जो कोई भी जरा भी सन्देहास्पद लगता पुलिस उससे पूछताछ करने लगती। पूछताछ के दौरान पुलिस वालों का पारा अक्सर चढ़ जाता और उस सन्देहास्पद व्यक्ति पर पुलिस अपनी झल्लाहट और गुस्सा उतारने लगती।

इसी दौरान एक अभिजात्य दिखने वाले एंग्लो–इंडियन युवक से भी पुलिस पूछताछ करने लगी, लेकिन युवक के अंग्रेज़ी बोलने के लहजे, अंग्रेज़ी रंग–ढंग और कपड़े तथा साथ में सम्भ्रान्त परिवार की बहू–सी दिखने वाली पत्नी और उसकी गोद में एक नन्हे बच्चे को देखकर पुलिस वाले मारे संकोच के पीछे हट गये। युवा दम्पति ने हाबड़ा मेल से कानपुर तक के लिए फर्स्ट क्लास के दो टिकट और अपने नौकर के लिए थर्ड क्लास का एक टिकट लिया। रईस युवा दम्पति की सुविधा के लिए रेलवे वालों ने उन्हें एक अलग कूपे में यात्रा करने का प्रबन्ध कर दिया!

कानपुर पहुँचने पर युवा दम्पति अपने नौकर और नन्हें बच्चे के साथ ट्रेन से उतर कर लखनऊ की ओर चल पड़ा। लखनऊ रेलवे स्टेशन पहुँच कर वे हाबड़ा जा रही एक गाड़ी में बैठ गये और उनका नौकर बनारस रवाना हो गया। सांडर्स के क़त्ल की वजह से लाहौर से हाबड़ा पहुँचने वाली ट्रेन के यात्रियों की ख़ासा जाँच–पड़ताल हो रही थी। युवा पति–पत्नी पुलिस की इस जाँच से बचना चाहते थे। क्यों? ऐसा क्या इस संभ्रांत दम्पति ने कर दिया था?

सांडर्स गलतफहमी में मारा गया था। मारने वाले असल में जेम्स स्कॉट को मारने चाहते थे, जिसे वे साइमन कमीशन के विरोध का नेतृत्व कर रहे लाला लाजपत राय पर डण्डे बरसवा कर मौत के मुँह में धकेलने के लिए जिम्मेदार मानते थे।

सांडर्स नाम के युवा पुलिस अधिकारी की हत्या सरदार भगत सिंह और उनके साथी शिवराम राजगुरु ने की। इन्हें सहयोग दे रहे थे

चन्द्रशेखर आज़ाद और सुखदेव थापर। सांडर्स की हत्या कर भाग रहे भगत सिंह और राजगुरु का पीछा करने वाले चानन सिंह को गोली मार कर चन्द्रशेखर आज़ाद ने घायल कर दिया ताकि भगत सिंह और राजगुरु सुरक्षित निकल सकें। नौजवान भारत सभा के ये चारों युवा सदस्य अपनी–अपनी साइकिलों से अलग दिशाओं में भाग लिए। पूर्व–निर्धारित योजना के अनुसार वे सभी एक गुप्त सेफ हाउस में मिले। वहाँ वे दो दिनों तक छुपे रहे और आगे भागने की योजना बनाते और क्रियान्वित करते रहे।

18 दिसम्बर की रात भगत सिंह, शिवराम राजगुरु और सुखदेव थापर नौजवान भारत सभा के एक अन्य सदस्य भगवती चरण वोहरा के घर पहुँचे। सबने अपना हुलिया बिल्कुल बदल रखा था। सरदार भगत सिंह की दाढ़ी–मूँछ सफाचट, केश छोटे–छोटे, और पारम्परिक पंजाबी पगड़ी की जगह सिर पर अंग्रेज़ी हैट।

भगवती चरण वोहरा भारतीय राष्ट्रीय कांग्रेस के अधिवेशन में भाग लेने कलकत्ता (वर्तमान कोलकाता) गये हुए थे। उनकी पत्नी दुर्गावती देवी, जिन्हें क्रान्तिकारियों के बीच दुर्गा भाभी के नाम से जाना जाता था, घर पर अकेली थीं। साथ में तीन साल का छोटा बेटा शचीन्द्र। आगन्तुक युवकों में से सिर्फ़ दो को दुर्गा भाभी पहचान पायीं। तीसरा व्यक्ति अजनबी था। इतनी रात को किसी अकेली औरत का अपने घर में इन युवकों और उनके अजनबी साथी को घुसने देना बहुत हिम्मत की बात थी। जब हैट धारण किये उस अजनबी युवक का परिचय सरदार भगत सिंह के रूप में कराया गया तो दुर्गा भाभी उनके इस बदले हुए रूप को देख कर हैरत में पड़ गयीं।

क्रान्तिकारी साथियों की आर्थिक मदद का दुर्गा भाभी ने तुरन्त प्रबन्ध किया। यही नहीं, कुँआरे भगत सिंह की बीवी बनकर और अपने नन्हें बच्चे को गोद में लेकर भगत सिंह को यात्रा के लिए अतिरिक्त आवरण (कवर) प्रदान किया ताकि वह पुलिस वालों की आँखों में धूल झोंक कर सुरक्षित भाग निकलें।

इधर चन्द्रशेखर आज़ाद ने रामनामी ओढ़ एक पण्डा का रूप धारण कर लिया और दो स्त्री जजमानों को तीर्थयात्रा कराने के बहाने हरिद्वार की ओर निकल भागे। इन दो स्त्रियों में से एक सुखदेव की माँ थी और दूसरी सुखदेव की बहन।

••

दुर्गावती का जन्म एक गुजराती ब्राह्मण परिवार में 7 अक्टूबर 1902 को हुआ था। यह परिवार बहुत पहले उत्तर प्रदेश के कौशाम्बी (तत्कालीन इलाहबाद) जिले के शहजादपुर गाँव (तहसील सिराथू) में आकर बस गया था। दुर्गावती के दादा पुलिस में दरोगा थे और इनके पिता पण्डित बाँके बिहारी इलाहबाद कलैक्टरी कचहरी में नाजिर थे। बचपन में ही दुर्गावती की माँ गुजर गयी थीं और पिता ने संन्यास ले लिया था। चूँकि परिवार सम्पन्न था अतः दुर्गावती को कोई परेशानी नहीं थी।

दस वर्ष की उम्र में ही दुर्गावती की शादी लाहौर के शिवचरण वोहरा के 15–वर्षीय बेटे भगवती चरण वोहरा से हो गयी थी। शिव चरण रेलवे में (सम्भवतः ठेकेदार) थे और अंग्रेज़ों ने उन्हें राय साहब के ख़िताब से नवाजा था। सम्पन्न परिवार और अंग्रेज़ों से अच्छे ताल्लुकात वाले परिवार का होने के बावजूद युवक भगवती चरण अंग्रेज़ों के विरुद्ध बगावती तेवर अपनाये हुए थे। यही नहीं, अंग्रेज़ों की दासता से मुक्ति के लिए वह क्रान्तिकारी कार्यकलापों में भाग लेने लगे थे।

भगवती चरण ने लाहौर के नेशनल कॉलेज से बीए की पढाई पूरी की। 1920 में पिता की मृत्यु के पश्चात वे खुलकर क्रान्तिकारी कार्यों में भाग लेने लगे। इस बीच, उनकी पत्नी दुर्गावती ने भी संगीत में 'प्रभाकर' तक की शिक्षा ग्रहण कर ली और लाहौर के एक बालिका विद्यालय में अध्यापन करने लगीं। पति की क्रान्तिकारी गतिविधियों से प्रभावित होकर वे भी उनमें भाग लेने लगीं। 1925 में उन्हें एक बेटा पैदा हुआ, जिसका नाम शचीन्द्र रखा गया। प्यार से सब लोग उसे सची बुलाते थे।

1 जनवरी, 1925 को बंगाल के क्रान्तिकारी शचीन्द्र नाथ सान्याल के नेतृत्व में क्रान्तिकारियों ने एक सँगठन बनाया था – 'हिन्दुस्तान रिपब्लिकन एसोसिएशन'। उसी साल 9 अगस्त को इस संगठन ने काकोरी ट्रेन डकैती काण्ड को अन्जाम दिया, जिसके लिए देश भर से इसके 28 सदस्य गिरफ़्तार किये गये। इनमें प्रमुख थे असफाक उल्लाह खाँ, रामप्रसाद बिस्मिल, रोशन सिंह और राजेन्द्र लाहिरी, जिन्हें बाद में (दिसम्बर 1927 में) फाँसी दे दी गयी।

काकोरी काण्ड के बाद हिन्दुस्तान रिपब्लिकन एसोसिएशन एकदम क्षीण हो गयी। इस कमी को पूरा करने के लिए मार्च 1926 में भगवती चरण वोहरा, भगत सिंह वगैरह ने मिलकर 'नौजवान भारत सभा' नामक एक संगठन खड़ा किया। सांडर्स की हत्या के बाद नौजवान भारत सभा भी कमज़ोर पड़ गयी।

1928 में हिन्दुस्तान रिपब्लिकन एसोसिएशन में फिर से जान फूँकने के लिए कई प्रदेशों के क्रान्तिकारियों ने एकजुट होकर कोशिश की। सबने मिलकर चन्द्रशेखर आज़ाद के नेतृत्व में दिल्ली में 'हिन्दुस्तान सोशलिस्ट रिपब्लिकन एसोसिएशन' नाम से एक नयी संस्था का गठन किया। भगवती चरण वोहरा ने इस नये संगठन का मनिफेस्टो तैयार किया। नौजवान क्रान्तिकारियों में भगवती चरण सबसे बड़े बुद्धिजीवी और विद्वान माने जाते थे।

इन क्रान्तिकारियों के साथ कन्धे से कन्धा मिला कर दुर्गा भाभी क्रान्तिकारी गतिविधियों में भाग लेती थीं। उन्हें अपने मायके से पाँच हज़ार और ससुराल से चालीस हज़ार रूपये मिले थे वक़्त–ज़रूरत पर ख़र्च करने के लिए, लेकिन उन्होंने यह सारा धन क्रान्तिकारियों को दे दिया। यही नहीं, जब भगत सिंह और अन्य साथियों पर मुकदमा चलने लगा तो उन्होंने पैरवी के लिए अपने गहने तीन हज़ार रूपये में बेच दिये।

1929 में हिन्दुस्तान सोशलिस्ट रिपब्लिकन एसोसिएशन की असलहों की ज़रूरत को पूरा करने के लिए दो गुप्त कारखाने खोले गये – एक लाहौर में और दूसरा दिल्ली में। दिल्ली वाली फैक्ट्री

भगवती चरण वोहरा और दुर्गा भाभी के निर्देशन में एसोसिएशन के एक अन्य सदस्य विमल प्रसाद जैन द्वारा कुतुब रोड पर 'हिमालयन टॉयलेट्स' के छद्मनाम से चलायी जा रही थी।

लाहौर वाली फैक्ट्री भगवती चरण वोहरा 'कश्मीर हाउस' नामक किराये के मकान में चलाते थे। वे पिस्तौल और बम बनाने में माहिर थे। दुर्गा भाभी ने उन्हीं से पिस्तौल और बम बनाने की विधि सीखी। वे बम और पिस्तौल ख़ुद तैयार करने के साथ–साथ भगवती चरण को भी इस काम में सहयोग देती थीं। साथ ही, इस फैक्ट्री में बने हुए हथियारों को विभिन्न क्रान्तिकारियों के पास पहुँचाने का काम भी दुर्गा भाभी के जिम्मे ही था। उनके स्त्री होने और प्रतिष्ठित परिवार की बहू होने के नाते कोई उन पर शक नहीं करता था। इस बात का फ़ायदा उठाते हुए वे हथियारों की सप्लाई के काम में बड़ी मुस्तैदी से लगी रहती थीं। चन्द्रशेखर आज़ाद ने इलाहबाद (अब प्रयागराज) के अल्फ्रेड पार्क (अब आज़ाद पार्क) में पुलिस मुठभेड़ और आत्महत्या (27 फरवरी, 1931) में जिस कोल्ट पिस्तौल का प्रयोग किया था उसे दुर्गा भाभी ने ही सप्लाई किया था।

भारत की स्वतन्त्रता की माँग को दुनिया की नज़र में लाने के लिए भगत सिंह और बटुकेश्वर दत्त ने 8 अप्रैल, 1929 को सेंट्रल लेजिस्लेटिव असेंबली में बम फेंका और नारे लगते हुए गिरफ़्तार कर लिए गये। 15 अप्रैल 1929 को जब लाहौर वाले कारख़ाने पर पुलिस का छापा पड़ा तो वहाँ से सुखदेव, जय गोपाल और किशोरी लाल पकड़े गये। संयोगवश भगवती चरण वोहरा वहाँ नहीं थे। तत्क्षण वोहरा दम्पति अन्डरग्राउण्ड हो गये। भगत सिंह, सुखदेव और राजगुरु को लाहौर की बोर्स्टल जेल में रखा गया था।

इस हालत में इन क्रान्तिकारियों के बीच सम्पर्क बनाये रखने की जिम्मेदारी उठायी दुर्गा भाभी ने। अंडरग्राउंड 'पोस्टबॉक्स' के रूप में वह न केवल क्रान्तिकारियों और उनके परिवार जनों के पत्र ख़ुद रिसीव करती थीं, बल्कि उनके गन्तव्य तक पहुँचाती भी थीं। ख़ुफ़िया सूचनाएँ और चेतावनियाँ क्रान्तिकारियों तक सही जगह और

सही समय पर पहुँचाने की जिम्मेदारी भी वह बख़ूबी निभाती थीं। गुप्त सूचनाओं के संचार के लिए उन्होंने कई खुफ़िया तरीके अपना रखे थे। इनमें कोड वर्ड का प्रयोग प्रमुख था। ये कोड वर्ड, जिन्हें क्रन्तिकारी कोड कहा जाता था, वे ख़ुद तय करती थीं। अपने लिए उन्होंने 'पोस्टबॉक्स' कोड चुना था।

मौखिक रूप से बतायी जाने वाली ज़्यादातर सूचनाएँ दुर्गा भाभी ख़ुद चल कर पहुँचाती थीं। जब लिख कर सूचनाएँ पहुँचानी होती थी तो वे कुछ ख़ास रसायनों का प्रयोग कर अदृश्य अक्षरों में लिखती थीं जिन्हें पाने वाला ख़ास विधि से ही पढ़ पाता था। कहते हैं इस कार्य में कभी–कभी वे दूध से लिखे हुए अक्षरों वाली चिट्ठियाँ भी भेजती थीं, जिन्हें पाने वाला क्रान्तिकारी साथी आँच पर सेंक कर पढ़ लेता था।

एक दिन बोर्स्टल जेल में बंद भगत सिंह को बताया गया कि उनके पिण्ड बँगा (जरनवाला तहसील, जिला लायलपुर) से उनकी बहन बसन्ती कौर मिलने आयी हैं। भगत सिंह हैरत में पड़ गये कि इस नाम की तो उनकी कोई बहन ही नहीं है। फिर भी, उन्होंने अपनी हैरानी किसी पर प्रकट नहीं होने दी और इस रहस्यमयी महिला के बारे में जानने की उत्सुकता लिए मुलाकाती कक्ष की ओर चल दिए। ड्यूटी पर तैनात सन्तरी मुलाकाती कक्ष से लगी सलाखों वाली कोठरी में उन्हें ले जाकर बन्द कर दिया और कुछ दूरी पर खड़ा होकर मुलाकात का वक़्त ख़त्म होने का इन्तजार करने लगा।

भगत सिंह ने देखा कि सलाखों के उस पार पंजाबी सूट–सलवार पहने और चुन्नी से अपना मुँह थोड़ा ढँके एक लम्बी–छरहरी युवती उनकी ओर बढ़ी आ रही है। युवती ज्यों ही नजदीक पहुँची, भगत सिंह के मुँह से हठात निकल पड़ा, "आप!" आगे वह सम्भल गये और धीरे से फुसफुसाए, "दुर्गा भाभी आप!" दुर्गा भाभी ने चितवन से उन्हें बरज दिया ताकि जज्बातों के बहाव में कहीं भंडाफोड़ न हो जाये। मुआ सन्तरी लगातार उनकी ओर दूर से घूरे जा रहा था – पता नहीं उसे कोई शक हो गया था या औरत को घूरने का वह मज़ा ले रहा था।

मुलाकाती बहन ने सलाखों के पीछे खड़े अपने भाई से, जिसकी कभी वह पत्नी भी बनी थी, कुछ औपचारिक हालचाल किया। बहन ने भाई को भरोसा दिया कि उसके मुकदमे की पैरवी ख़ूब ज़ोर–शोर से की जा रही है और पैसों की कोई परवाह नहीं है, किन्तु, शीघ्र ही उसकी आवाज़ फुसफुसाहट में बदल गयी ताकि वहाँ मौजूद सन्तरी न सुन ले – "दो दिन बाद बोर्स्टल से सेंट्रल जेल ले जाते समय पुलिस वैन पर हमला करके तुम्हें छुड़ा लिया जायेगा। अलर्ट रहना।"

यह संक्षिप्त मुलाकात समाप्त हुई। भाई भगत सिंह दुर्गा भाभी की हिम्मत और चालबाजी की मन ही मन दाद देते हुए अपनी बैरक की ओर वापस लौट पड़े। बहन दुर्गा भाभी शीघ्रता से वहाँ से चल पड़ी। उसे अभी इस अभियान के लिए बहुत तैयारियाँ करनी थीं। इन सब बातों से अनजान सन्तरी लौटती लड़की के नितम्बों को चुपचाप घूरता रहा।

हिन्दुस्तान सोशलिस्ट रिपब्लिकन एसोसिएशन की एक अत्यन्त गुप्त मीटिंग में निर्णय लिया गया था कि पुलिस वैन पर बमों से हमला करके भगत सिंह को छुड़ा लिया जायेगा। इस जोखिम भरे अभियान की गुपचुप तैयारियाँ शुरू हो गयीं। सड़क पर घायल पड़ी एक महिला का अभिनय करने की जिम्मेदारी दुर्गा भाभी को दी गयी। उन्हें पुलिस वैन के पहुँचते ही मदद की गुहार लगानी थी ताकि मदद के लिए पुलिस वालों को आकृष्ट किया जा सके और उन्हें कुछ देर तक उलझाये रखा जा सके। बम बनाने की जिम्मेदारी भगवती चरण वोहरा को दी गयी, जबकि बमों को फेंकने की जिम्मेदारी दो क्रान्तिकारी सदस्यों को दी गयी। दो अन्य सदस्यों को पिस्तौल से लैस होकर वहाँ तैनात रहना था ताकि कवर फायरिंग की जा सके। अभियान सफल होते ही पिस्तौलधारी युवकों की जिम्मेदारी थी कि गोलियों की आड़ में भगत सिंह को भगा ले जायें, जबकि बम फेंकने वाले युवकों की जिम्मेदारी थी दुर्गा भाभी को सुरक्षित वहाँ से निकालने की।

लाहौर में बोर्स्टल और सेंट्रल जेल आमने–सामने थे। भगत सिंह और साथियों के मुकदमे की सुनवाई जेल में ही होती थी,

जिसके लिए उन्हें बारी–बारी से बोर्स्टल से सेंट्रल जेल ले जाया जाता था। जिन क्रान्तिकारी साथियों को यह अभियान सौंपा गया था उन्होंने दुर्गा भाभी के साथ इस स्थान की भली–भाँति रेकी कर ली। बम तैयार कर लिए गये। बमों की गुणवत्ता को परखने के लिए भगवती चरण वोहरा दो साथी क्रान्तिकारियों के साथ 28 मई, 1930 को रावी नदी के तट पर सुनसान में गये। बमों की टेस्टिंग शुरू हुई। वोहरा जी के सब बम बहुत अच्छे थे। आख़िर बम बनाने की विद्या उन्होंने मशहूर बंगाली क्रान्तिकारी जतीन्द्र नाथ दास से सीखी थी। किन्तु, दुर्भाग्य! टेस्टिंग के दौरान एक बम वोहरा जी की हथेली में ही फट गया और उनका शरीर चीथड़े–चीथड़े उड़ गया।

दुर्गा भाभी विधवा हो गयीं। भगत सिंह को छुड़ा लेने की योजना बिखर गयी। कई क्रान्तिकारी जेल में बन्द थे। कुछ दूसरे या तो मारे गये थे या फाँसी चढ़ा दिये गये थे। पति भगवती चरण के बिना दुर्गा भाभी एकदम अकेली पड़ गयी थीं। साथ में नन्हें बेटे शचीन्द्र के पालन–पोषण का काम भी उनके ऊपर था, लेकिन, दुर्गा भाभी ने हिम्मत न हारी। ठप्प पड़ गयी क्रान्तिकारी गतिविधियों में फिर से जान फूँकने के लिए वह निकल पड़ीं।

कभी बुढ़िया का रूप धारण कर दुर्गा भाभी रावलपिण्डी पहुँच जातीं, तो कभी राजस्थानी लहँगा–चोली पहन जयपुर चली जातीं। जहाँ उन्हें ज़रूरत महसूस होती वह रूप बदल कर क्रान्तिकारियों के ग्रुप से मिलने जातीं। वहाँ क्रान्तिकारी साथियों का हौसला बढ़ातीं, नयी योजनाएँ बनातीं और उन्हें कार्यान्वित करने के लिए उन्हें उत्साहित करतीं। कभी वह भिखारिणी का वेश बना कर अपने गूदड़ में, तो कभी सुशिक्षित विदुषी बन अपने अन्तर्वस्त्रों में, हथियारों को छुपाकर एक स्थान से दूसरे स्थान पर पहुँचातीं। हर बार उनका एक नया रूप होता और उनके क्रान्तिकारी साथी उन्हें देख कर चौंक जाते। इस दौरान गुप्त सन्देश पहुँचाने का 'पोस्टबॉक्स' वाला कर्तव्य भी वह भली–भाँति निभाती रहतीं।

इस बीच एक बार फिर वह भगत सिंह से मिलने जेल पहुँच गयीं। इस बार उन्होंने भगत सिंह की बुढ़िया चाची का वेश बना लिया और जेल प्राधिकारियों को ठगते हुए भगत सिंह से मिलने में सफल रहीं, लेकिन, इस बार दोनों का मिलन मामूली न था। दोनों बहुत भावुक हो उठे। परिस्थितियों के हाथों क्रान्ति की ज्वाला बुझते देख कर उनकी आँखों में आँसू आ गये। कल ही, 7 अक्टूबर, 1930 को, तो कोर्ट ने भगत सिंह, सुखदेव व राजगुरु को फाँसी की सजा सुनायी थी।

दूर खड़े सन्तरी को लगा कि भतीजा और चाची फाँसी की सजा के डर से रो रहे हैं। उसे कहाँ पता था कि आज़ादी के दीवानों को मृत्यु का कहाँ भय? उन्हें तो दुःख सिर्फ़ इस बात का था कि आज़ादी की जंग में लड़ने वाले साथी एक–एक कर ढेर होते जा रहे हैं।

जेल से लौट कर दुर्गा भाभी ने बड़ी फुर्ती और गोपनीयता से क्रान्तिकारियों की एक गुप्त मीटिंग बुलायी। उस मीटिंग में उन्होंने ललकारा कि तीन साथियों को फाँसी की सजा सुनाये जाने का विरोध करने के लिए कुछ हंगामेदार कार्रवाई करनी चाहिए। कहते हैं कि संगठन (हिन्दुस्तान सोशलिस्ट रिपब्लिकन एसोसिएशन) की क्षीण स्थिति देख कर साथियों ने सलाह दी कि कुछ दिनों अभी चुप बैठना चाहिए। दुर्गा भाभी उनसे राजी न हुईं। वह चुप कहाँ बैठने वाली थीं। उन्होंने ललकारा कि वे अकेले कुछ कर के दिखायेंगीं।

मज़बूत इरादे के साथ दुर्गा भाभी अपने दो साथियों – यशपाल और वैशम्पायन – के साथ बम्बई के लिए चल पड़ीं। उन्हें मालूम था कि पंजाब का भूतपूर्व गवर्नर लॉर्ड हैली उन दिनों बम्बई में ही था। उसकी हत्या कर दुर्गा भाभी तीन साथियों को फाँसी की सजा सुनाये जाने का बदला लेना चाहती थीं। भारतीयों के विरुद्ध दमनात्मक गतिविधियों के लिए हैली लगातार क्रान्तिकारियों के निशाने पर था।

9 अक्टूबर, 1930 की रात दक्षिण बम्बई (मुम्बई) के लैमिंगटन रोड पर हैली को मारने तीनों हैली के आवास के निकट पहुँचे।

दुर्गा भाभी ने वहाँ गोलियाँ चलायीं। उस गोलीबारी में हैली का तो कुछ न बिगड़ा। अलबत्ता, वहाँ खड़े एक अंग्रेज़ सर्जेंट और उसकी बीवी मामूली तौर पर घायल हो गये। दुर्गा भाभी का मुख्य मकसद अंग्रेज़ों के शक्तिशाली साम्राज्य को चुनौती देना था।

गोली चला कर भागते समय अंग्रेज़ जान गये कि गोली किसी महिला ने चलायी है क्योंकि गोली चला कर भागने की प्रक्रिया में दुर्गा भाभी की साड़ी फट गयी थी और उसका एक टुकड़ा वहीं पड़ा रह गया था। एक औरत के इतने ज़ोखिम भरे और ख़तरनाक काम को देख कर अंग्रेज़ हैरत में पड़ गये। ऐसी दिलेरी किसी हिन्दुस्तानी औरत में उन्होंने पहली बार देखी थी।

साड़ी के टुकड़े को सुराग मान कर बम्बई पुलिस दुर्गा भाभी के पीछे पड़ गयी। वे जहाँ भी छुपतीं, सुराग लगाते हुए पुलिस वहीं पहुँच जातीं। कहीं बहू बनकर, तो कहीं बहन बन कर वह छुपतीं। कहीं घरेलू नौकरानी बन कर रहतीं, किसी के यहाँ कोई रिश्तेदार बन कर रह जातीं। लेकिन, पुलिस वाले हर बार उनका पता खोज निकालते। कभी–कभी बुरका पहन कर वह बाहर निकलतीं। वे तरह–तरह की जगहों में भेष बदल कर रहतीं, लेकिन उनकी सबसे बड़ी पहचान उनका बेटा शची था, जिसे वह कहीं दूसरे के पास छोड़ न पातीं।

इधर, 27 फरवरी, 1931 को इलाहबाद में पुलिस के साथ मुठभेड़ के दौरान ख़ुद गोली मार कर चन्द्रशेखर आज़ाद शहीद हो गये। इसके एक महीने बाद ही, 23 मार्च 1931 को भगत सिंह, सुखदेव और राजगुरु को फाँसी दे दी गयी। साथी क्रान्तिकारियों के शहीद हो जाने के बाद दुर्गा भाभी एकदम अकेली पड़ गयीं। अपने पाँच वर्षीय पुत्र शचीन्द्र को शिक्षा दिलाने की व्यवस्था करने के उद्देश्य से वह साहस करके दिल्ली चली गयी। दिल्ली में वह पुलिस वालों के डर से लगातार परेशान रहने लगीं। इन्हीं सब कारणों से वे दिल्ली से लाहौर चली गई, जहाँ पर पुलिस ने उन्हें गिरफ़्तार कर लिया और तीन वर्ष तक नज़रबन्द रखा। फरारी, गिरफ़्तारी व रिहाई का यह सिलसिला 1931 से 1935 तक चलता रहा।

अन्त में लाहौर से जिलाबदर किए जाने के बाद दुर्गा भाभी 1935 में गाज़ियाबाद में प्यारेलाल कन्या विद्यालय में अध्यापिका की नौकरी करने लगीं। कुछ समय बाद वह पुनः दिल्ली चली गयीं और कांग्रेस में काम करने लगीं। कांग्रेस का जीवन रास न आने के कारण उन्होंने 1937 में उसे छोड़ दिया।

इस दौरान दुर्गा भाभी बहुत चिन्ताग्रस्त रहीं। उन्हें सन्तोष था कि देश के लिए उन्होंने यथा–सामर्थ्य बहुत कुछ किया। देश पर अपना सर्वस्व लुटा दिया। एक पत्नी के रूप में भी अपने कर्तव्य से वह सन्तुष्ट थीं। उन्हें इस बात का गर्व था कि अपने क्षुद्र स्वार्थ के लिए उन्होंने न तो किसी को धोखा दिया और न कोई हिंसा की। उन्हें अफ़सोस इस बात था कि देशप्रेम के आवेश और क्रान्तिकारी गतिविधियों के चक्कर में वह अपने बेटे शचीन्द्र के लिए कुछ नहीं कर पायीं। उन्हें खेद था कि वे अच्छी माँ साबित नहीं हो सकीं।

1939 में इन्होंने मद्रास जाकर मारिया मांटेसरी से मांटेसरी पद्धति का प्रशिक्षण लिया। शिक्षा के प्रचार–प्रसार हेतु तथा मोंटेसरी पद्धति को कार्यरूप में लाने के उद्देश्य से दुर्गा भाभी 1940 में लखनऊ में कैन्ट रोड (नज़ीराबाद) के एक मकान में सिर्फ़ पाँच बच्चों के साथ मांटेसरी विद्यालय खोला। इस स्कूल को देखने तत्कालीन प्रधानमन्त्री जवाहरलाल नेहरू भी एक बार पहुँचे थे और दुर्गा भाभी से मिल कर बहुत प्रभावित हुए। आज भी यह विद्यालय लखनऊ में मांटेसरी इंटर कॉलेज के नाम से जाना जाता है।

गुप्तचरों का बुढ़ापा अक्सर गुमनामी में गुजर जाता है। यही दुर्गा भाभी के साथ भी हुआ। गुमनामी का जीवन जीते हुए वे बुढ़ापे में गाजियाबाद में आकर रहने लगीं, जहाँ कुछ पड़ोसी उन्हें भगत सिंह की पत्नी के तौर पर जानते थे। यह भी एक विडम्बना है कि कभी किसी छलपूर्ण आवरण का ओढ़ा जाना किसी गुप्तचर के साथ ऐसा जुड़ जाता है कि वही कुछ लोगों के लिए उसकी पहचान बन जाता है!

14 अक्टूबर 1999 को गाज़ियाबाद में ही दुर्गा भाभी ने गुमनामी में इस संसार से विदा ले ली।

बनारसी

बनारसी था वह – सिर्फ़ इस वजह से नहीं कि बनारस का रहने वाला था, बल्कि इसलिए भी कि बनारसी नाम था उसका। माई उसे बुलाती – बनरसिया रे, बाबू बुलाते – बनरसिया सरवा। माई खुश होती तो कहती – बनारसी बचवा, बाबू खुश होते तो कहते – बनारसी दास। साथी लोग सदा स्नेह से बुलाते – बनारसी भैया। चेले–चपाटी सदैव सम्मान से कहते – बनारसी गुरु।

वैसे सम्बोधनों की इस श्रृंखला में कब किसके द्वारा आड़े–अलोपे हेरा–फेरी हो जाये कह नहीं सकता। कौन ठिकाना कब कौन साथी बनारसी की अनुपस्थिति में 'बनरसिया सरवा एक दम चंट चूतिया हव' कहता है और कौन चेला 'बनरसिया भोंसड़ी के' कहकर अपनी भड़ास निकालता है। यह नहीं कि बनारसी को इसकी भनक नहीं लगती, लेकिन वह इन सबकी परवाह नहीं करते। उनके लिए बस इतना काफी है कि वह बनारसी हैं – नाम से भी और निवास से भी।

और, काम? काम क्या है बनारसी का? लोग कहते कि ठग है वह। लोगों को ठगता है। बनारसी स्वीकार करता है कि वह ठग है। इन्कार क्यों करे कि वह ठग नहीं है? ठगी उसके लिए साधना है, कला है। ठगी उसके लिए साधन है जिससे वह चपल–चालाकों को सबक सिखाता है, धनपशुओं का धनहरण करता है और अकड़बाजों की अकड़ ढीली करता है। कभी किसी गरीब–गुरबा के कुछ पैसे उसने अगर उड़ा लिए हैं तो आभास होते ही वह न केवल पैसे लौटा देता है, बल्कि उससे क्षमा भी माँग लेता है। बहुत बार तो ऐसा भी

हुआ है कि ऐसे किसी मज़लूम को उसने अपनी ओर से कुछ पैसा मिला कर लौटाया है। किसी भोले और सीधे इन्सान को उसने कभी गलती से या हँसी–हँसी में बेवकूफ बनाया है तो उससे तुरन्त माफ़ी माँग लेने में वह अपनी तौहीन नहीं समझता।

असल में बनारसी ठगी को धन्धा नहीं, बल्कि कला मानता है। इस कला को वह साधने और निखारने में लगा रहता है। नये–नये ढंग, नयी–नयी तरकीबें इजाद करने में मशगूल रहता है। उसे अपनी चतुराई का बड़ा भरोसा रहता है। अपनी चतुराई के बल पर कुछ भी हासिल कर सकता है वह; किसी को भी बेवकूफ बना सकता है; किसी की भी दमड़ी उड़ा सकता है और किसी की भी चमड़ी उधेड़ सकता है – बिना एक छड़ी उठाये। हिंसा में यकीन नहीं उसका। जब मारपीट ही करनी हो तो यह कला कहाँ रह गयी, बुद्धि के इस्तेमाल की ज़रूरत ही फिर क्या है? बल का इस्तेमाल तो बेवकूफ लोग करते हैं; वह तो बुद्धि का इस्तेमाल करता है। भला कोई ज़ोर–ज़बरदस्ती करने पर बिना लड़े अपना कुछ दे सकता है, जबकि वह वही चीज़ उससे हँसी–ख़ुशी हड़प लेता है।

अद्धी का कुर्ता और सुपर फाइन सूती धोती पहने, पैरों में पम्प जूते, कन्धे पर पीला रेशमी गमछा, कानों के कोरों में इत्र का फाहा, आँखों में हल्का सुरमा, बालों में तेल और मुँह में सुगन्धित मगही पान का बीड़ा दबाये बनारसी जब ठसक से चलते हैं तो कोई बड़े रईस लगते हैं। बोली में मौके के मुताबिक रोब और नफ़ासत वाली मिठास। ऐसे में कोई कैसे जाने कि वह ठग हैं और क्यों न ख़ुशी–ख़ुशी उनसे ठगाय जाएं!

बनारसी ने अपने टोले–मोहल्ले वालों को कभी न ठगा। अपने शहर वालों को भी शायद ही कभी उन्होंने ठगा हो। उनके निशाने पर तो होते हैं वे यात्री जो धर्म के नशे में धन के बल पर पुण्य खरीदने काशी आते हैं या फिर वे व्यवसायी जो बनारस से सस्ता माल उठा कर ले जाते हैं और अपने इलाके में ऊँचे दामों पर बेचते हैं। बनारसी सबसे ज़्यादा निशाना बनाते हैं उन बादमाश व्यवसायियों

को जो जानबूझ कर नकली माल सस्ते में ले जाते हैं और असली बता कर महँगे दामों में बेचते हैं।

ऐसा नहीं है कि बनारसी हमेशा रईसों की पोशाक में ही अपने धन्धे पर जाते हैं। वक़्त–ज़रूरत के मुताबिक वह अपनी वेश–भूषा और तद्नुकूल अपनी बोली–बानी बदल लेने में माहिर हैं। कभी वह तीर्थयात्रियों के लिए तीर्थपुरोहित, कभी पर्यटकों के लिए गाइड, कभी सर्राफों के दलाल, कभी बनारसी साड़ी वालों का एजेंट, कभी किसी धनी रॉड़ के लिए गबरू जवान साँड़ बन कर लूटने में महारत हासिल है बनारसी को।

बनारसी अपना धन्धा अकेले ही कर लेते हों, ऐसा नहीं है। इसके लिए वह कई साथियों और चेलों की मण्डली बनाये हुए हैं। कोई साथी शिकार को पहचानने, कोई पहचान कर उसे सही दिशा में हाँकने, हाँकने के लिए कोई उसे बहकाने और बहकाकर उसे वध–स्थल (हा... हा...!) तक लाने और उसे मूँड़ने के बाद बिना शक–सुबहा सुरक्षित वहाँ से निकल जाने में मदद करते हैं। ऐसे मददगारों की मण्डली के गुरु हैं बनारसी गुरु।

बनारस शहर के मुख्य व्यापारिक केन्द्र – चौक – से एक गली पश्चिम की ओर गयी है। गली ज़रा–सा आगे जाकर पतली गलियों के एक कुंजलक में बदल जाती है। इस कुंजलक में ही बसा है बनारस का सुप्रसिद्ध रूपजीवा बाज़ार, जहाँ की गणिकायें अपने सौन्दर्य और कला के लिए दूर–दूर तक मशहूर हैं। यह बात तब की है जब यह गली विलासगली कहलाती थी और अभी तक यहाँ की गणिकाओं पर रीझ कर उन्हें डॉल कहने वाले फिरंगी कामपिपासुओं ने इस कुंजलक को डॉलमण्डी (अब दालमण्डी) नाम न दिया था।

चौक से दक्षिण–पूर्व के कोने में जाती है कचौड़ी गली, जो अपनी स्वादिष्ट कचौड़ियों के लिए मशहूर है। इस गली में ज़रा–सा ही आगे जाकर बायीं ओर एक गुंजलक है, जिसका नाम है कुंज गली। इस कुंजगली में स्थित है बनारसी रेशमी साड़ियों की आढ़त।

कचौड़ी गली आगे बढती है तो दायीं ओर भगवान विश्वनाथ का धाम है, और अगर यह गली बिना कहीं मुड़े सीधे गंगा जी तक जाती है तो रुकती है घोड़ा घाट पर। घोड़ा घाट पर है एक बड़ा व्यस्त पत्तन, जो दशाश्वमेध घाट के ठीक बगल में स्थित है।

इसी घोड़ाघाट पत्तन पर पूर्व से आकर एक व्यापारिक जलपोत रुका। उस पोत से बहुत से लोग उतरे और बहुत सारा माल उतारा गया, जिसकी पावती के लिए बनारसी बनियों के गुमाश्ते, मुन्शी–मुनीम और उनके मजदूर वहाँ हाज़िर थे। वहीं, पोत से उतरने वाले लोगों पर नज़र गड़ाये खड़े थे कई दलाल और एजेंट।

उस पोत से एक बड़ा धनाढ्य–सा दिखने वाला अधेड़ उम्र का एक सेठ भी उतरा। रेशमी वस्त्र और सोने के आभूषण खरीदने के लिए धन लेकर वह बहुत दूर पूर्व से आया था। उसके मालदार असामी होने की सम्भावना को भाँप कर उसके पास पहुँच गये दो लोग – राम अधार और राम सुधार। दोनों दो बड़ी सरायों के प्रतिनिधि होने का दावा करते हुए आगन्तुक सेठ को अपने यहाँ ले जाने के लिए बहसबाज़ी करने लगे। अपनी–अपनी सराय की सुविधाओं और विशेषताओं का बखान करते दोनों आपस में भिड़ गये। सेठ को अपने साथ लिवा जाने में अन्ततः सफलता पायी उसने जिसका नाम था राम अधार। उसकी सराय ठीक चौक बाज़ार में स्थित थी। नाम था धनश्री विश्रामालय।

धनश्री जाने से पहले सेठ ने गंगा–स्नान किया, विश्वनाथ मन्दिर में दर्शन किया, धनश्री में आकर कचौड़ी गली से मँगवाई हुई कचौड़ियाँ–सब्जी, मलईयो खाया और मगही पान जमाया। इस दौरान राम अधार लगातार साथ था और उसके संग और सेवा से सेठ बड़ा खुश था।

थोड़ा विश्राम करके सेठ ने राम अधार से अन्तरंग इच्छा जताई किसी वारवनिता से संसर्ग की। बनारस की वारवनिताओं के बारे में उसने बहुत सुन रखा था। राम अधार ने पास ही स्थित विलास गली के बारे में विस्तार से बताया, और दोनों चल पड़े।

विलास गली के मुहाने पर ही एक चबूतरे पर पान की एक दुकान थी। सेठ और राम अधार दोनों वहाँ पहुँचे तो वहाँ खड़े दलाल ने गर्मजोशी से उनका स्वागत किया। दलाल और राम अधार ने अदृश्य इशारों में कुछ गोपनीय बातें की। सेठ दलाल के साथ नन्हीं बाई के कोठे पर गया और राम अधार पान की दुकान पर रह गया। वहाँ ख़ूब गाना–बजाना सुनने के दौरान ही दलाल ने सेठ को बताया कि यदि वह चाहे तो उसके लिए रात भर के लिए भी माल का प्रबन्ध किया जा सकता है। सेठ मान गया, लेकिन नन्हीं बाई नहीं मानी। दलाल ने सेठ को आश्वासन दिया कि वह चोरी से सराय के पिछले दरवाजे से माल पहुँचा देगा।

रात को सेठ के कमरे में पहुँची एक कन्या, जो घूँघट में थी। वह सेठ से दूर खड़ी रही और नखरे करती रही कि यह उसके लिए पहली बार है इसलिए उसे लाज लग रही है। रोशनी बुझाओ तो पास आउँगी।

रोशनी बुझते ही कन्या ने उछल कर सेठ का मुँह दबोच लिया और मुँह में कपड़ा ठूँस कर अपने साथ लायी रस्सी से सेठ को बाँध दिया और उसका सारा नकद माल लेकर फरार हो गयी।

सेठ ने सराय के मालिक से शिकायत की तो उसने उसको उल्टा धमकाया कि सराय में अवैध ढंग से कोई लड़की लाना अपराध है और यदि वह ज़्यादा शोर मचायेगा तो उसी के खिलाफ मामला पुलिस में जायेगा।

बाद में बनारसी के गिरोह के सारे लोग विश्लेषण हेतु ललिता घाट पर एकान्त में जुटे। राम अधार और राम सुधार की प्रशंसा हुई कि उन दोनों ने सेठ को दोनों ओर से कैसे बढ़िया ढंग से घेर रखा था! सब के सब हँस रहे थे कि बनारसी गुरु ने दलाल और कन्या का ऐसा अद्‌भुत रोल किया कि कामान्ध सेठ समझ न पाया। नन्हीं बाई के कोठे पर बैठे सारे समाजी बनारसी के गिरोह के अपने ही लोग थे। यही नहीं, नन्हीं बाई भी उसी गिरोह की सदस्य थी, लेकिन गिरोह की योजनाओं में यदा–कदा ही सक्रिय भाग लेती थी।

बातचीत का सिलसिला निकला तो उन सबको बहुत सारी पुरानी बातें याद आने लगीं। किसी ने बताया कि कैसे एक बार जुआखाने में जुआ खेलते समय बनारसी गुरु ने पत्तों पर ऐसा हाथ दिखाया कि एक धनी परदेशी अपना सब कुछ हार बैठा। दूसरे ने याद दिलाया कि दारूखाने में बनारसी गुरु ने एक अंग्रेज़ पर्यटक को ऐसा पटाया कि वह सब कुछ सौंप कर नंगा नाचने लगा और बनारसी माल सहित चम्पत हो गये।

साथी लोग ऐसे अनेक किस्सों को सुना–सुना कर हँसते रहे जिसमें बनारसी ने न जाने कितनों को बेवकूफ़ बनाया। घाटों–घाटों ज्योतिषी के रूप में घूम कर भविष्य जानने वालों को सब्ज़बाग दिखाया और बिगड़ैल ग्रहों का वास्ता देकर ख़ूब ठगा। अपने पूर्वजों को स्वर्गद्वार में घुसाने की इच्छुक श्रद्धालु सन्तानों को पण्डित बनकर श्राद्ध कराने वाले बनारसी गुरु ने उनकी श्रद्धा का शोषण करके माल उड़ाया। गंगा–पूजन, मुण्डन वगैरह न जाने कितने कर्मकाण्डों को तुरत–फुरत कराने के बदले बड़ी–बड़ी रकमें वसूल कर बनारसी ने उन्हें अपने साथियों में बाँट दिया। लल्लू–पंजुओं से टप्पेबाजी करते हुए उनकी गाँठ ढीली कर देना तो उनके बायें हाथ का खेल था। यही नहीं, कभी–कदा मूढ़ ज्ञानपिपासुओं को छद्म ज्ञानी बनकर बेवकूफ भी बनाया। यद्यपि ऐसे कार्यों में आर्थिक लाभ तो कुछ न होता था, पर मौज आती थी बहुत।

लेकिन, बनारसी गुरु के लिए भारी चुनौती आयी तब जब ईस्ट इंडिया कम्पनी के गवर्नर जनरल वारेन हास्टिंग्स ने बनारस पर धावा बोल दिया। वह दिन था शनिवार, 14 अगस्त, 1781। हास्टिंग्स लाव–लश्कर के साथ जलमार्ग से बनारस पहुँचा था काशी–नरेश राजा चेत सिंह से जबरिया टैक्स वसूलने। राजा साहब ने उसे बहुत समझाने और मनाने की कोशिश की, किन्तु वह भारी धन की वसूली किये बिना टस से मस होने को तैयार न था। वह राजा जी को बुरी तरह जलील कर रहा था और गिरफ़्तार कर लेने की धमकी दे रहा था। यह बात बनारसी गुरु को बहुत नागवार गुजरी।

वह ईस्ट इंडिया कम्पनी को ठगों की मण्डली मानते थे और हास्टिंग्स को महाठग। इस महाठग को सबक सिखाने की ठान ली बनारसी ने – हम बनारसी क्या किसी से कम ठग हैं!

ललिता घाट वाले एकान्त स्थान पर गुरु ने अपने साथियों की एक आकस्मिक बैठक बुलायी और हास्टिंग्स की बदमाशी से उन सबको अवगत कराया और आह्वान किया कि अब समय आ गया है कि हम अपने बनारस पर आँख उठा कर देखने वालों की आँख में धूल झोंक दें। सब सहर्ष तैयार हो गये। योजना बनी और सब उसमें अपने–अपने हिस्से की कला दिखाने निकल पड़े।

सावन का महीना बनारस में मामूली महीना नहीं होता। श्रद्धा–भक्ति और हर्षोल्लास का चतुर्दिक माहौल रहता है। 14–15 अगस्त की रात यानि शनिवार रविवार की दरमियानी रात थी वह। बनारस के लहुराबीर पर सालाना कजरी दंगल का आयोजन था। एक से बढ़कर एक मशहूर लोकगायकों का दल दंगल में हिस्सा लेने आया था। उनकी कजरी में प्रेम रस बरस रहा था। मिलन के गीत, बिछुड़न के गीत और शिकवा–शिकायतों के गीत – प्रेम रस भीनी गीतों की बहार थी। इन सबके बीच एक अनजान लोकगायक का दल भी आया हुआ था। न लोकगायक के स्वर में मिठास थी और न उसके समाजियों के स्वरों और वाद्ययन्त्रों में ताल–मेल। फिर भी, इस नये लोकगायक को लोग बड़ी तल्लीनता से सुन रहे थे। यह लोकगायक प्रेम से इतर विषय पर गा रहा था। उसके गीतों में करुणा थी, विषाद था और अपनी शान पर कुछ कर गुजरने की ललकार थी। वह गा रहा था कि उसके बनारस पर आज विपत्ति आयी है। एक ललमुँहा फिरंगी बन्दर काशी नरेश को काटने को दौड़ा रहा है। वही काशी नरेश जो बाबा विश्वनाथ के पार्थिव प्रतिनिधि के रूप में पूजित हैं, जिनके सम्मान में उनकी प्रजा हर हर महादेव की जयकारा लगाती है – वही आज फिरंगियों के फँदे में कसे जा रहे हैं। धिक्कार है बनारसियों के भुजबल पर, उनके बुद्धिबल, उनके आन और मान पर। लोकगायक की बात बड़ी मार्मिक थी!

वह लोगों के मन में घुस गयी। लोग उत्तेजित हो गये। हर हर महादेव के नारे लगने लगे। दंगल उखड़ गया। कुछ उत्साही दर्शकों ने लोकगायक को कन्धों पर उठा लिया। दूसरे अन्य लोकगायक भीड़ में कहीं बिला गये।

यह लोकगायक, जिसका नाम नीलू था, और उसके समाजी सब बनारसी गुरु के आदमी थे। जनभावना को आन्दोलित कर देने के अपने उद्देश्य में वे सफल रहे, लेकिन, बनारसी गुरु वहाँ न थे। वे गायब थे। वे एक और बड़े मोर्चे पर मुश्तैद थे।

माधवदास के बाग़ की बारादरी में महफिल जमी थी। इसी बाग़ में वारेन हास्टिंग्स अपने अंग्रेज़ साथियों और अन्य अमलों के साथ ठहरा हुआ था। साथ में सेना की एक टुकड़ी भी थी। महफिल में गवर्नर जनरल के अलावा कई अंग्रेज़ अफ़सर, काशी नरेश से गद्दारी करके पुरस्कृत होने वाला ठाकुर औसान सिंह, लखनऊ के नवाब के फुफेरे भाई लड्डन खाँ, जो इस इलाक़े के बहुत बड़े जमींदार थे, वगैरह शामिल थे। शराब पानी की तरह बह रही थी। नाच रही थी मशहूर तवायफ़ नन्हीं बाई। उसकी ज़ोरदार जवानी से सब के सब मदहोश हो रहे थे। समाजियों में बनारसी गुरु भी शामिल थे, लेकिन रूप उन्होंने ऐसा बदला था कि कोई उन्हें पहचान न पा रहा था।

बारहदरी में नाच थोड़ी देर के लिए रुक गया। गवर्नर जनरल कम्पनी के बनारस–स्थित रेजिडेंट कमिश्नर मेजर होसकोट और कुछ ख़ास चुनिन्दा अफ़सरों के साथ भीतर चले गये। उनमें कुछ मन्त्रणा चल रही थी। दूसरे दर्शक लोग दस्त–पेशाब की हाजत निपटाने, पेट में कुछ डालने और गला थोड़ा और तर करने के चक्कर में महफ़िल से उठ चुके थे। बनारसी भी नन्हीं बाई का गला तर करने हेतु जल तथा पान–इलायची तलाशने के चक्कर में भीतर घुस गये। बनारसी उस खिड़की के पास पहुँच कर रुक गये जहाँ से हास्टिंग्स की बातें साफ़ सुनायी पड़ रही थीं। उसकी बातें सुनकर बनारसी का दिमाग सनाका खा गया।

तत्कालीन बनारस राज्य अवध के नवाब के अधीन एक मामूली–सा राज्य था जो शहर से सिर्फ़ साठ मील की चौहद्दी में फैला था। राज्य के पास न तो अपनी कुछ ख़ास सेना थी और न विकास की कोई ख़ास आशा। नवाब शुजाउद्दौला की मृत्यु के पश्चात् उनके वजीर ने 1775 में काशी राज्य को एक सन्धि के अन्तर्गत ईस्ट इंडिया कम्पनी को सौंप दिया था। काशी के राजा चेत सिंह ने इस सन्धि को सहर्ष स्वीकार किया इस आशा में कि अंग्रेज़ों की शासन–व्यवस्था में बनारस का अच्छा विकास होगा। लेकिन, उनकी उम्मीदों के विपरीत ईस्ट इंडिया कम्पनी का गवर्नर जनरल वारेन हास्टिंग्स महा लुच्चा और लोभी निकला। उसने राजा से धन–वसूली के तरह–तरह के हथकण्डे अपनाने शुरू किये और न चुका पाने की हालत में तरह–तरह से प्रताड़ित करना शुरू किया। 1781 के अगस्त महीने में राजा को धमकाता और उन्हें गिरफ़्तार कर दण्डित करने के उद्देश्य से वह बनारस आ पहुँचा था। साथ में थे थोड़े–से अंग्रेज़ अफ़सर और मामूली–सी सेना।

अगले दिन, 15 अगस्त, दिन रविवार, बनारसी सुबह–सुबह काशी नरेश के रामनगर दुर्ग में हाजिर थे। वे तुरन्त काशी नरेश महाराज चेत सिंह के दर्शन करना चाहते थे, लेकिन, उन्हें रोके हुए थे महाराज के मुख्य अंगरक्षक बाबू नन्हकू सिंह।

कौन हैं आप?"

"बनारसी"

"कौन बनारसी?"

"बनारस का अदना रहनवार बनारसी।"

"क्या काम है?"

"महाराज तक एक ज़रूरी ख़बर पहुँचानी है।"

"हमें बताओ हम उन्हें बता देंगे।"

"नहीं, मैं सिर्फ़ उन्हें ही बताऊँगा।"

परकोटे पर खड़े महाराज यह दृश्य देख रहे थे। आगन्तुक की दृढ़ता और गम्भीरता से वे प्रभावित हुए। उनके आदेश से

तुरन्त एक सेवक दौड़ कर नीचे आया और बनारसी को लिवा ले गया।

बनारसी की बात सुनकर महाराज एकदम हैरत में पड़ गये। अंग्रेज़ों की ऐसी चाल! उनकी इतनी हिम्मत! ख़बर की असलियत जाँचने के लिए महाराज ने बनारसी से थोड़ी पूछताछ की। आश्वस्त होने पर अनुग्रह व्यक्त किया और मिलते रहने के आग्रह के साथ बनारसी को विदा किया।

महाराज से मिल कर बनारसी ज्यों ही निकले, वारेन हास्टिंग्स की ओर से एक अंग्रेज़ अधिकारी महाराज के समक्ष प्रस्तुत हुआ और उन्हें हास्टिंग्स का एक पत्र सुपुर्द किया। पत्र में महाराज पर तरह–तरह के आरोप लगाये गये थे और भारी धनराशि जुर्माने के रूप में चुकाने का आदेश दिया गया था।

उसी दिन नीलू की गायन मण्डली मोहल्ले–मोहल्ले अलख जगा रही थी। अपने भजनों से बाबा विश्वनाथ, काशी धाम और काशिराज की महिमा का गान करती हुई यह मण्डली नगर भर में घूम रही थी। दल का नायक नीलू जगह–जगह रुक कर उद्बोधन भी करता चल रहा था – लोगों को एकजुट होने और संगठित प्रतिरोध करने को।

उस इतवार के दिन दिन भर बनारस में भारी हलचल रही। लोग उत्तेजित हो–हो कर बहसें कर रहे थे। उन्हें उत्तेजित करने वाले ख़ूब सक्रिय थे। ये वही लोग थे जो बनारसी की मण्डली से जुड़े हुए थे। उनके उत्साह को देखते हुए लगता था कि बनारस की जनता खुद अंग्रेज़ों से भिड़ जायेगी।

गवर्नर जनरल के खेमे में भी ख़ासा हलचल थी। उनका पत्र लेकर पत्रवाहक कई बार महाराज के रामनगर दुर्ग गया, लेकिन एक बार भी ऐसा उत्तर नहीं मिला जिससे गवर्नर जनरल सन्तुष्ट होता। वह कहाँ से सन्तुष्ट होता! उसकी माँगें ही अतिरेकपूर्ण थीं।

दोनों खेमों में दिन भर हलचल होती रही, पत्रों का आदान–प्रदान चलता रहा, लेकिन, कोई समुचित समाधान न निकला।

शाम होते ही आगे की रणनीतिक तैयारी के लिए अपने–अपने खेमों में बैठकों और विचार–विमर्शों के दौर चलने लगे।

यह सब चतुष्कोणीय चल रहा था। माधवदास के बाग़ में वारेन हास्टिंग्स अपने सैन्य अधिकारियों कैप्टेन स्टोकर, लेफ्टिनेंट जॉर्ज और लेफ़्टिनेंट स्टॉक के अलावा कम्पनी के बनारस–स्थित रेजिडेंट कमिश्नर मेजर होसकोट, काशीनरेश के प्रतिद्वन्द्वी और विश्वासघाती ठाकुर औसान सिंह, लखनऊ के नवाब के फुफेरे भाई लड्डन खाँ के साथ विचार–विमर्श कर रहा था। वहाँ अन्ततः तय हुआ कि चेत सिंह को बातचीत और समझौते के लिए बुलाया जाये और छल से गिरफ़्तार कर लिया जाये।

इस बात की जानकारी थोड़ी ही देर में बनारसी के पास पहुँच गयी। माधवदास बाग़ के मालिक बेनी राम का एक नौकर, जो गवर्नर जनरल की सेवा में तैनात था, गुप्त रूप से बनारसी द्वारा पहले ही अपना ख़बरी बना लिया गया था।

काशी नरेश चेत सिंह अपने रामनगर दुर्ग में अपने मन्त्री मनियर सिंह, दीवान मुन्शी बख़्शी सदानन्द साव, सेनापति बड़कू सिंह, मुख्य अंगरक्षक नन्हकू सिंह वगैरह के साथ विचार–विमर्श कर रहे थे। बैठक में अपनी लाचारियों और हास्टिंग्स की ज़्यादतियों का रोना रोया गया। बिना किसी निर्णय पर पहुँचे यह बैठक खत्म हो गयी।

दिन भर लोगों को उत्साहित और उत्तेजित करने के बाद नीलू अपनी मण्डली के साथ ललिता घाट वाले एकान्त में आगे की रणनीति बना रहा था। एक अच्छे दूरदर्शी रणनीतिकार की तरह उसे आगे की रणनीति साफ समझ आ रही थी।

इन सबसे इतर बनारसी गुरु अपनी प्रेमिका नन्हीं बाई के कोठे पर कुछ सोचते हुए निढ़ाल पड़े थे। इसी बीच, रेजिडेंट कमिश्नर मेजर होसकोट का सन्देश लेकर कोतवाली से एक सिपाही आ पहुँचा। आते ही उसने सन्देश सुनाया और आगाह किया कि ठीक वक़्त पर पहुँच जाना है।

सन्देश यह था कि कल की नाच में नन्हीं बाई की नज़ाकत पर मोहित होकर बड़े लाट साहब यानी गवर्नर जनरल वारेन हास्टिंग्स आज की रात उसे अंकशायिनी बनाना चाहते हैं। सन्देश सुनकर बनारसी गुरु और नन्हीं बाई ने मिलकर व्यूह–रचना की। तदानुसार, नन्हीं तैयार होकर अपने अभिसार–स्थल माधवदास के बाग़ की ओर चल पड़ी और बनारसी उसके कोठे पर अकेले रह गये।

इसी बीच, राजा साहब का एक आदमी बनारसी को खोजता हुआ नन्हीं बाई के कोठे पर आ पहुँचा। राजा साहब का हुक्म सुनकर बनारसी तुरन्त उनसे मिलने पहुँचे।

राजा साहब ने बनारसी से सारी परतुस्थिति बतायी और सलाह माँगी कि ऐसी स्थिति में क्या किया जाना चाहिए। बनारसी ने बताया कि राजा साहब को कुछ नहीं करना है। जो भी कुछ करना है उस सबकी योजना उसने ख़ुद बना रखी है। अगर राजा साहब कुछ करना ही चाहते हैं तो कल, सावन के अन्तिम सोमवार को, बाबा विश्वनाथ के दर्शन–पूजन के बाद स्वयं गिरफ़्तारी देने चल पड़ें। ध्यान रहे उस समय वह स्वयं को लाचार और दुखी दिखाएँ और प्रजा की सहानुभूति अर्जित करते हुए भारी भीड़ के साथ माधवदास के बाग़ की ओर बढ़ें। यह सुझाव राजा साहब को विचित्र–सा लगा, लेकिन उन्होंने इस पर अमल करने का मन बना लिया।

तारीख़ 16 अगस्त। सावन का अन्तिम सोमवार होने की वजह से पूरे बनारस में बड़ी हलचल थी। लोग विश्वनाथ मन्दिर में दर्शन–पूजन के लिए बड़ी संख्या में जुटे थे।

काशी नरेश राजा चेत सिंह रात को ही दल–बल के साथ रामनगर दुर्ग से निकल कर शहर में शिवाला घाट–स्थित अपने शिवालय दुर्ग में आ गये थे। योजना के मुताबिक वह सुबह नहा–धोकर विश्वनाथ मन्दिर पहुँचे दर्शन–पूजन के लिए। अपने बीच उन्हें पाकर लोगों में हर्षोल्लास और उत्तेजना फ़ैल गयी। ज़ोर–ज़ोर से हर हर महादेव के नारे लगने लगे।

हर हर महादेव बहुद्देशीय नारा था – शिव की भक्ति में इसे लोग लगाते हैं। शिव के पार्थिव प्रतिनिधि काशी नरेश के सम्मान में यह नारा लगाते हैं और युद्ध के दौरान युद्धघोष के रूप में भी इसे इस्तेमाल करते हैं।

दर्शन–पूजन करके चेत सिंह को लोगों के बीच कुछ देर रुकना था और फिर उनके साथ जाना था माधवदास के बाग़ गिरफ़्तारी देने। किन्तु, ऐन मौके पर राजा साहब के मन में पता नहीं क्या आया – वे चुपचाप अपने शिवालय दुर्ग वापस लौट आये। बनारसी, जो पूरी स्थिति पर नज़र रखे हुए थे, इस बदलाव से हक्के–बक्के रह गये। जन आक्रोश के उफान से अंग्रेज़ों को पीछे हटने को मजबूर करने की उनकी जो योजना थी वह विफल होती नज़र आने लगी।

बनारसी ने स्थिति को हाथ से निकलने देने के बजाय तुरन्त नीलू से सम्पर्क किया और उसे निर्देश दिया कि निरन्तर हर हर महादेव का उद्घोष ज़ोर–शोर से जारी रखा जाये और बीच–बीच में अपील किया जाये कि दर्शन–पूजन के बाद लोग अपने घरों को लौटने के बजाय शिवालय दुर्ग के इर्द–गिर्द इकट्ठे हों।

आगे, अब नन्हीं की सुध लेने की ज़रूरत थी। वहाँ पता करने पर मालूम हुआ कि वह अपनी चालबाजी में विफल होकर अपने कोठे पर वापस लौट आयी है। बनारसी जब कोठे पर पहुँचे तो देखा कि वहाँ ख़बरी सेवक भी पहुँचा हुआ है। खबरी और नन्हीं दोनों ने मिलकर वहाँ की विफलता की कहानी बतायी। ख़बरी ने एक और अहम ख़बर उसमें जोड़ दी कि लाट साहब सुबह से ही बहुत घबराये और बौखलाए हुए हैं और रात के किसी मनहूस सपने की बात रेजिडेंट कमिश्नर होसकोट साहब को बता रहे थे। वह उसे यह भी बता रहे थे कि बनारस आध्यात्मवादियों और ज्योतिषियों का शहर है। होसकोट किसी ऐसे पवित्रात्मा ज्योतिषी को बुला लाये जो उसके सपने का सही अर्थ बता सके।

बनारसी ख़बरी की बात सुनकर चौंक पड़े। उन्होंने ख़बरी को तुरन्त कमिश्नर के बँगले पहुँचने का निर्देश दिया और कहा कि

जाकर होसकोट को लाट साहब की ओर से आया हुआ बता कर सुझाव दो कि वह ऐसे ही एक पवित्रात्मा ज्योतिषी को तुम जानते हो। फिर ज्योतिषी के भेष में मुझे गवर्नर जनरल तक पहुँचने का रास्ता बनते देर न लगेंगी।

और, यह तरकीब सफल हुई। रास्ता बन गया और एक भव्य वेशभूषा में बनारसी गवर्नर जनरल के सामने खड़े थे। गवर्नर जनरल ने बताया कि रात को उन्होंने एक सपना देखा। सपने में देखा कि उनका सिर मुड़वा कर और गधे पर बैठा कर उन्हें बनारस शहर में घुमाया जा रहा है, साथ में बनारसी लोग ज़ोर–ज़ोर से पता नहीं क्या नारे लगा रहे है, ज़ोर–ज़ोर से हँस रहे हैं और मेरा मज़ाक उड़ा रहे हैं। रात की बात याद कर गवर्नर जनरल मारे डर और परेशानी के एक बार फिर पसीने–पसीने हो गये।

बनारसी ने बड़ी देर तक विचार किया। अपनी पोथी में कुछ ढूँढ़ा, आँख बन्द कर कुछ देर ध्यान किया और फिर गहरी साँस छोड़ते हुए कहा – अशुभ अर्थ है इसका। असफलता, अपमान और यहाँ तक कि मृत्यु का योग दिखायी दे रहा है। यदि सम्भव हो तो शीघ्र ही यह स्थान छोड़ दें। यही एक उपाय है।

अभी बनारसी यह बता ही रहे थे कि बाग़ के बाहर से कुछ लोगों की आवाज़ें आने लगी, जो गा रहे थे–

घोड़े पर हौदा हाथी पर जीन
चुपके से भागा वारेन हेस्टीन

यह आवाज़ सुनकर हास्टिंग्स एक दम भयभीत–सा हो गया। उसके ऊपर उन्माद का दौरा पड़ने लगा – ऐसी ही आवाज़ें थीं रात को। उसकी बात पर बनारसी मन ही मन हँस रहा था और नीलू की प्रशंसा कर रहा था कि योजना के अनुसार एक दम सही समय पर अपने दल के साथ वह पहुँच गया था वहाँ।

इसी बीच ख़बर आयी कि शिवालय दुर्ग के सामने ईस्ट इंडिया कम्पनी के सैनिकों और स्थानीय लोगों में ज़बरदस्त मारकाट मच गयी है। उसमें अंग्रेज़ी सेना के कैप्टेन स्टोकर, लेफ्टिनेंट जॉर्ज और

लेफ्टिनेंट स्टॉक के अलावा लगभग दो सौ सैनिक भी मारे गये हैं। यहाँ तक कि रेजिडेंट कमिश्नर भी मौत के घाट उतार दिये गये। यह ख़बर सुन कर हास्टिंग्स एक दम बदहवास हो गया। डर के मारे वह थर–थर काँपने लगा।

उसने भाग कर आये सैनिकों से चिल्ला कर पूरी बात बताने को कहा। एक सैनिक ने बताया –

रेजिडेंट कमिश्नर साहब दो साथियों के साथ दुर्ग के भीतर गये राजा साहब और उनके आदमियों से बात करने के लिए। उन्होंने बहुत सम्मान से राजा चेत सिंह को सम्बोधित करते हुए कहा कि आइये, गवर्नर जनरल के संग मिल–बैठ कर बात करते हैं और समस्या को सुलझाते हैं। इसके पहले कि राजा साहब कुछ जवाब दें उनका सेनापति बड़कू सिंह बीच में बोल पड़ा, "तो इसके लिए इतने सैनिकों को क्यों ले कर आये हो?" रेजिडेंट साहब सफाई दे ही रहे थे कि बडकू सिंह तुम–तड़ाक करने लगा। इससे दोनों ओर से तू–तू मैं–मैं होने लगी। इस दौरान ही पता नहीं किसने राजा साहब के ऊपर तलवार चला दी। बड़कू सिंह चिल्लाने लगा था कि प्रहार करने वाला रेजिडेंट का साथी है। नन्हकू सिंह ने फुर्ती से उछल राजा का बचाव करते हुए प्रहार रोक लिया और बदले में रेजिडेंट साहब और उसके एक साथी मारे गये। दूसरा साथी भाग कर बाहर आया और कैप्टेन स्टोकर को बात बताने लगा। बाहर अंग्रेज़ों का सैनिक दस्ता खड़ा था। उसके सामने हर हर महादेव का नारा लगाती स्थनीय लोगों की हज़ारों की भीड़ खड़ी थी। दोनों पक्षों में भयानक मारकाट मच गयी। सभी अंग्रेज़ अफ़सर मारे गये। अंग्रेज़ी सेना के ज़्यादातर सिपाही भी मार डाले गये। थोड़े–से वही बचे होंगे जो इधर–उधर भाग गये।

सैनिक जब यह विवरण सुना रहा था तभी बीच में बनारसी चुपके से वहाँ से खिसक लिए। रात के सपने, ज्योतिषी की भविष्यवाणी और अपने सैनिकों के मारे जाने से हास्टिंग्स तुरन्त भाग निकलने की योजना बनाने लगा। उसने चिल्ला कर औसान सिंह को बुलाया और जनाना कपड़े, पालकी और नाव का तुरन्त प्रबन्ध करने को कहा।

गवर्नर जनरल वारेन हास्टिंग्स ने फुर्ती से साड़ी और ब्लाउज़ धारण किया और तुरन्त पालकी में बैठ कर परदे गिरा लिए। उसने जल्दी से गंगा घाट नाव तक ले चलने का हुक्म देते हुए कहा कि रास्ते में कोई पूछे तो बोलना कि सेठानी जी देवी–दर्शन के लिए जा रही हैं।

हास्टिंग्स के पीछे–पीछे उसका बचा हुआ लाव–लश्कर भी भागा। बहुत दिनों तक नीलू की मण्डली का गाया हुआ गीत बनारस की गलियों में गूँजता रहा –

घोड़े पर हौदा हाथी पर जीन
चुपके से भागा वारेन हेस्टीन

बनारसी गुरु महानायक होकर उभरे। अब उन्होंने ठगी छोड़ दी थी, क्योंकि अब वे काशीनरेश के सुरक्षा–सलाहकार थे, लेकिन, क्या वह ठगी छोड़ पाये! नहीं, वह तो उनके स्वभाव में समाया हुआ था। सुरक्षा–सलाहकार तो मात्र मुखौटा था। असल में वे काशीनरेश के मुख्य गुप्तचर अधिकारी बनाये गये थे।

सन्दर्भ व शब्दावली

1. पौराणिक मान्यता के अनुसार ये सात देवियाँ हैं – ऋणिका, घूर्णिका, महला, मंगला, शीतला, सेठला और दुर्गा। ये सातों देवियाँ सात बहनें भी कही जाती हैं।
2. दस महाविद्याओं के नाम हैं – महाकाली, तारा, त्रिपुरसुन्दरी, भुवनेश्वरी, छिन्नमस्ता, षोड़षी, धूमावती, वल्गामुखी, मातंगी, और कमला। ये दसों दिशाओं की अधिष्ठात्री देवियाँ मानी जाती हैं।
3. ये अर्ध–दैवीय व्यक्तित्व मानी जाती हैं, जिनमे माँ काली का अंश होता है। ये उग्र स्वभाव वाली बतायी जाती हैं। इनकी कुल संख्या चौसठ कही जाती है। तान्त्रिक लोग इनकी पूजा करके इन्हें सिद्ध करते हैं।
4. आठ योगिनियों का एक दल होता था। इस प्रकार, कुल चौसठ योगिनियों के आठ दल होते थे (8 × 8 = 64)। हर दल की एक प्रमुख होती थी मातृका उपाधि की। इस प्रकार, कुल आठ मातृकायें होती थीं, जिन्हें अष्ठ मातृकायें कहा जाता था। कुछ लोग यह संख्या सात भी मानते हैं। ये ग्रामदेवियो के रूप में भी मशहूर हैं।
5. महिला गुप्तचर। ऋग्वेद में ऐसी गुप्तचरों की चर्चा आयी है। सरमा–स्वामिनी = महिला गुप्तचरों की प्रमुख।
6. इंटेलिजेंस, ख़ुफ़िया ख़बर।

7. बनारस का घोड़ा घाट, जिसे अब राजेन्द्र प्रसाद घाट के नाम से जाना जाता है। प्राचीन काल में यहाँ व्यापारिक पोतों के ठहरने का पत्तन था। यह दशाश्वमेध घाट के ठीक बगल में स्थित है। पौराणिक मान्यता के अनुसार, दशाश्वमेध घाट पर जब दस घोड़ों के बलिदान वाला यज्ञ हुआ था, तो उन घोड़ों को बगल वाले इसी घाट पर रखा गया था, जिससे उसे घाट घोड़ा घाट कहा जाने लगा।
8. काशी में शिव के निवास–स्थान का नाम।
9. जिनके बारे में सुनते ही (रव) भय (डर) भाग खड़ा होता है। सामान्य बोलचाल की भाषा में इन्हें भैरव कहा जाता है।
10. पैर से गले तक।
11. अपराधियों।
12. उद्दण्ड (उत़दण्ड) = उठे हुए डंडे वाला।
13. अष्ठभैरव के नाम हैं – असितांग–भैरव, रुद्र–भैरव, चन्द्र–भैरव, क्रोध–भैरव, उन्मत्त–भैरव, कपाली–भैरव, भीषण–भैरव तथा संहार–भैरव।
14. डॉग स्क्वाड।
15. कॉपी, नकल।
16 यूनिफ़ॉर्म।
17. काशी जनजाति।
18. देइ = देवी। देई देवी का तद्‌भव रूप है।
19. हनी ट्रैप।
20. काउंटर–ऑपरेशन।
21. आधुनिक युग में जिसे टेबलेट या लैपटॉप कहते हैं।
22. टास्क फोर्स।
23. जनरल ड्यूटी स्पाईज।
24. हनी ट्रैप।
25. सेफ़ हाउस।
26. कंट्रोल रूम।

27. रिपोर्ट।
28. अफ़वाह।
29. आधुनिक द्वारिका का प्राचीन नाम।
30. आधुनिक गीर फारेस्ट।
31. मुक़दमा।
32. नाती, बेटी का बेटा।
33. अफ़वाह।
34. चीफ़ ऑफ़ डिफेंस।
35. चीफ़ ऑफ़ पुलिस।
36. चीफ़ ऑफ़ इंटेलिजेंस।
37. तेज़ दौड़ने वाले घोड़े।
38. रिपोर्ट।
39. डेमोग्राफ़िक।
40. बाजूबन्द, बाँह पर पहने जाने वाला एक प्राचीन आभूषण।
41. प्राचीन काल में प्रचलित सिक्का।
42. ऋग्वेद में उल्लेख आया है कि असुरों की एक प्रजाति – पणियों – ने एक बार देवराज इन्द्र की गायें चुरा लीं थीं तो सरमा गुप्तचरों ने कुत्तों का रूप धारण कर उन गायों का पता लगाया था। कुछ लोग सरमा का अर्थ एक विशेष स्त्री गुप्तचर से लगाते हैं जिसने कुतिया का रूप धारण कर चोरी हुई गायों का पता लगाया था।
43. प्राचीन काल में आन्वीक्षिकी त्रयी (वेदत्रयी), वार्ता (अर्थशास्त्र), दण्डनीति (राजनीति) के साथ चतुर्थ विद्या के रूप में प्रतिष्ठित थी।
44. प्रधान सेनापति।
45. अफ़वाह।
46. वर्तमान गुजरात।
47. मध्य भारत।
48. अधीनस्थ 'प्रतिपाल्य' प्रतिरक्षित राजा।

49. कायर।
50. ठग, षड्यन्त्रकारी।
51. प्रधानमन्त्री।
52. धर्मनीति का प्रभारी मन्त्री।
53. सम्पूर्ण समर्पण।
54. भाग्य, जो देखा न जा सके।
55. फन्दा।
56. हिजड़ा, निस्तेज।
57. मन्त्रियों।
58. साढू।
59. सीक्रेट समिति या committee on security matters.
60. पुलिस कमिश्नर।
61. राजप्रासाद की सुरक्षा का प्रभारी।
62. युद्ध और सन्धि का प्रभारी, विदेश और कूटनीतिक मामलों का सलाहकार।
63. इंटेलिजेंस चीफ़।
64. murdered.
65. इंवेस्टीगेशन।
66. इंटेलिजेंस।
67. प्रोग्रेस रिपोर्ट।
68. सेना का सुप्रीम कमांडर जो पदेन सम्राट ही होता था।
69. एजेंट।
70. तीरभुक्ति उत्तरी बिहार के तिरहुत प्रदेश को ही कहा जाता था। प्राचीन काल में यह प्रदेश मिथिला या विदेह जनपद में सम्मिलित था। उस समय तीरभुक्ति प्रान्त में ही वैशाली की स्थिति थी।
71. प्रान्तों के प्रशासक को 'गोष्ठा' कहा जाता था। इस पद पर राजकुमार या राजवंश से सम्बन्धित व्यक्ति को ही नियुक्त किया जाता था।

72. जासूसी।
73. सूचनाओं का विश्लेषण।
74. पटरानी।
75. गुप्त साम्राज्य की प्रथम महिला को सम्मानपूर्वक 'महादेवी' कहा जाता था।
76. नपुंसक।
77. गांडू, भोंसड़ी वाला।
78. लड्डू।
79. गुप्तचरों।
80. पूजा।
81. किसी धार्मिक कार्य में सूखे काष्ठ को जलाने से प्राप्त भस्म (राख)।
82. मरे हुए इन्सान की खोपड़ी।
83. पेट दर्द।
84. घूँघट वाली।
85. काठ की चारदीवारी से घिरे।
86. प्रधान शिष्य।
87. मदिरा, शराब। पौराणिक मान्यता के अनुसार समुद्र–मन्थन के समय क्षीरसागर से निकले चौदह रत्नों में से एक वारुणी नामक मदिरा भी थी।
88. ब्रह्मरन्ध्र (ब्रह्म = परमात्मा, रन्ध्र = छेद या द्वार) का मतलब परमात्मा की तरफ जाने का रास्ता। यह मानव–मस्तिष्क के सहस्रार का केन्द्र–बिन्दु माना जाता है। यह गूढ़ रहस्यात्मक बिन्दु होता है। इसे ही योगियों ने दसवाँ द्वार भी कहा है जिसका उपयोग वे स्वयं को समाधि में संस्थित करने और मोक्ष हेतु प्राण–त्याग के लिए भी करते हैं।
89. ईश्वरीय शक्ति।
90. ज़मीन पर लोट जाना।
91. चुनार।

92. शिविर।

93. घूँघट।

94. पालकी।

95. वृद्ध सेवक।

96. तुरही।

97. सायंकाल की नमाज।

98. शयनकक्ष।

99. अध्ययन।

100. कुरान शरीफ की छोटी प्राचीन प्रतिलिपि।

101. महल की सेविकाओं की प्रभारी।

102. पत्रकार–प्रमुख।

103. घटनाओं का विस्तृत विवरण देने वालों के प्रभारी।

104. गुप्तचर–प्रमुख।

105. ब्यौरे के रूप में जुटायी हुई ख़बर।

106. टिप्पणी, विश्लेषण।

107. महिलाओं (खातून – एकवचन, खवातीन – बहुवचन)।

108. सावधानी।

109. आसक्त, मुग्ध।

110. कुर्बान, न्यौछावर।

111. नागरिकों।

112. सीमा।

113. छुपी हुई (फ़ारसी लफ़्ज़)।

114. उपनाम।

115. आतंकित।

116. उत्तर।

117. संसर्ग।

118. पीला।

119. होश उड़े जा रहे थे।
120. ग़ज़ल का आख़िरी शेर।
121. कला सम्बन्धी दृष्टिकोण।
122. जीवन–दर्शन।
123. शिक्षित।
124. संरक्षण।
125. गम्भीरता।
126. महारानी।
127. गुप्त षड्यन्त्र
128. महत्त्व।
129. स्टाफ, कर्मचारीगण।
130. प्रभारी, इंचार्ज।
131. बेइज़्ज़ती।
132. दिशा।
133. एकसाथ।
134. विचार–विमर्श।
135. तुरन्त किया जाने वाला।
136. सैन्य–शिविर।
137. धूर्त, ठगी।
138. सैन्य–शिविर।
139. सीधे, बिना फरेब वाले।
140. शरण।
141. कपटपूर्ण।
142. रीति, नियम, आदत, अनुशासन, आचरण।
143. स्वर्गीय।
144. सेविकाएँ।
145. दुस्साहस।

146. राजधानी।

147. अर्ध।

148. विस्तार।

149. तीस हज़ार पेड़ों वाले।

150. प्रकाशित।

151. श्रद्धांजलि।

152. वृद्ध और पूज्य।

153. शिवाजी के सलाहकार परिषद को अष्टप्रधान मण्डल कहा जाता था। अष्टप्रधान के अन्तर्गत पेशवा, अमात्य, मन्त्री, सचिव, सुमन्त, सेनापति, पण्डित राव एवं न्यायाधीश – आठ पद सम्मिलित थे।

154. बीजापुर सल्तनत या आदिलशाही सल्तनत (1490–1686) दक्कन का एक राज्य था। यह बहमनी सल्तनत का एक प्रान्त था जिसका सूबेदार युसूफ आदिलशाह था जिसने बीजापुर को 1490 में स्वतन्त्र घोषित कर दिया। उसने इसके साथ ही आदिलशाही वंश की स्थापना भी की। 1686 में औरंगजेब ने इसको मुगल साम्राज्य में मिला लिया।

155. महाराष्ट्र के पुणे जिले में 1400 मीटर की ऊँचाई पर यह किला स्थित है।

156. स्वतन्त्र हिन्दू साम्राज्य।

157. ठगों के गिरोह के मुखिया की उपाधि।

158. सोथा ठगों के गिरोह का सबसे समझदार सदस्य होते थे, जो शिकार की ताक में सरायों के आस–पास मँडराते थे और उन्हें बातों में फँसा कर उनके माल–असबाब और हैसियत का अन्दाजा लगाते थे और फिर उन्हें अपने चँगुल में फँसाते थे।

159. ईस्ट इंडिया कम्पनी।

160. गुनी गिरोह का वह व्यक्ति होता था, जो ठगों के लिए पुरोहिताई का काम करता था।

161. ठगों की अपनी एक गुप्त और सांकेतिक बोली होती थी जिसे रमासी कहते थे। वे अपने अभियान सम्बन्धी बाते उसी गोपनीय बोली में करते थे।

162. अग्रिम दस्ते में कुछ लोग कब्र खोदने का काम करते थे, जिन्हें बेल्हा कहते थे। जब ठगी का प्लान फाइनल हो जाता था तो बेल्हे लोग अग्रिम दस्ते के रूप में आगे चल पड़ते थे और वारदात की जगह से कुछ ही दूरी पर मृतकों की संख्या के हिसाब से कब्र तैयार कर देते थे। एक कब्र में कई–कई शवों को गाड़ देते थे।

163. ठगों के तीन नियम थे, जिनका पालन अनिवार्य होता था। पहला, मारने में एक बूँद भी खून नहीं बहना चाहिए, दूसरा, किसी औरत या बच्चे को नहीं मारना है, और तीसरा, जब तक माल मिलने की उम्मीद न हो, हत्या बिल्कुल नहीं होनी चाहिए।

164. ठग भवानी के उपासक थे। हिन्दू और मुसलमान दोनों समान रूप से भवानी के भक्त होते थे। ठगी को वे लोग भवानी का कार्य मानते थे। ठगी अभियान पर निकलने से पहले और लौटने पर वे भवानी की विशेष पूजा आयोजित करते थे। भवानी को वे काली, दुर्गा और देवी नाम से भी पुकारते थे और पूजा के दौरान उनके जयकारे लगाते थे।

165. लक्षित व्यक्ति जिसे रूमाल के इस्तेमाल से मार डालने का निर्णय हो चुका होता था उसे बनिज कहते थे।

166. स्त्री के साथ दुराचार या बलात्कार।

167. रूमाल गला कस कर हत्या करने वाले।

168. रुमाल से गला कस कर मार डालने का कार्य।

169. लाश ढो कर कब्र तक ले जाने और दफ़नाने वाले लोग।

170. कार्य की पूर्णता के बाद ताज़ी कब्र पर बैठ कर मौज करने के बाद वहीं पर गुड़ खाया जाता था जिसे तपौनी का गुड़ कहते थे। इसे देवी का प्रसाद माना जाता था और इसे खाने वाला पक्का ठग माना जाता था।

171. ठगी अभियान।

172. बर्मा (वर्तमान म्यान्मार) की राजधानी रंगून (वर्तमान यांगून)। अब राजधानी नैप्यीदा। उस समय बर्मा ब्रिटिश भारत का ही हिस्सा था। बर्मा को स्वतन्त्रता 1948 में मिली।

173. 4 जुलाई 1943 को सिंगापुर में प्रवासी भारतीयों की एक बैठक में मृतप्राय आज़ाद हिन्द फौज़ नामक संगठन का नेतृत्व सुभाष चन्द्र बोस को सौंप दिया गया।

174. मार्चिंग सॉन्ग, जिसकी रचना नेपाली नागरिक राम सिंह ठकुरी ने की थी। गीत इस प्रकार है–

क़दम क़दम बढ़ाये जा
ख़ुशी के गीत गाये जा
ये ज़िन्दगी है कौम की
तू कौम पे लुटाये जा
तू शेर–ए–हिन्द आगे बढ़
मरने से तू कभी न डर
उड़ा के दुश्मनों का सर
जोश–ए–वतन बढ़ाये जा

175. इस जयघोष का सुझाव आबिद हसन सफरानी नामक सैनिक ने नेता जी को दिया था।

176. सुभाष चन्द्र बोस के बॉडीगार्ड कर्नल निज़ामुद्दीन, दैनिक भास्कर, 19 सितम्बर, 2015, https://www.bhaskar.com/news/UP-VAR-rare-pictures-of-netaji-subhash-chandra-bose-5118150-PHO.html.

177. वायरलेस सेट नम्बर 19, जो द्वितीय विश्वयुद्ध में ब्रिटिश आर्मी द्वारा उपयोग करने हेतु बना था।

178. मोर्स कोड (Morse Code) गोपनीय सन्देश भेजने की एक पद्धति है जिसके द्वारा सन्देश एक कोड भाषा में भेजे जाते हैं। इसका आविष्कार सैमुअल मोर्स ने किया था। अतः इस कोड भाषा को मोर्स कोड कहा गया।

179. सेफ हाउस उस गुप्त और सुरक्षित स्थान को कहते हैं जहाँ गुप्तचर लोग आराम से मिलते और विचार–विमर्श करते हैं।
180. ख़ुफ़िया खबर–सामग्री छुपाने का गुप्त स्थान, जहाँ से गुप्त सम्पर्की चुपके से निकाल लेता है।
181. फ़ौजियों की अनौपचारिक जेल।
182. Kuldip Nayar, The Martyr: Bhagat Singh – Experiments in Revolution (Har-Anand Publications, 2000).

❑❑